NEURO
CONE
XÕES

Todas as marcas pertencem aos seus respectivos detentores. Elas foram mencionadas na obra com a finalidade de ilustrar situações e cases a fim de viabilizar a compreensão, em caráter informativo.

JANGUIÊ DINIZ
STANLEY BITTAR

NEURO
CONE
XÕES

COMO A INTELIGÊNCIA EMOCIONAL E SOCIAL
GERAM PROSPERIDADE E RIQUEZA

São Paulo, 2024

Neuroconexões: como a inteligência emocional e social geram prosperidade e riqueza
Copyright © 2024 by Janguiê Diniz
Copyright © 2024 by Stanley Bittar
Copyright © 2024 by Novo Século Editora Ltda.

EDITOR: Luiz Vasconcelos
PRODUÇÃO EDITORIAL: Letícia Teófilo
REVISÃO DE TEXTO: Fernanda Lutfi
CAPA, PROJETO GRÁFICO E DIAGRAMAÇÃO: Dimitry Uziel

Texto de acordo com as normas do Novo Acordo Ortográfico da Língua Portuguesa (1990), em vigor desde 1º de janeiro de 2009.

Dados Internacionais de Catalogação na Publicação (CIP)
Angélica Ilacqua CRB-8/7057

Diniz, Janguiê
   Neuroconexões: como a inteligência emocional e social geram prosperidade e riqueza / Janguiê Diniz, Stanley Bittar – Barueri, São Paulo: Novo Século, 2024.
   320 p.: il., color

Bibliografia
ISBN 978-65-5561-911-9

1. Negócios 2. Desenvolvimento profissional 3. Neurociência
I. Título II. Bittar, Stanley

24-5214　　　　　　　　　　　　　　　　　　CDD 658.9

Índice para catálogo sistemático:
1. Negócios

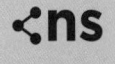

GRUPO NOVO SÉCULO
Alameda Araguaia, 2190 – Bloco A – 11º andar – Conjunto 1111
CEP 06455-000 – Alphaville Industrial, Barueri – SP – Brasil
Tel.: (11) 3699-7107 | E-mail: atendimento@gruponovoseculo.com.br
www.gruponovoseculo.com.br

Dedico esta obra a todos os empreendedores obstinados que usam a inteligência emocional e social e, por meio de conexões poderosas, conseguem construir riqueza.

por Janguiê Diniz

Dedico esta obra a Deus, que, em sua infinita misericórdia, nos abençoa constantemente. A Ele toda a glória por Sua grandeza, bondade e poder. Não poderia deixar de honrar e agradecer também à minha querida família, aos meus irmãos, amigos e sócios, por fazerem parte do meu cotidiano tão enérgico. Obrigado pelo claro comprometimento, diligência e amor.

por Stanley Bittar

AGRADECIMENTOS

Agradeço primeiramente a Deus por me tornar verdadeiramente obstinado. Agradeço também à minha amada esposa, Sandra Janguiê, pela inteligência emocional e social que tem demonstrado ao longo de nossa jornada juntos. Aos meus pais por terem me dado a vida. Aos meus irmãos por estarem sempre ao meu lado. E aos meus mentorandos, verdadeiros empreendedores obstinados, por acreditarem que é possível!

— *Janguiê Diniz*

Como não poderia deixar de ser, agradeço a Deus pela oportunidade de compartilhar, em breves linhas, o conhecimento que possuo com o objetivo de difundi-lo, buscando assim aliviar e melhorar a vida das pessoas. Sou grato à minha família, meus irmãos, amigos e sócios, em especial ao meu incrível amigo e companheiro de jornada, Janguiê Diniz, que se uniu a mim na empreitada desta obra, abrilhantando-a com sua imensurável sabedoria. Gratidão e honra.

— *Stanley Bittar*

SOBRE
JANGUIÊ DINIZ

Graduado em Direito pela Universidade Federal de Pernambuco (UFPE) e em Letras pela Universidade Católica de Pernambuco (UNICAP). Possui pós-graduação (*lato sensu*) em Direito do Trabalho pela UNICAP e em Direito Coletivo pela Organização Internacional do Trabalho em Turim, Itália. Concluiu também uma especialização em Direito Processual Trabalhista pela Escola Superior da Magistratura de Pernambuco (ESMAPE). É mestre e doutor em Direito pela Universidade Federal de Pernambuco – UFPE. Atuou como Juiz Togado do Trabalho do TRT da 6ª Região de 1992 a 1993 e como Procurador Regional do Trabalho do Ministério Público da União (MPT) na 6ª Região de 1993 a 2013. No campo acadêmico foi professor efetivo adjunto (concursado) da Faculdade de Direito do Recife (UFPE) de 1994 a 2010, e professor de Processo Civil da Escola Superior da Magistratura de Pernambuco, licenciado na ESMAPE. É professor titular de Processo Trabalhista no Centro Universitário Maurício de Nassau (UNINASSAU). Exerceu o cargo de Reitor da UNINASSAU – Centro Universitário Maurício de Nassau em Recife de 18/06/2014 a 01/10/2018, da UNAMA – Universidade da Amazônia de 28/10/2014 a 19/09/2018 e da UNIVERITAS – Centro Universitário Universus Veritas RJ de 18/01/2017 a 30/11/2018. Atualmente desempenha a função de Chanceler da UNINASSAU, da UNAMA, da UNIVERITAS, da UNIVERITAS/UNG – Universidade Universus Veritas Guarulhos e do Centro Universitário do Norte (UNINORTE).

Além de sua atuação acadêmica, Janguiê Diniz é o fundador, acionista controlador e presidente do Conselho de Administração do Grupo Ser Educacional, entidade mantenedora da UNINASSAU – Centro Universitário Maurício de Nassau, UNINABUCO – Centro Universitário Joaquim Nabuco, UNIVERITAS/UNG – Universidade Universus Veritas Guarulhos, UNIVERITAS – Centro Universitário Universus Veritas, UNAMA – Universidade da Amazônia, UNINORTE – Centro Universitário do Norte, Unifa7 – Centro Universitário Sete de Setembro, das faculdades UNINASSAU, UNINABUCO, UNAMA e UNIVERITAS. É também o presidente do Instituto Latino Americano de Empreendedorismo e Desenvolvimento Sustentável – Instituto Êxito e da Epitychia Investimentos. Foi presidente do Sindicato das Instituições Particulares de Ensino Superior do Estado de Pernambuco (SIESPE) de 2001 a 2008 e presidente da Associação Brasileira das Mantenedoras de Faculdades Isoladas e Integradas (ABRAFI) de 2008 a 2016. Além disso, ocupou o cargo de presidente da Associação Brasileira das Mantenedoras do Ensino Superior (ABMES) de 2016 a 2019, e atualmente é presidente do Conselho de Administração. Foi também presidente do Fórum das Entidades Representativas do Ensino Superior Particular (FÓRUM) de 2016 a 2019. Como criador e presidente do Movimento Filosófico Obstinados e Criador do CSR – Código Secreto da Riqueza, Programa de Desenvolvimento Pessoal, do CSE – Código Secreto da Empresa, Programa de Desenvolvimento Empresarial, do MBN – Million Business Network – Programa de Mentoria de Alta Performance Empresarial e autor de 36 livros, Janguiê Diniz mantém uma influência significativa no cenário educacional e empresarial.

SOBRE
STANLEY BITTAR

Doutor em Cirurgia Plástica Reconstrutiva e Estética pela Cambridge International University – CIU (2018). Mestre em Medicina Estética pela Universidad de Córdoba – UCO (2009). Mestre em Medicina de Urgência e Emergência Médico-cirúrgica pela Escola Sanitária de Canárias (2007). Especialista em Cirurgia Dermatológica e Estética Avançada pela Faculdade Paulista de Serviço Social – FAPSS/SP (2017). Especialista em Medicina da Família e Comunidade pela Universidade Federal de Pelotas – UFPEL (2015). Especialista em Nutrologia pela Faculdade de Medicina da Santa Casa de São Paulo – FCMSP (2012). Especialista em Dermatologia pelo Centro de Medicina Especializada, Pesquisa e Ensino – CEMEPE (2012). Especialista em Nutrologia pelo Hospital Universitário Rainha Sofia (2010). Especialista em Dermatologia pelo Hospital Universitário Rainha Sofia (2007). Graduado em Medicina pela Universidad de Córdoba – UCO (2005).

Com vasta experiência na área da Medicina Estética, possui uma extensa formação acadêmica e participação em cursos e eventos especializados nessa área. Exerceu a função de Diretor Médico (2010-2013) em empresas privadas com escopo em saúde, bem-estar e beleza. Atuou como Médico da Família no Brasil (2013-2016).

É o fundador da Stanleys Hair, a maior rede de transplantes capilares do Brasil, em franca expansão internacional, atuando como CEO. É o articulador do Ecossistema Stanleys, que abrange mais de setenta empresas dedicadas à gestão e produção de produtos e serviços relacionados à saúde, bem-estar, beleza e educação.

Fundador da Stanleys Edu atua como docente nos cursos de pós-graduação *lato sensu* em Medicina e Cirurgia Capilar, nos quais também atuou como preceptor em aulas sobre "Bodyhair". É autor de best-sellers como *Faça seus negócios trabalharem por você* e *Guia básico de transplante capilar*, além das obras *A beleza que enriquece* (no prelo) e *Neuroconexões: como a inteligência emocional e social geram prosperidade e riqueza*.

Na vida pessoal, é entusiasta do esporte: é piloto de corrida na AMG Cup Brasil, paraquedista, atleta de tiro esportivo de IPSC, atleta de snowboard e motociclista de corridas de longa distância. Além disso, é um músico apaixonado por teclado e guitarra, e um talentoso cozinheiro.

"Todo homem pode ser, se assim se propuser, escultor do seu próprio cérebro."
Santiago Ramón Y Cajal

"Os homens enganam-se quando se acreditam livres; essa opinião consiste apenas em que eles estão conscientes das suas ações e ignorantes relativamente às causas pelas quais são determinadas."
Spinoza

"Se nosso cérebro fosse tão simples a ponto de entendê-lo, seríamos tão tolos que continuaríamos sem entendê-lo."
Jostein Gaarder

"Inteligência, a mais maleável e, ao mesmo tempo, mais duradoura equilibrante estrutural de comportamento, é essencialmente um sistema de operações vivas e atuantes."
Jean Piaget

Invista em inteligência emocional e social. Pratique o reconhecimento e o gerenciamento de suas emoções rumo à prosperidade e à riqueza.

SUMÁRIO

PARTE I — 19
Compreendendo o cérebro humano

PARTE II — 69
Entendendo a inteligência emocional e social

PARTE III — 123
Aplicando a neurociência à vida moderna

PARTE IV — 175
Construindo conexões poderosas

PARTE V — 255
Prosperidade e riqueza por meio da inteligência social e emocional

APÊNDICES — 295
Apêndice A: exercícios para aumentar a inteligência emocional e social

Apêndice B: recursos para aprofundar seu conhecimento em neurociência

Apêndice C: diretrizes para aplicar o neuromarketing e o neurocomércio em sua empresa

Apêndice D: dicas práticas para melhorar suas habilidades de *networking* e construção de alianças

LEITURAS RECOMENDADAS — 315

REFERÊNCIAS BIBLIOGRÁFICAS — 317

PARTE I
COMPREENDENDO O CÉREBRO HUMANO

1. Uma introdução à neurociência: da neuroanatomia ao neuromarketing

O surgimento da neurociência como disciplina autônoma foi o resultado de um extenso processo histórico dedicado ao estudo do cérebro humano. Inicialmente, o conhecimento sobre o cérebro foi obtido principalmente pela prática da neuroanatomia, que se baseava nas informações coletadas por meio de dissecações de cadáveres. Essas investigações pioneiras resultaram na elaboração de escritos fundamentais que estabeleceram as bases do conhecimento neurocientífico.

Com o avanço dos estudos cerebrais e neurológicos, foi possível adentrar nos campos modernos da neuroplasticidade. Esse progresso foi facilitado pelo auxílio metodológico de disciplinas como a pedagogia e a psicologia. Além disso, a neuroquímica emergiu como uma área crucial, apoiada pela química, fornecendo a capacidade de compreender e modular os efeitos neurais. Essa abordagem tem sido particularmente importante para o desenvolvimento de tratamentos destinados a curar doenças relacionadas ao funcionamento cerebral.

Na era moderna, o interesse pelo cérebro humano expandiu-se para áreas interdisciplinares, como ciência, medicina e química, conforme mencionado anteriormente. Ademais, surgiu o campo do neuromarketing, que investiga as bases neurológicas das escolhas humanas, demonstrando o alcance multifacetado da neurociência.

Como podemos perceber, o campo de atuação da neurociência e áreas afins é vasto, abrangendo uma ampla gama de aspectos da vida humana. Nas próximas páginas, exploraremos mais detalhadamente cada uma dessas áreas.

1.1. Breve histórico da evolução científica da neurociência: a neuroanatomia como base e ponto de partida

A ambição de compreender a si mesmo e o mundo, em toda a sua vasta complexidade, tem sido uma constante no pensamento humano. Desde os primórdios das interações sociais e a formação das primeiras civilizações até os avanços contemporâneos, como a descoberta do sequenciamento do genoma humano, a humanidade tem dedicado esforços incansáveis para observar e

analisar os objetos que a cercam, buscando desvendar seus segredos e compreender seu funcionamento.

O interesse pela compreensão do funcionamento do cérebro permaneceu fiel a esse contexto, e nossa compreensão atual sobre o assunto é o resultado de uma longa jornada de descobertas, culminando na disciplina que hoje conhecemos como neurociência. Esse campo da ciência médica se dedica a desvendar a intrincada complexidade do sistema nervoso, que engloba não apenas o estudo do cérebro, mas também da medula espinhal e dos nervos periféricos.

A neurociência adota uma abordagem abrangente que abarca desde a biologia molecular até a psicologia, visando investigar os mecanismos que fundamentam as funções cerebrais, o desenvolvimento do sistema nervoso, as alterações neurológicas e os processos cognitivos. Por meio dessa integração de disciplinas, busca-se uma compreensão holística do funcionamento do cérebro humano, enriquecendo nosso conhecimento sobre a mente e suas complexidades.

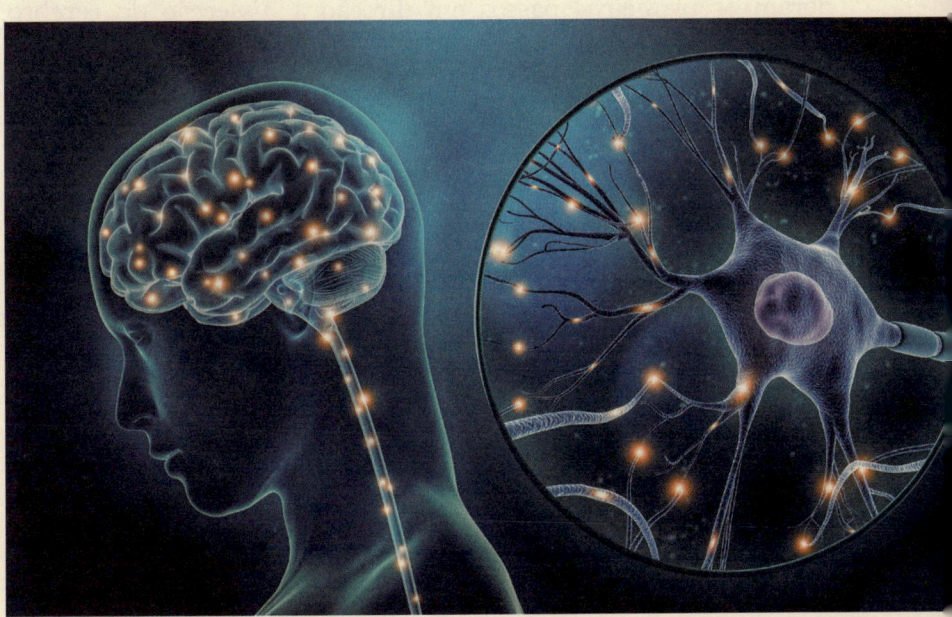

Trata-se de uma área da ciência relativamente nova, cuja abordagem sistêmica remonta aos anos 1950, o que significa que ainda dispomos de um volume limitado de material científico consolidado. Portanto, para compreendermos adequadamente os fundamentos da neurociência e seus conceitos correlatos, como neuroanatomia, neuroplasticidade e neuroquímica, é essencial entendermos primeiro o que é neurologia, como essa disciplina se desenvolveu ao longo do tempo e como o cérebro foi compreendido nesse processo evolutivo científico.

Os primeiros registros de manipulação do corpo humano e, consequentemente, do cérebro remontam à Antiguidade. Durante esse período, o estudo do corpo humano, incluindo o cérebro, era realizado sob a ótica da superstição, dos mitos e das crenças religiosas. Nessa fase inicial da história, o cérebro era considerado algo misterioso, sobrenatural e inacessível.

Apesar dessa perspectiva, várias civilizações do período, como a Mesopotâmia, o Egito, a Grécia, Roma, os povos árabes e a China, deram os primeiros passos em direção à dissecção do cérebro, motivadas por diversas finalidades, como a cura de enfermidades, a busca por conhecimento ou a espiritualidade. Esses avanços resultaram na produção de obras e na disseminação de cultura que constituíram as bases do que hoje chamamos de neuroanatomia.

Conforme veremos nos próximos parágrafos, a prática contínua e o aprimoramento das dissecções em cadáveres, atividade intrínseca à anatomia, acabaram por se tornar a base da neurologia. Até os dias atuais, a neurologia faz uso dessa técnica na busca por novas descobertas relacionadas ao cérebro humano.

De acordo com o que foi mencionado anteriormente e retomando o processo evolutivo histórico, os primeiros registros sólidos conhecidos sobre a manipulação do cérebro remontam à Mesopotâmia.

O conhecimento dos mesopotâmios sobre anatomia era, em grande parte, advindo da dissecção de animais usados em rituais e, possivelmente, de "estudos" *post-mortem* em humanos. Eles sabiam da existência do cérebro, mas consideravam mais importantes o fígado, o coração e o estômago – atribuindo-lhes, inclusive, funções relativas à cognição e às emoções. Para os mesopotâmios, o cérebro era apenas uma espécie de "medula óssea" do crânio, não havendo noção nenhuma de um sistema nervoso.[1]

Para essa civilização, as patologias neurológicas, embora identificadas, eram interpretadas de forma mística, de modo que a origem da doença era vista como algo ligado à manifestação de entidades sobrenaturais, espíritos ou fantasmas.[2,3]

Embora a civilização mesopotâmica tenha contribuído de forma significativa para o desenvolvimento da anatomia cerebral, foram os egípcios que, de longe, conseguiram aprofundar e sistematizar o conhecimento adquirido por meio do registro escrito.

O meio para tal avanço foi o desenvolvimento gradual da técnica de mumificação, que foi dominada por essa cultura. A manipulação de cadáveres para preservação e preparação para

---

[1] JACOBINA, Ronaldo Ribeira; REIS, Eduardo José Farias Borges et al. *História da Medicina*: História das especialidades médicas clínicas. Salvador: EDUFBA, 2022.

[2] Idem.

[3] "Quando as convulsões acometiam crianças, os curandeiros (*asu*) recomendavam rituais que consistiam no uso de plantas e recitação de palavras. Para os bebês que nasciam com algum déficit, como hipotonia global (síndrome do bebê mole), eutanásia por afogamento era recomendada para que a família da criança não fosse destruída, uma vez que muitas doenças neurológicas do bebê eram vistas, em tom supersticioso, como um mau sinal. Hoje, imagina-se que esse "mau sinal" esteja, na verdade, associado às meningites e ao seu caráter contagioso, que matava outros integrantes da família. JACOBINA, Ronaldo Ribeira; REIS, Eduardo José Farias Borges et al. *História da Medicina:* História das especialidades médicas clínicas. Salvador: EDUFBA, 2022. p. 35."

funerais desempenhou um papel fundamental na ampliação do conhecimento parcial sobre a anatomia humana.

Infelizmente, a prática da anatomia egípcia não se estendeu ao cérebro humano, que era descartado durante o procedimento de embalsamamento por ser considerado de menor importância. Isso se deve ao entendimento da cultura egípcia, que atribuía ao coração o papel máximo no corpo humano, sendo responsável por "guardar" as emoções e os pensamentos, enquanto os demais órgãos não eram considerados relevantes.

Mesmo com essa visão limitada, que difere completamente do que consideramos hoje cientificamente adequado em relação à importância dos órgãos, os egípcios alcançaram a notável conquista de estabelecer os primeiros registros de um exame neurológico:

> Embora as funções do sistema nervoso fossem aparentemente desconhecidas aos egípcios, foi aqui que se teve um dos primeiros registros do que seria uma espécie de "exame neurológico". Como parte de seu trabalho diagnóstico, os médicos egípcios testavam marcha, sensibilidade, visão e audição, além de pedirem que os pacientes realizassem certos movimentos para avaliar o grau de comprometimento da motricidade voluntária.[4]

Como dissemos, a prática da medicina no Antigo Egito está entre as mais antigas documentadas, e desempenhou um papel fundamental em pavimentar o caminho para a exploração dos mistérios do cérebro por outras culturas. Por meio da assimilação cultural, tanto de territórios conquistados quanto de intercâmbios

---

4 Idem.

comerciais e contatos diplomáticos, o legado médico egípcio contribuiu para o processo evolutivo de descobertas em outras civilizações. Outra cultura que desempenhou um papel significativo nessa evolução foi a civilização grega. Pioneiros na identificação das primeiras funções cerebrais, os gregos alcançaram esse marco por meio de dissecações de animais e estudos anatômicos.

> Alcmeão de Crotona (570-500 a.C.), estudante de Pitágoras, foi um dos primeiros autores de quem se tem registro a atribuir funções sensitivas ao cérebro, relação essa que foi traçada após retirar o globo ocular de um animal – levando à descoberta do nervo óptico – e ao perceber que os canais auditivos e nasais e a boca ligam o meio externo ao interno. Essa ideia foi completada por Diógenes de Apolônia (460-390 a.C.), que postulava sobre a existência de um "sopro" cósmico chamado de "pneuma" – uma espécie de princípio vital invisível e assimilável pelos humanos. Segundo Diógenes, através dos canais citados anteriormente e de um sistema vascular (embora ele não tenha estudado o sistema circulatório), o pneuma fluiria pelo corpo e, ao chegar ao cérebro, permitiria o surgimento das sensações e da cognição.[5]

Esse avanço no entendimento foi impulsionado por Hipócrates de Kos (460-370 a.C.), conhecido como o "pai da medicina" e um dos maiores expoentes da área. Ele contribuiu significativa-

---

5 JACOBINA, Ronaldo Ribeira; REIS, Eduardo José Farias Borges et al. *História da Medicina:* História das especialidades médicas clínicas. Salvador: EDUFBA, 2022. p. 36.

mente para o desenvolvimento da teoria, atribuindo ao cérebro a capacidade de gerar sentimentos, julgamentos morais e diversos tipos de percepção.[6]

O próximo avanço significativo na anatomia ocorreu entre os gregos em Alexandria, algumas décadas após a morte de Sócrates. Nessa época, começaram a realizar dissecações *post-mortem* e vivissecções em seres humanos. Durante esse período, o cérebro foi reconhecido como o órgão responsável pela razão, uma teoria que foi contestada por, epicuristas, bem como por Platão e Aristóteles.[7]

Em Roma, a medicina e a neurociência, tais como as compreendemos hoje, foram influenciadas significativamente por Galeno (129-210 d.C.). Por meio de sua análise científica rigorosa, o médico e filósofo romano realizou diversas descobertas no campo da neuroanatomia, fornecendo descrições detalhadas de estruturas cerebrais e estabelecendo a relação entre lesões medulares e déficits clínicos.[8]

Após um longo período de desenvolvimento da ciência neurológica, a Europa perdeu destaque para o mundo árabe, onde dois importantes pensadores deixaram contribuições significativas. Hunaine ibne Ixaque (807-877 d.C.) foi um erudito persa e tradutor árabe, conhecido por suas traduções de textos médicos gregos para o árabe e por suas próprias obras originais no campo

---

[6] Idem, p. 37.

[7] Idem, p. 38.

[8] "Uma questão social fortemente atrelada à 'neurologia' do período era o fato de que apenas as classes mais abastadas tinham condições de consultar um médico a respeito de sua doença neurológica. Os indivíduos de classes mais baixas precisavam recorrer a tratamentos populares no campo da magia e da espiritualidade com curandeiros sem nível técnico algum e, com isso, 'tratamentos' bizarros eram oferecidos. Para condições como a epilepsia, por exemplo, o doente precisava utilizar o sangue de um gladiador ou de um homem executado." JACOBINA, Ronaldo Ribeira; REIS, Eduardo José Farias Borges et al. *História da Medicina:* História das especialidades médicas clínicas. Salvador: EDUFBA, 2022. p. 38.

da medicina. Ele elaborou as primeiras noções sobre as funções cognitivas, movimentação e sensação do cérebro.

Outro pensador proeminente foi Ibn Sina, mais conhecido como Avicena (980-1037 d.C.). Ele foi um polímata persa que se destacou em várias áreas, incluindo medicina, filosofia, astronomia e matemática. Avicena descreveu as funções cognitivas como "poderes" associados aos sentidos, como tato, paladar, olfato, audição e visão, todos captados pelos nervos e entendidos como uma extensão do próprio cérebro. Ele contribuiu significativamente para o entendimento da mente e do cérebro, enfatizando sua importância na formação de imagens mentais, de pensamentos e da memória.

Na China, a maioria das descobertas ocorreu durante o período de Hipócrates, seguindo uma linha de pensamento semelhante à dos filósofos influentes mencionados. Assim como os egípcios e os gregos, os chineses não atribuíam a devida importância ao cérebro, concebendo-o como um tipo de reservatório: se estivesse cheio, indicaria saúde; caso estivesse vazio, seria sinal de doença.

Devido à sua cultura de respeito pelos mortos, a prática de dissecção de cadáveres não era bem vista pelos chineses, sendo considerada um dos insultos mais graves. Apesar disso, há registros da realização de estudos anatômicos *post-mortem* em corpos de presos políticos, que levaram à seguinte conclusão chinesa:

> Algumas das funções cerebrais eram atribuídas aos cinco órgãos mais importantes dentro do pensamento chinês: o coração, os pulmões, os rins, o fígado e o baço. Algo curioso, no entanto, é que, mesmo sem conhecimento algum sobre o sistema nervoso, os chineses conseguiam identificar doenças neurológicas e, em alguns casos, até mesmo tratá-las. Existem registros

de intoxicação por metal e monóxido de carbono, epilepsia (inclusive *status epilepticus*), tétano, psicose, lepra e até beribéri.[9]

Encerrando a análise da Antiguidade, avancemos agora para a Era Medieval. Nesse longo período histórico, frequentemente referido como Idade das Trevas, a ciência foi restringida e orientada por princípios teológicos. Essa ideologia impediu muitos avanços científicos: aqueles que se aventuravam a sustentar teorias que desafiavam os dogmas estabelecidos pela igreja eram considerados hereges e frequentemente condenados à morte.

Pessoas que manifestavam sintomas associados a doenças neurológicas eram rotuladas como infiéis, e suas condições eram explicadas por meio de superstições, como a crença em possessão por demônios, maldições, perda de fé ou castigos por pecados.

O Renascimento (séculos XIV a XVI), conhecido como a Idade da Razão, foi o movimento responsável por recolocar a ciência em destaque. Com isso, houve um retorno ao estudo da anatomia, agora beneficiado por novos instrumentos facilitadores: o microscópio e a eletricidade. Foi nesse contexto histórico que surgiu o grande gênio Leonardo da Vinci (1452-1519), cujos desenhos anatômicos são reconhecidos mundialmente pela sua grande proximidade com a realidade. Além de Leonardo, destacam-se também os grandes anatomistas Andreas Vesalius (1596-1650) e Thomas Willis (1621-1675).

---

[9] JACOBINA, Ronaldo Ribeira; REIS, Eduardo José Farias Borges et al. *História da Medicina:* História das especialidades médicas clínicas. Salvador: EDUFBA, 2022. p. 38.

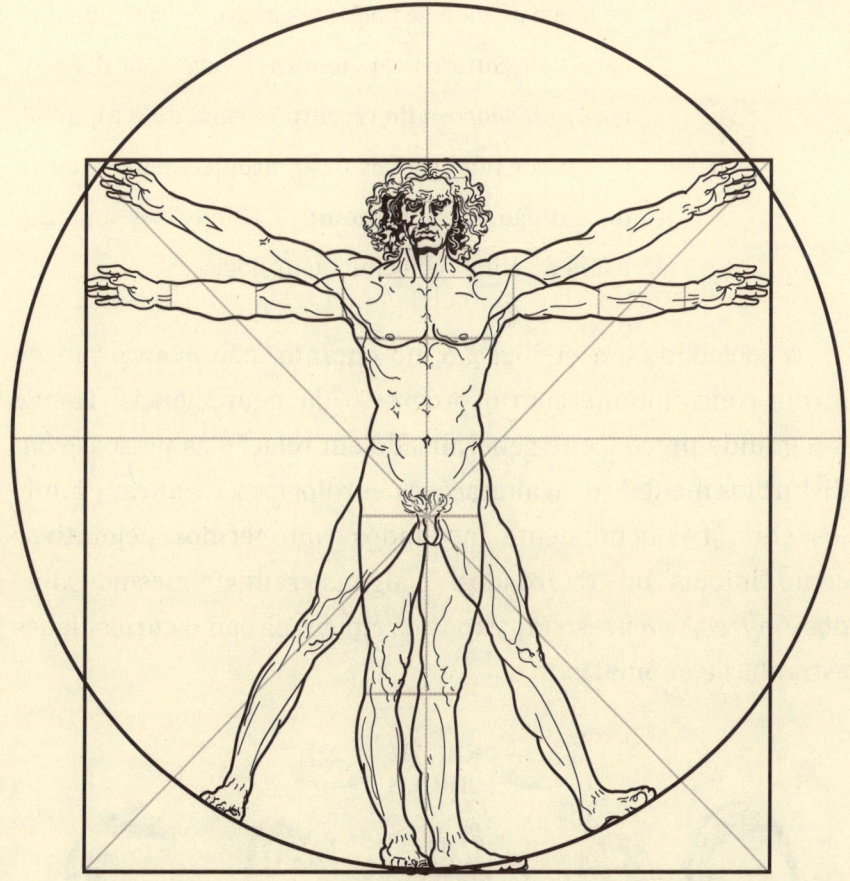

A próxima grande revolução na medicina cerebral ocorreu na Idade Moderna, com a neurologia sendo reconhecida como uma especialidade médica distinta. Nesse período, houve significativos avanços nos estudos do sistema nervoso, resultando na rejeição de muitas das teorias neurofisiológicas da Antiguidade. Além disso:

> No século XIX, um grande marco aconteceu: a criação do método anátomo-clínico por Jean-Martin Charcot (1825-1893), famoso neurologista francês. Seu método consistia em unir sinais clínicos coletados

ao longo da vida de pacientes neurológicos com alterações estruturais (anatômicas) vistas em dissecações *post-mortem* do cérebro e da medula espinhal, e a grande importância desse acontecimento é o fato de a união entre Anatomia e Clínica ser uma das bases do atual raciocínio neurológico.[10]

A sociedade e a civilização, no entanto, não avançaram de forma concomitante com o progresso da neurociência. Houve um grande preconceito generalizado em relação às pessoas com distúrbios mentais e/ou alterações neurológicas. Crianças e adultos eram frequentemente insultados com termos pejorativos como "idiotas" ou "retardados", e alguns eram até mesmo exibidos em *freak shows*, sendo expostos em circos como curiosidades estranhas e anômalas.[11]

---

10 JACOBINA, Ronaldo Ribeira; REIS, Eduardo José Farias Borges et al. *História da Medicina*: História das especialidades médicas clínicas. Salvador: EDUFBA, 2022. p. 38.

11 Neste ponto, cabe uma crítica: na contemporaneidade, infelizmente, ainda apresentamos uma grande carga de estigma e desinformação com relação às doenças neurológicas e transtornos mentais. Embora sejam realizadas diversas campanhas de conscientização, muitas vezes o estigma é do próprio paciente, que não aceita a doença ou transtorno, recusando-se a qualquer tratamento (quando possível).

Com o passar do tempo e o avanço de várias tecnologias, a medicina e a neurociência experimentaram um crescimento exponencial na era contemporânea. Isso se deve em grande parte à internet e à sua vasta capacidade de compartilhamento de informações e descobertas entre cientistas de todo o mundo. Além disso, as novas perspectivas que surgiram com a expansão dos horizontes proporcionada por essas tecnologias contribuíram significativamente para esse avanço.

Esse novo panorama não escapou de críticas, especialmente aquelas relacionadas à ética e à moralidade na condução de descobertas científicas neurológicas. Muitas vezes, essas críticas estão fundamentadas em mentalidades alienantes, que são sustentadas por valores políticos ou situações de conflito. Como o leitor poderá observar, abordaremos a correlação entre neurociência, ética e moralidade em quase todos os demais tópicos, especialmente ao discutir os neurônios-espelho, uma das descobertas mais importantes da contemporaneidade em neurociência.

Assim, delineada a linha de evolução dos estudos que tiveram o cérebro como objeto central e sua relação direta com o desenvolvimento da neuroanatomia como base prática das principais descobertas neurológicas, avançaremos agora para os demais campos que compõem a neurociência: a neuroplasticidade e a neuroquímica.

1.2. Neuroplasticidade

Primeiramente, a neuroplasticidade pode ser compreendida como a capacidade do cérebro de se reorganizar estrutural e funcionalmente ao longo do tempo em resposta a experiências, aprendizado, lesões ou mudanças ambientais. Essa capacidade permite que o cérebro forme novas conexões neurais, fortaleça ou enfraqueça conexões existentes e até mesmo reconstrua áreas danificadas. A neuroplasticidade é fundamental para processos como aprendizado e memória, recuperação após lesões cerebrais, adaptação a mudanças ambientais e desenvolvimento cerebral em geral, como exploraremos a seguir.

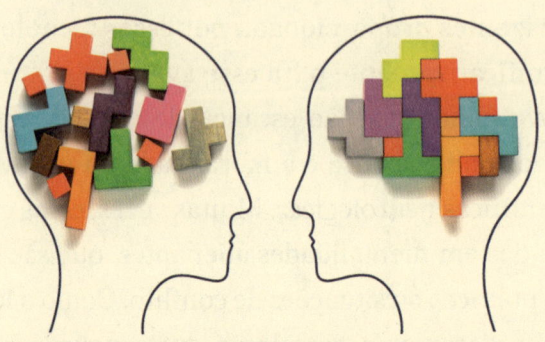

A plasticidade do cérebro ocorre desde o nosso nascimento até a nossa morte, e é decorrente da maturação do organismo, dos processos de aprendizagem ou mesmo de um reajuste cerebral para compensar prejuízos de funcionamento resultantes do envelhecimento ou de algum dano cerebral. O envelhecimento é um fator de desaceleração da capacidade de neuroplasticidade, conclusão a que podemos facilmente chegar pela visualização da facilidade de aprendizagem de uma criança em relação a uma pessoa idosa.

As mudanças podem ocorrer de forma estrutural ou funcional. Quando ocorre uma mudança na modalidade estrutural, observa-se a formação de novas conexões por meio da reorganização física do cérebro ou mesmo a adaptação dos neurônios para estabelecer novas conexões (sinaptogênese), fortalecimento ou enfraquecimento das conexões existentes (potenciação sináptica e depressão sináptica, respectivamente), e até mesmo a geração de novos neurônios (neurogênese). Hoje, a mudança estrutural do cérebro pode ser analisada e acompanhada em nível macroscópico,[12] por meio de exames de imagem, tais como a tomografia ou a ressonância magnética.

Na modalidade funcional, os neurônios têm a capacidade de se reorganizar para assumir funções que originalmente não lhes eram atribuídas. Isso fica evidente durante o processo de aprendizagem, no qual os neurônios passam por modulações para integrar as novas informações adquiridas (plasticidade dependente de atividade). Nesse contexto, também estão os fenômenos neurais observados em pessoas com deficiência visual decorrente de traumatismo cranioencefálico. Em casos específicos como este, a neurociência pode constatar que, quando o córtex visual é afetado, ele deixa de desempenhar suas funções normais e passa a processar informações auditivas ou táteis (fenômeno conhecido como neuroplasticidade reativa). Essa adaptação neural explica a notável habilidade de adaptação das pessoas com deficiência visual.[13]

12   Ocorrem também as mudanças microscópicas, contudo ainda não conseguimos identificar um instrumento óptico capaz de demonstrar a reação e o funcionamento dessas modificações cerebrais estruturais.

13   Sob a ótica da vivência individual e social, o exemplo é melhor abordado na parte II, item 1, quando tratamos da percepção humana em relação ao mundo e como ela acontece nos casos de deficiência, a qual remetemos o leitor.

Assim, podemos perceber que, embora a genética seja a base da estrutura humana, ela não determina completamente a constituição do ser humano. Esse é o resultado de uma série de fatores, incluindo a experiência vivida, como importante coadjuvante nesse processo. No entanto isso não implica que a experiência tenha o poder de alterar drasticamente a estrutura cerebral, mas sim de aprimorá-la de forma sutil. É importante ressaltar que esse aprimoramento é um processo que demanda tempo e esforço.

No exemplo da lesão decorrente de traumatismo cranioencefálico, a recuperação está sujeita a uma série de fatores, como a extensão do dano e a idade da pessoa, e está relacionada aos critérios patológicos *versus* a plasticidade reativa, ao contrário do que ocorre na plasticidade dependente da atividade, em que há a predominância da seletividade cerebral pelo princípio "use ou perca".

Esse processo de seleção das sinapses que devem ser mantidas ou fortalecidas pelo cérebro, conhecido como potenciação de longo prazo (LTP), está diretamente relacionado ao uso delas. Em outras palavras, sempre que um neurônio é ativado, ocorre a estimulação de uma corrente elétrica que desencadeia alterações químicas em várias proteínas distintas, indicando ao cérebro a utilidade daquela sinapse. O processo oposto, de não utilização das sinapses, é conhecido como depressão de longo prazo (LTD).

Feitas essas primeiras considerações, já podemos vislumbrar um ponto crucial no estudo da neuroplasticidade: sua notável capacidade de modular as conexões neurais por meio do processo de aprendizagem, o qual tem um impacto direto na vida das pessoas e em seus projetos. Mas o que exatamente é aprendizagem? Resumidamente, entre as diversas definições propostas por teóricos da pedagogia e da psicologia, principalmente, a aprendizagem é entendida como o processo que envolve a aquisição de novos conhecimentos, habilidades, atitudes ou capacidades de resolução de problemas com base em experiências prévias. Esse processo se inicia desde o nascimento até a morte do indivíduo, com o declínio da neuroplasticidade ocorrendo ao longo de sua vida.

A aprendizagem, portanto, torna-se o instrumento essencial, a bússola que orienta a trajetória de vida de uma pessoa, influenciando suas escolhas e delineando tanto seu presente quanto seu futuro. Ao assimilar e elaborar conhecimentos, a pessoa também constrói conexões neurais únicas, que podem ser moldadas pela experiência, seja ela positiva ou negativa, influenciando diretamente na modulação neural.

É importante refletir sobre essa capacidade humana extraordinária de autoprogramação, enquanto também convidamos o leitor a se questionar sobre como tem cuidado de sua própria construção em termos de aprendizado e experiência, e quais os efeitos dessas escolhas sobre suas conexões neurais. Por isso, ao final desta obra, fornecemos uma lista de exercícios que podem auxiliar na melhor compreensão da experiência com a neuroplasticidade.

1.3. Neuroquímica

Assim como a neuroanatomia e a neuroplasticidade, a neuroquímica se constitui em um dos "braços" da neurociência, sendo responsável por estudar os aspectos químicos dos processos neurais e dos neurotransmissores no sistema nervoso. Envolve o estudo das substâncias químicas, como neuromoduladores, receptores e enzimas, que desempenham papéis fundamentais na comunicação entre neurônios e na regulação das funções cerebrais e comportamentais.

A neuroquímica investiga como as substâncias químicas são sintetizadas, liberadas, recebidas e metabolizadas pelos neurônios, além de seus efeitos no funcionamento do cérebro e do sistema nervoso como um todo. Além de estudar esses processos, ela desempenha um papel crucial na busca por tratamentos e/ou curas para uma variedade de transtornos mentais e doenças neurológicas por meio de intervenções medicamentosas.

Entender a neuroquímica é essencial para a compreensão de uma variedade de processos fisiológicos e patológicos, abrangendo desde o aprendizado e a memória até transtornos neuropsiquiátricos como depressão, bipolaridade e esquizofrenia, que ainda não são totalmente compreendidos pela comunidade científica médica. A neuroquímica moderna dedica-se principalmente a entender como ocorrem os processos neurais, com foco especial no estudo do comportamento dos neurotransmissores, que são substâncias químicas produzidas pelos neurônios para realizar a comunicação entre células. Esses mensageiros químicos são essenciais para transmitir informações a outras células, desencadeando, por exemplo, a continuidade de um impulso ou executando uma reação final em algum órgão ou músculo.

Podemos citar, pelo menos, seis neurotransmissores importantes: acetilcolina, adrenalina, noradrenalina, endorfina, serotonina e dopamina. Suas funções podem ocorrer na modalidade excitatória, inibitória ou modulatória, representando, assim, o modo como o cérebro nos impulsiona, inibe ou modula nosso sistema nervoso e, consequentemente, nosso comportamento.

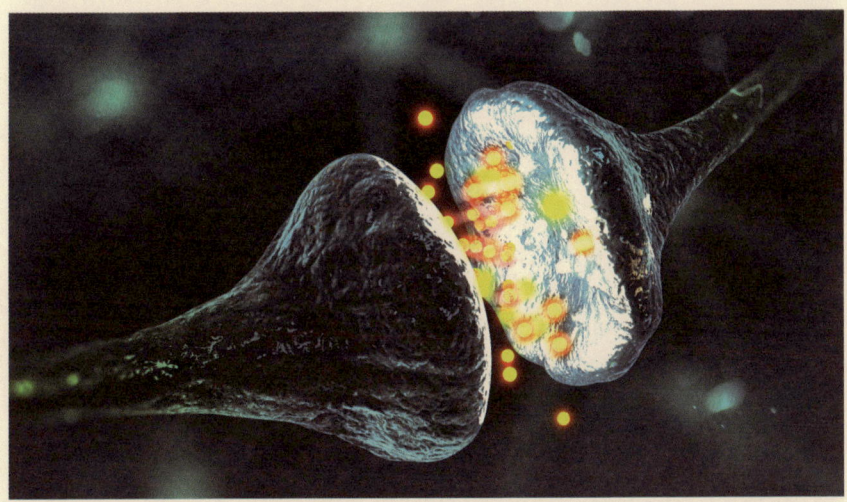

Como visto, a neuroquímica se destaca como um dos ramos mais promissores da neurociência, oferecendo amplas possibilidades de descobertas no que diz respeito à modulação química do sistema nervoso. Essas descobertas têm o potencial de não apenas tratar, mas também aprimorar os processos neurológicos humanos. Atualmente, já existem diversos medicamentos disponíveis para tratar uma ampla gama de condições, conquistas viabilizadas pelo processo científico liderado pela neuroquímica.

1.4. Neurociência, neuroanatomia, neuroplasticidade, neuroquímica: como as novas descobertas impactam a sociedade

Entendidos os principais ramos da ciência neurológica, incluindo a neurociência como o campo geral do qual derivam a neuroanatomia, a neuroplasticidade e a neuroquímica, é preciso agora compreender como essas descobertas têm impactado e inovado o comportamento humano contemporâneo.

Uma área facilmente compreensível é a educação, pois uma parte significativa do processo cognitivo está ligada à compreensão dos processos neurais, especialmente no que diz respeito ao aprendizado (abordado detalhadamente na parte II deste trabalho) e à neuroplasticidade. A interseção entre pedagogia e neurociência/neuroplasticidade sugere que em breve poderemos ter maior capacidade de moldar metodicamente e direcionar nossas redes neurais de forma mais eficaz. No campo da neuroquímica, encontramos hoje tratamentos para doenças como o TDAH (Transtorno do Déficit de Atenção com Hiperatividade), que, por meio de medicamentos, ajudam a atenuar os sintomas em crianças, jovens e adultos com dificuldades de aprendizagem.

Outra área que merece destaque por absorver os ensinamentos da neurociência e seus ramos correlatos é o marketing. Com as descobertas dos estímulos neurais que impulsionam os desejos e o consumo, surgiram uma variedade de estratégias não apenas para satisfazer esses desejos, mas também para criar experiências de consumo inovadoras. Essa mudança significativa na sociedade, impulsionada pela globalização e pela visibilidade proporcionada pela internet, aliada aos avanços na neurociência, é abordada em detalhes na parte III deste trabalho. Nesse segmento, exploramos as transformações e as inovações introduzidas pelo neuromarketing, oferecendo ao leitor uma análise aprofundada dos impactos dessas mudanças na sociedade contemporânea.

A seguir, apresentamos uma breve introdução sobre como o comportamento humano foi gradualmente compreendido pela neurociência, destacando a descoberta dos neurônios-espelho e a compreensão dos neurônios fusiformes.

2. O milagre dos neurônios-espelho: base biológica da empatia

A neurociência, como explicamos, representa um campo de pesquisa em constante evolução, e ramos como neuroanatomia, neuroplasticidade e neuroquímica têm sido fundamentais e servido como ponto de partida para a compreensão de vários fenômenos relacionados ao estudo do cérebro humano. Como é comum em áreas inovadoras de estudo, o progresso da neurociência depende de pesquisa científica contínua e apoio financeiro.

Em termos de epistemologia, a neurociência ainda está em processo de organização concreta, buscando estabelecer a formação, o desenvolvimento, o funcionamento e a definição de seus produtos intelectuais. No entanto algumas áreas já vêm sendo priorizadas devido às necessidades humanas contemporâneas, especialmente em interface com a neurociência. São elas: a educação, o envelhecimento, as drogas lícitas e ilícitas, o retorno científico à psicanálise (melhor desenvolvido na parte II da obra) e a consciência.

Mesmo com essa abordagem, é importante lembrar a premissa básica de que a ciência não avança em busca de um resultado certo e determinado. Dois de seus princípios fundamentais são a experimentação e a observação livre do objeto. Alguns esforços têm sido empreendidos nesse sentido, resultando em progressos promissores na neurociência. Porém a complexidade do objeto de pesquisa em comparação com a capacidade atual de gerar parâmetros adequados tem sido um obstáculo para descobertas e, consequentemente, para a evolução do campo. A pesquisa científica avança "a conta-gotas", exigindo que os pesquisadores estabeleçam objetos de observação extremamente específicos.

O refinamento na investigação científica na área de neurologia vem ocorrendo há algum tempo. Um dos resultados mais significativos foi obtido em 1995, quando o neurofisiologista italiano Giacomo Rizzolatti e seus colaboradores descobriram os famosos neurônios-espelho.

Tentando compreender o funcionamento dos neurônios, Rizzolatti formou um grupo de estudos que, como ponto de partida, concentrou-se na observação do comportamento de macacos da espécie *rhesus*, especialmente no desenvolvimento da área pré-motora cerebral desses animais. O objetivo era entender como cada macaco representava e reconhecia ações motoras. Descobriu-se que determinados neurônios no córtex pré-motor dos macacos eram ativados tanto quando o macaco executava uma ação quanto quando observava outro macaco realizando a mesma ação, resultando na replicação do movimento pelo macaco observador.

Ou seja, os neurônios de um macaco eram estimulados apenas pela observação da ação de outro macaco. Esses neurônios respondiam a um gesto particular, independentemente de quem o estava executando: podia ser um ser humano ou outro macaco. A ação era realizada por um macaco e, em seguida, espelhada pelo outro animal.

A importância dessa descoberta para a compreensão direta da ação e/ou intenção do outro animal ou ser humano foi imediatamente reconhecida. Os neurônios-espelho, quando ativados pela observação de uma ação, permitiriam que o significado dessa ação fosse compreendido automaticamente (de modo pré-atencional). Isso poderia ou não ser seguido por etapas conscientes que permitiriam uma compreensão mais abrangente dos eventos por meio de mecanismos cognitivos mais sofisticados.[14]

Isso permitiu afirmar que a realização de uma ação não dependia da memória ou de outro mecanismo gerador, mas apenas da observação e do espelhamento da ação inicial. Ou seja:

> ... se alguém faz um movimento corporal complexo que nunca realizamos antes, nossos neurônios-espelho identificam os mecanismos proprioceptivos e musculares correspondentes no nosso sistema corporal, levando-nos a imitar inconscientemente o que observamos, ouvimos ou percebemos de alguma forma.[15]

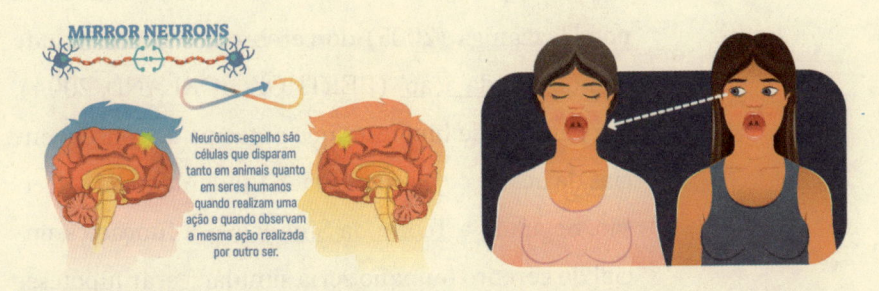

14 LAMEIRAL, Allan Pablo; GAWRYSZEWSKIL, Luis de Gonzaga; JR II, Antônio Pereira. Neurônios-espelho. *Scientific Electronic Library Online*. 20.10.2006. Disponível em: https://www.scielo.br/j/pusp/a/LDNz5B6sgj84PT5PfhJJtmx/?lang=pt#. Acesso em: 04 dez. 2023.

15 Idem.

Imagem dos neurônios-espelho mostrando a interação entre os cérebros de duas pessoas. Em tradução livre: neurônios-espelho, células que disparam tanto em animais quanto em seres humanos quando realizam uma ação e quando observam a mesma ação realizada por outro. Em seguida, um exemplo do ato de bocejar, que ilustra a atuação desses neurônios, já que o bocejo é frequentemente imitado reflexivamente.

Após a observação dos macacos e partindo da premissa de que as ações humanas também seriam espelhadas, os cientistas concluíram que as emoções humanas compartilhariam o mesmo fenômeno. Essa simulação ocorreria, por exemplo, quando víssemos outra pessoa chorando. Nesse caso, poderíamos sentir automaticamente a dor emocional que antecede o choro do outro, simulando-a em nós mesmos. Conhecemos esse comportamento humano como empatia, um conceito antigo que vem sendo estudado por diversas áreas da ciência desde a Antiguidade.

Como se observou, a empatia seria, portanto, o resultado do espelhamento associado à ação inicial. Daí a importância de entender a complexa relação de simulação das ações pelos neurônios-espelho e como ocorre a consequente compreensão das emoções do outro:

> Essas evidências vêm corroborar a hipótese levantada por Gallese e Goldman (1998) e endossada por Gazzaniga (2005) do cérebro como um grande "simulador da ação" (BERTHOZ; JORLAND, 2004), um gerador de hipóteses que antecipa as consequências da ação e cuja propriedade fundamental é a decisão. Segundo a Teoria da Simulação, a função essencial do cérebro humano seria simular, gerar hipóteses e tomar decisões. E seria essa capacidade neurobiológica que nos permitiria simular em nosso cérebro

aquilo que se passa na mente do outro, colocando-nos no lugar da outra pessoa, partilhando suas representações e compreendendo suas ações. <u>Daí conclui-se que essa capacidade de simular a perspectiva do outro estaria na base de nossa compreensão das emoções do outro, de nossos sentimentos empáticos e, consequentemente, de nossos processos de decisão moral</u> (BERTHOZ; JORLAND, 2004)[16]. [Grifos nossos.]

Diante disso, podemos entender que a empatia é a capacidade do ser humano de se colocar no lugar do outro de forma subjetiva, buscando compreender seus sentimentos e emoções. Trata-se de uma resposta afetiva reflexiva à emoção alheia, com o objetivo de entender seus estados mentais.[17]

Segundo a mesma autora, a empatia pode ser compreendida por meio do modelo das representações compartilhadas entre o eu e o outro. De acordo com essa abordagem, existe um código mental comum que decodifica as intenções do outro a partir da observação de seus movimentos e expressões emocionais. A empatia, portanto, está na base dos sentimentos morais, permitindo a compreensão do outro e a solidariedade ao ser capaz de assumir a perspectiva do outro, compartilhando experiências, necessidades e objetivos".[18]

Seria a empatia, então, o primeiro sentimento humano? Como ela se desenvolveu historicamente? Quais são os registros que documentam sua manifestação ao longo da história da humanidade?

16 FERREIRA, Cláudia Passos. *Seria a moralidade determinada pelo cérebro? Neurônios-espelhos, empatia e neuromoralidade*. Revista de Saúde Coletiva, Rio de Janeiro, 21[2]: 471-490, 2011.

17 O pressuposto de que a empatia seria o resultado da ação + espelhamento provocada pelos neurônios-espelho fez com que cientistas assimilassem que a falha, ou mesmo a ausência desse mecanismo, poderia ser notada no transtorno do espectro autista (TEA), dada a incapacidade da pessoa com o transtorno em assimilar e processar a empatia.

18 FERREIRA, op. cit., 2011.

Em experimentos conduzidos pelo professor de psicologia Paul Bloom, Ph.D. em Psicologia Cognitiva, em parceria com a psicóloga Karen Wynn, renomada por suas pesquisas sobre as capacidades cognitivas de crianças e adolescentes, bebês foram colocados para assistir a um teatro de fantoches, em que um dos personagens tomava a bola dos outros. Quando estimulados a escolher um dos fantoches, os bebês consistentemente evitavam o "malvado". Esse comportamento sugere que, mesmo em uma idade muito precoce, os bebês possuem um sentido rudimentar de justiça e empatia.

Em seu livro *Just babies: the origins of good and evil*, Bloom demonstra que a compaixão e a empatia já estão presentes nos bebês. No entanto ele argumenta que essa predisposição inicial não é suficiente para construir uma ética sólida, pois somos mais do que apenas bebês. Bloom explica que uma parte fundamental de nossa moralidade, a que nos torna verdadeiramente humanos, vem da nossa enorme capacidade de utilizar a razão para resolver problemas, ressaltando que, apesar de nascermos com uma inclinação natural para o bem, são o desenvolvimento cognitivo e a capacidade de raciocínio ao longo da vida que permitem a construção de uma moralidade mais complexa e robusta.

Esses achados têm implicações significativas para a compreensão do desenvolvimento humano. Eles sugerem que, embora possamos nascer com uma base moral, a educação e o ambiente desempenham papéis fundamentais na formação de nossa ética e comportamento social. A capacidade de raciocinar e refletir sobre nossas ações é o que nos permite transformar essas predisposições inatas em um sistema moral estruturado e consciente.

Portanto, enquanto a empatia e a justiça podem ser vistas como inatas, a verdadeira moralidade surge da interação entre nossas predisposições naturais e o desenvolvimento de habilidades cognitivas complexas. Esse entendimento destaca a importância de proporcionar ambientes ricos em estímulos positivos e oportunidades para o desenvolvimento do raciocínio crítico desde a infância.

Quanto à sua origem, a palavra "empatia" deriva do grego *empatheia*, composta pelo sufixo *em* e *phateia* (*pathos*/paixão ou emoção). Atualmente, a empatia pode ser compreendida sob diversos enfoques: filosófico, psicológico, espiritual, religioso, antropológico, sociológico, jurídico ou mesmo cultural.[19] Listando essas áreas de estudo, conseguimos vislumbrar o impacto que a empatia tem no cotidiano do ser humano. Num primeiro momento, ao considerarmos a premissa dos neurônios-espelho, poderíamos entender que a convivência em coletividade estaria completamente submetida a essa lógica neurobiológica.[20]

É impossível não considerar a construção de sociedades inteiras que, com sua história e costumes, estavam formando um sistema de "reflexos", perpetuando crenças, tradições, processos, fluxos, emoções e sentimentos. O papel da empatia seria, assim, inegável na construção e na formação dessas sociedades. Dada a importância da empatia, para aprofundarmos o estudo dessa virtude, é necessário identificar um fator comum entre as diferentes áreas de estudo da empatia: seu entendimento por meio dos critérios da moralidade e da ética.

Em primeiro plano, precisamos entender a linha básica de investigação da moral: seu estudo abrange a diferenciação de intenções, decisões e ações entre aquelas que são consideradas corretas ou incorretas por determinado grupo de pessoas, atribuindo responsabilidade ao sujeito que as praticou. Diversos estudos filosóficos tratam da moral e influenciaram a estruturação de códigos de conduta ao redor do mundo. No Ocidente, destacam-se as obras

---

19   Daniel Goleman, psicólogo e jornalista científico, indica a tradução e compreensão do termo de forma distinta: "... do grego *empátheia*, 'entrar no sentimento', termo inicialmente usado por teóricos da estética para designar a capacidade de perceber a experiência subjetiva de outra pessoa." GOLEMAN, Daniel. *Inteligência Emocional*. 42ª reimpressão. Rio de Janeiro: Editora Objetiva, 2022.

20   Essa concepção será estudada neste capítulo, mais adiante.

dos filósofos Immanuel Kant,[21] alemão, e David Hume,[22] britânico. O filósofo francês André Comte-Sponville, no livro *Apresentação da filosofia*, simplifica: "O que é a moral? É a lei que imponho a mim mesmo, ou que deveria me impor, independentemente do olhar do outro e de qualquer sanção ou recompensa esperadas." E acrescenta:

> Sua moral? O que você exige de você mesmo, não em função do olhar alheio ou de determinada ameaça exterior, mas em nome de certa concepção do bem e do mal, do dever e do proibido, do admissível e do inadmissível, enfim da humanidade e de você mesmo. Concretamente: o conjunto das regras a que você se submeteria, mesmo que fosse invisível e invencível.

A ética, por sua vez, caminha "de braços dados" com a moral, diferenciando-se ao estabelecer princípios e valores gerais, concentrando-se nas regras universais; enquanto a moral se ocupa do *modus operandi* individual. Como veremos adiante, ética e moral são temas fundamentais no estudo de uma área correlata à neurociência: a neuromoralidade. Embora seja um tema de imensa relevância, não exploraremos aqui a linha histórica e os conceitos de ética e moralidade que se desenvolveram ao longo do tempo. Em vez disso, destacaremos que diversos sistemas foram construídos com base nesses preceitos e coexistem no mundo

---

21   KANT, Immanuel. *Crítica da Razão Pura*. 4ª ed. São Paulo: Editora Vozes, 2015.
22   HUME, David. *Uma investigação sobre os princípios da moral*. 2ª ed. Campinas: Ed. Unicamp, 2014.

contemporâneo, influenciando a estrutura das sociedades desde sua fundação até sua regulação, por meio do direito, por exemplo.[23]

A medicina, assim como todos os campos do saber, também encontra limitação em regras impostas pela ética e pela moral. Uma breve pesquisa revela que temas como estudos e manipulação de células-tronco e clonagem são tratados pela comunidade médica e pela sociedade de forma extremamente cautelosa. Questões como "Qual é a finalidade da clonagem?" são frequentemente levantadas sempre que o assunto – clonagem humana – entra em voga. "Bioética, como se diz hoje, não é uma parte da Biologia; é uma parte da Ética, é uma parte de nossa responsabilidade simplesmente humana; deveres do homem para com outro homem, e de todos para com a humanidade", aponta Sponville, lembrando-nos de nossa responsabilidade.

A descoberta dos neurônios-espelho também gerou questionamentos morais e éticos. Na interseção entre moralidade, ética e neurociência, surgiram perguntas cruciais: como podemos acomodar e compreender moral e eticamente as ações humanas após

---

23 Em termos de relações internacionais, a matéria é estudada em multiculturalismo e interculturalidade.

essa descoberta valiosa? Estaria o comportamento humano rigidamente determinado pelas funções orgânicas cerebrais? De que maneira a moralidade influencia verdadeiramente a tomada de decisões e as ações humanas?

A empatia, como resultado do funcionamento das células-espelho, tornou-se uma chave fundamental para compreender a ação humana. Ao afirmar isso, inevitavelmente adentramos uma discussão com impacto nas esferas social, comportamental e cultural da humanidade. A compreensão das emoções humanas, tradicionalmente investigada por diversas áreas, agora também ganha destaque na medicina aliada à ciência, conduzindo-nos diretamente à neurociência.

O cérebro ganha, assim, valor social e estatuto de identidade antropológica, passando do denominado "cérebro social" para "cérebro moral"[24]. Ou seja, o funcionamento do cérebro perde seu caráter unicamente orgânico para assumir uma posição de maior relevância no entendimento *do que é ser humano*.

É nesse sentido que a adoção da perspectiva da natureza moral do cérebro causou um grande impacto na comunidade científica e ainda continua a causar. Isso ocorre porque a descoberta dos neurônios-espelho reformulou e descentralizou o estudo do comportamento humano, tradicionalmente centrado nos campos da filosofia e da psicologia, para a neurociência. Essa mudança abriu caminho para um novo campo de estudo, denominado neuromoralidade.

---

24   EHRENBERG, A. Le sujet cérébral. *Esprit*, v. 11, p. 130-155, 2004.

O objeto de estudo da neuromoralidade concentra-se na análise do comportamento humano à luz dos achados neuroanatômicos. Essa delimitação implicou a afirmação de que os comportamentos humanos se baseiam exclusivamente em fatores neurobiológicos e orgânicos, uma posição que foi contestada por parte da comunidade científica, argumentando a falta de uma fundamentação válida. Os defensores da abordagem puramente neuromoral reafirmaram a validade dessa linha de estudo, destacando a descoberta dos neurônios-espelho como uma evidência científica suficiente para embasar essa nova busca científica. Como reação ética, surgiram as seguintes linhas de pensamento:

> ... os relativistas: que Dennett chama de partidários do "gancho do céu" (skyhook), como Chomsky e Gould, que acreditam que a moralidade é apenas uma construção social; que somos constrangidos por fatores externos, representados pelo contrato social [Jean-Jacque Rousseau];
>
> ... os reducionistas vorazes: como H. Spencer, E. Wilson (...) que, ao simplificarem demais o problema, acabam por produzir respostas distorcidas e eliminar várias categorias fundamentais da nossa autoimagem. Adotam premissas eliminativistas de base e usam a ciência para justificar uma descrição reducionista de nossa moralidade;
>
> ... os reducionistas prudentes: como Dennett, Dwakins, (...) que acreditam que a ética deve ser baseada em apreciações sobre a natureza humana, e preferem definir a construção da cultura e o advento da moralidade utilizando um conjunto de conceitos naturalistas-darwinistas. Ou seja, a ética não deve se opor irracionalmente à maneira como o mundo é.[25]

---

25 FERREIRA, 2011, p. 471-490.

Portanto, em resposta à questão levantada anteriormente, sim, há visões de que a conduta humana está exclusivamente condicionada a fatores neurobiológicos, assim como existem posicionamentos que veem a neuromoralidade apenas como um campo de pesquisa, argumentando que outros fatores e disciplinas devem ser considerados para uma compreensão abrangente da ação humana.

Nós nos alinhamos com a segunda abordagem, reconhecendo a existência de várias perspectivas capazes de elucidar o comportamento humano. Ao afirmar isso, não estamos diminuindo a importância do estudo da neuromoralidade, mas sim destacando que o conhecimento científico experimental pode ser proveniente de diversas áreas da ciência moderna, contribuindo para uma compreensão mais completa do funcionamento do complexo cérebro humano.

É importante lembrar e reafirmar que o objeto de estudo, o cérebro humano, é de uma imensidão imensurável nos dias de hoje, não sendo alcançado completamente pelas ciências que manipulamos contemporaneamente. A moral e a ética, como ciências humanas, têm o papel de estabelecer normas de conduta e comportamento, representando uma tentativa humana de promover o aprimoramento do indivíduo e da coletividade para o benefício próprio e dos outros.

Nesse contexto, a descoberta dos neurônios-espelho teve o poder de elevar a empatia a um elemento fundamental, relacionando-a a um fenômeno que transcende a mera especulação, culminando por sedimentá-la no campo científico. Originada pelo processo neurobiológico dos neurônios-espelho, a empatia emerge como o principal sentimento capaz de nos orientar para tomar decisões morais mais acertadas.

Mas como a empatia se manifesta nas relações humanas?

Como estrutura reacional, a empatia se manifesta por três vias distintas: afetiva, cognitiva e reguladora de emoções. O componente afetivo baseia-se no compartilhamento e na compreensão de estados emocionais de outras pessoas. O componente cognitivo refere-se à capacidade de deliberar sobre esses estados mentais. Essa classificação, proposta pela psicologia, demonstra que a empatia pode se manifestar de várias maneiras. Abaixo, apresentaremos cada uma delas, ilustrando com um exemplo comum: um ato de discriminação.

A **empatia afetiva** representa a habilidade de oferecer respostas adequadas às emoções das outras pessoas, ou seja, é a capacidade de sentir a dor do outro. Por exemplo, ao testemunhar uma situação de discriminação, o indivíduo empático pode automaticamente sentir a dor da pessoa discriminada. A preocupação desse tipo de empatia está sempre voltada para o bem-estar dos outros.

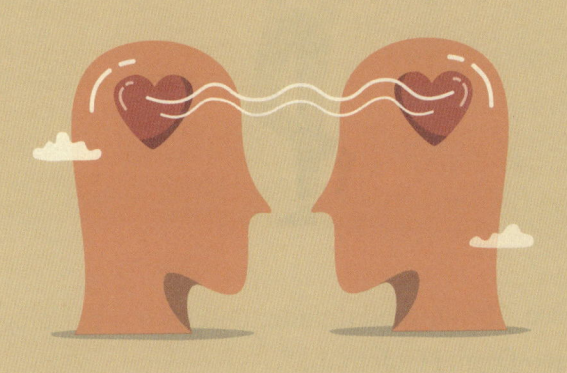

A **empatia somática** refere-se à capacidade de sentir as emoções físicas ou as sensações corporais que a outra pessoa está experimentando. Nesse caso, o empático tende a reagir com ações para aliviar o sofrimento ou o desconforto do outro, porque ele próprio está sentindo as mesmas sensações que a pessoa afetada. Por exemplo, diante de um ato de discriminação, o empático pode reagir afastando o agressor para proteger a vítima.

A **empatia cognitiva** refere-se à habilidade de compreender a resposta emocional de uma pessoa a uma situação específica. Indivíduos empáticos cognitivos podem tomar decisões que beneficiam várias pessoas e prevenir o sofrimento de terceiros. Novamente, no caso de discriminação, a pessoa seria capaz de interromper a discriminação, afastar o agressor, apoiar a vítima e, por fim, desenvolver políticas de prevenção para evitar situações semelhantes.

Sobre essa última modalidade, descreve o psicólogo e jornalista científico Daniel Goleman:[26]

> A leitura supersensível de sinais emocionais representa o auge da empatia cognitiva, uma das três principais formas da capacidade de focar o que as outras pessoas estão vivendo. Essa forma de empatia nos

---

26 GOLEMAN, Daniel. *Foco*: a atenção e seu papel fundamental para o sucesso. Rio de Janeiro: Ed. Objetiva, 2021.

permite assumir a perspectiva de outra pessoa, compreender seu estado mental e, ao mesmo tempo, administrar nossas próprias emoções enquanto avaliamos as dela. São todas operações mentais descendentes.

Como pode ser observado nos exemplos citados, a empatia tem o poder de regular várias emoções humanas, gerando ações que têm um impacto direto na vida em comunidade. Diversos elementos, como o altruísmo e a preocupação genuína com o próximo, estão intrínsecos nesse processo. Ao praticar a empatia, buscamos construir relacionamentos mais significativos, pautados na sinceridade e na genuína tentativa de compreender o outro.

O altruísmo, caracterizado pela ação voluntária em prol do bem comum, desempenha um papel fundamental nesse contexto, representando a iniciativa consciente de um indivíduo em buscar o benefício coletivo. Essa virtude foi capaz de inspirar diversas correntes de pensamento filosófico e espiritual.[27] No âmbito das religiões e crenças, por exemplo, destacam-se sete principais com influência global: cristianismo, islamismo, hinduísmo, ateísmo, budismo, espiritismo e judaísmo.

Essas sete religiões/convicções são as mais seguidas no mundo, influenciando os valores e preceitos de mais de seis bilhões de pessoas em diversos países, em um mundo que atualmente conta com aproximadamente oito bilhões de habitantes. As diretrizes dessas religiões/convicções fundamentam a conduta dessas mesmas pessoas, representando, portanto, outra faceta do imenso valor da empatia, agora em harmonia com o altruísmo.

Um estudo conduzido pelos pesquisadores Steve Cole e Barbara Fredrickson, da Universidade da Carolina do Norte, analisou 80

---

27   O conceito de altruísmo nasceu da filosofia, tendo como criador o filósofo Augusto Comte. Trata-se de uma doutrina ética que indica o interesse pelo próximo como um princípio "supremo" da moralidade. Assim, o altruísmo *não é uma postura exclusiva de uma pessoa que segue determinada religião*, podendo ser demonstrado por qualquer pessoa.

participantes para investigar os efeitos do altruísmo na saúde e no bem-estar. Os resultados revelaram que indivíduos que se engajavam em comportamentos altruístas, como ajudar os outros sem esperar recompensa, experimentavam benefícios físicos e emocionais superiores àqueles que buscavam apenas a própria felicidade. Esses benefícios incluíam fortalecimento do sistema imunológico e redução da inflamação no corpo, indicando que o altruísmo pode desempenhar um papel fundamental na promoção da saúde geral.

Aqui cabe uma crítica. Como pode a essência da religião ou convicção de mundo, resumida em empatia e altruísmo, coexistir com tanta intolerância religiosa ou de convicção? Embora pareça um problema complexo, na verdade, não é: pela prática da empatia, ao nos colocarmos no lugar do outro, podemos compreender o que é tolerância. Não podemos permitir que a intolerância prevaleça, caindo no paradoxo da tolerância.[28]

São a empatia e o altruísmo que também orientam a atuação do trabalho filantrópico, uma das ações humanas de maior valor moral. Num mundo onde a fome ainda é um problema em escala global, cabe a nós refletir sobre o que estamos fazendo de errado ao permitir a persistência dessa problemática, enquanto nos autointitulamos como estando "em constante progresso". Os avanços científicos e tecnológicos são essenciais, porém não podemos esquecer que problemas fundamentais ainda persistem na sociedade e, se não forem abordados, continuarão a crescer gradualmente até se tornarem insuperáveis.

Em seguida, é importante ressaltar que a empatia está intrinsecamente ligada à noção de inteligência emocional e à capacidade de

---

28 Teoria desenvolvida pelo filósofo austríaco-britânico Karl Popper, em seu livro *The Open Society and its enemies*, determinando que é preciso ser intolerante com os intolerantes, pois esses últimos usariam da intolerância para desmontar os preceitos da tolerância, criando, com isso, opressão e desordem. A chave para as discussões seria a argumentação válida, visando à proteção da coletividade e da liberdade de expressão.

liderança. Esses temas serão abordados mais detalhadamente na parte II deste trabalho, em que serão apresentados e explorados os conceitos de inteligência emocional e social, além de discutida a diferença entre empatia e simpatia. Finalmente, será demonstrada a importância da comunhão e do compartilhamento de experiências.

De forma resumida, podemos afirmar que a neuroanatomia, a neuroplasticidade e a neuroquímica desempenham um papel crucial ao impulsionar os avanços da neurociência. A descoberta dos neurônios-espelho permitiu concluir que a ação humana não é apenas resultado da memória ou de outros mecanismos geradores, mas sim do processo de observação e espelhamento da ação inicial. Nesse mesmo fenômeno, a emoção humana também é compreendida.

Dito isso, a empatia desempenha um papel significativo como resultado desse processo, manifestando-se na habilidade humana de se colocar no lugar do outro de maneira subjetiva, buscando compreender seus sentimentos e emoções. No contexto da moralidade e da ética, esse tema adquire uma nova dimensão, caracterizada pelos estudos direcionados da neuromoralidade, gerando discussões que permeiam o mundo contemporâneo. A empatia se manifesta de diversas formas e tem a capacidade de regular uma ampla gama de emoções humanas, influenciando diretamente as interações coletivas. O altruísmo, por sua vez, une-se à empatia, muitas vezes na forma de religião, alcançando bilhões de pessoas em todo o mundo.

Por fim, fecha-se o presente item com a certeza de que os neurônios-espelho representam um verdadeiro milagre, um vislumbre da obra divina, conquistado pela neurociência. Eles são a base biológica da empatia e, portanto, assumem um papel fundamental na compreensão social e no desenvolvimento das ações humanas que estão direcionadas para a construção de uma sociedade mais justa e solidária.

Esse entendimento é reforçado pelas demais áreas da ciência, as quais reconhecem a importância do objeto de pesquisa, a empatia, e se voltam para objetivos comuns: a evolução humana, o bem-estar social e a promoção da prosperidade e da paz. A seguir, examinaremos outra descoberta significativa da neurociência cognitiva: os neurônios fusiformes e sua notável função na percepção social, por meio do reconhecimento de rostos e objetos.

3. A importância dos neurônios fusiformes na percepção social

Assim como os neurônios-espelho, os neurônios fusiformes, também conhecidos como neurônios von Economo ou neurônios bipolares gigantes, representam uma descoberta fundamental da neurociência. Antes, porém, de nos aprofundarmos na inovação trazida pela descoberta do funcionamento desses neurônios, é importante compreender o que são, sua estrutura e sua importância dentro da complexa rede neural humana.

A menção inicial aos neurônios fusiformes ocorreu em 1925, pelo psiquiatra e neurologista austríaco Constantin von Economo, em seu trabalho científico intitulado "A citoarquitetura do córtex do ser humano adulto". Nesse estudo, ele descreveu os neurônios fusiformes como células alongadas em forma de fuso (daí o termo "fusiformes"), que possuíam cerca de quatro vezes o tamanho de uma célula piramidal. A seguir, apresentamos uma imagem que ilustra a diferença entre três neurônios.

Tipos de neurônios

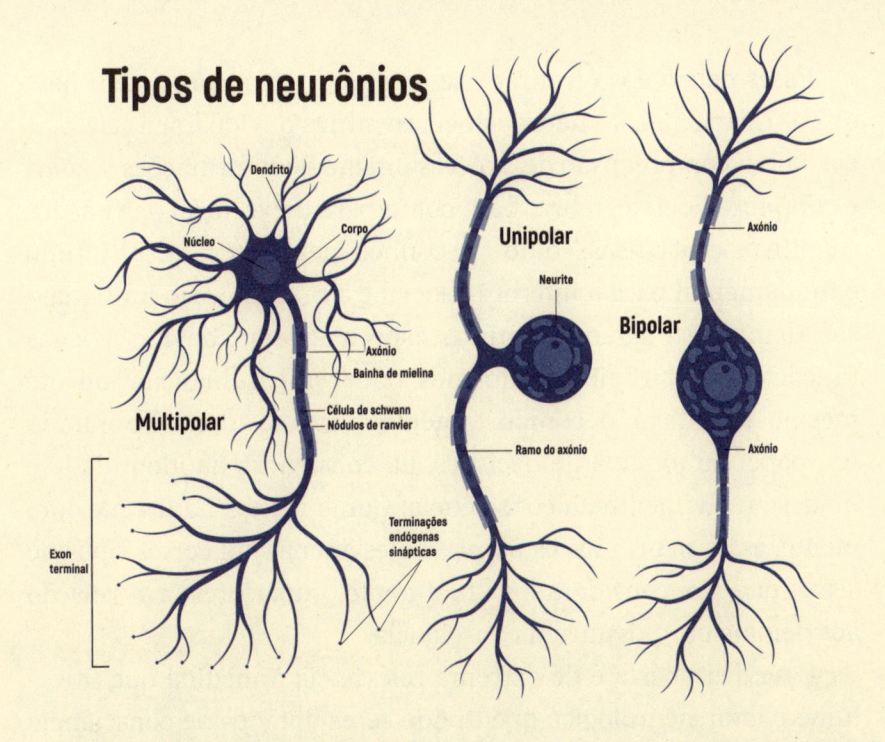

Multipolar — Dendrito, Núcleo, Corpo, Axónio, Bainha de mielina, Célula de schwann, Nódulos de ranvier, Terminações endógenas sinápticas, Exon terminal

Unipolar — Neurite, Ramo do axónio

Bipolar — Axónio, Axónio

Sobre sua classificação, os neurônios fusiformes constituem um tipo específico de neurônio encontrado no cérebro, como visto anteriormente, são caracterizados por sua forma alongada ou fusiforme. Esses neurônios são conhecidos pela capacidade de integrar informações de diferentes regiões cerebrais e estão envolvidos em várias funções cognitivas, destacando-se principalmente no reconhecimento de rostos e objetos.[29]

São especialmente relevantes na região do córtex cerebral denominada córtex temporal inferior. Nessa área, desempenham um papel essencial no processamento visual e na discriminação de estímulos complexos, como rostos humanos e objetos familiares. Estudos científicos indicam que os neurônios fusiformes podem estar envolvidos em processos como a identificação de indivíduos familiares, o reconhecimento facial e a percepção de emoções.

---

29 Alguns estudos indicam que, diferentemente dos neurônios-espelho, os neurônios fusiformes, encontrados em humanos, também foram identificados em bonobos, chimpanzés e gorilas, assim como em algumas espécies de baleias e de elefantes.

Esses neurônios tornaram-se de grande importância em pesquisas relacionadas à neurociência cognitiva devido à sua relevância para a compreensão do processamento de informações visuais e complexas pelo cérebro, bem como para a execução de funções cognitivas específicas, como o reconhecimento facial. Esse último é fundamental para a interação social e a comunicação humana.

Além disso, alguns cientistas especulam que, devido às suas funções, os neurônios fusiformes poderiam influenciar ou até mesmo modificar o comportamento humano, desempenhando um papel na tomada de decisões, na construção da identidade e no desenvolvimento da consciência. Como mencionado anteriormente, esses neurônios estão presentes apenas em certos tipos de seres, que são considerados atualmente "superiores" em relação aos demais por possuírem consciência.

Essa descoberta é de extrema relevância à medida que traz a lume o fator neurológico que divide seres dotados de consciência daqueles que não a possuem.[30] Isso acabou remetendo à conclusão de que os neurônios fusiformes seriam os responsáveis, também, pela projeção e pela formação do "senso de si", atrelado ao processo de formação da consciência.

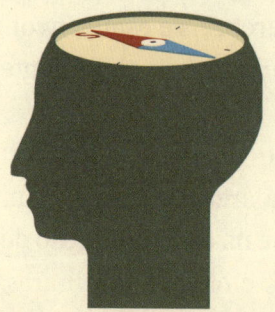

Além disso, os processos de intuição e tomada de decisões estariam condicionados ao complexo processamento dos neurônios fusiformes. Um estudo da Universidade de Iowa (2005)[31] demonstrou que o cérebro responde a informações e tomada de decisões em um período tão veloz que a cons-

---

30 Sobre a importância da consciência, remetemos o leitor à parte II, quando tratamos dos meandros da inteligência e seus componentes; entre eles, a consciência.

31 ALLMAN, J.M.; WATSON, K.K.; TETREAULT, N.A.; y HAKEEM, A.Y. (2005, agosto). *Intuición y autismo: un posible papel para las neuronas de Von Economo. Tendencias en las ciencias cognitivas.* Disponível em: https://doi.org/10.1016/j.tics.2005.06.008. Acesso em: 07 mar. 2024.

ciência não conseguiria alcançar ou mesmo andar *pari passu*. Assim, intuições ou palpites estariam diretamente ligados ao processamento articulado pelos neurônios fusiformes.

Como mencionado anteriormente, os neurônios fusiformes são significativamente maiores que os demais neurônios, ocupando uma parte substancial da rede neural e interagindo com outros neurônios que desempenham funções diversas. Com base nessa premissa, podemos inferir que esses neurônios deixam uma marca em cada alvo visual que enxergamos.

Aliados à empatia (articulada pelos neurônios-espelho), esses neurônios seriam capazes de mediar emoções sociais mais complexas, como o amor, a inveja, a raiva e a vergonha. Também assumiriam um papel fundamental na cognição social e em comportamentos complexos relacionados à interação social, devido à sua conexão com a empatia.

Embora ainda em estágios iniciais, os estudos sobre a relação dos neurônios fusiformes com doenças mentais e neurológicas já demonstram alguns resultados. Transtornos como a esquizofrenia mostram uma disfunção desses neurônios; enquanto, no autismo, esses neurônios apresentam características de subdesenvolvimento. Na demência frontotemporal, ocorre uma perda gradual desses neurônios, desencadeando sintomas como perda do controle sobre o comportamento, a personalidade e a linguagem. No caso da depressão, há uma desregulação desses neurônios, impactando o humor do indivíduo.

Esses recentes achados destacam a importância da pesquisa para o tratamento e, possivelmente, a cura de doenças e transtornos que afetam muitas pessoas ao redor do mundo. Como costumo dizer, como médico, é sempre necessário curar dores, e há muitas, como pudemos estudar até aqui. Somente por meio de intensa pesquisa científica poderemos alcançar níveis de excelência em descobertas de grande impacto na neurociência e, consequentemente, melhorar as condições de saúde da sociedade.

Saindo do campo médico e entrando no das relações sociais, os neurônios fusiformes também têm proporcionado valiosos *insights* sobre os processos neurocognitivos subjacentes ao comportamento de consumo humano. Para explorar esses *insights*, dedicamos a parte III (Aplicando a neurociência à vida moderna) a explicar como os neurônios fusiformes influenciam a empatia e o atendimento ao cliente, o desenvolvimento de campanhas emocionalmente envolventes, a construção de marcas autênticas e transparentes e a compreensão das motivações de compra. Além disso, são apresentados exemplos de como estudos sobre esses neurônios estão conduzindo programas de reconhecimento facial, nos quais o software é capaz de assimilar e entender o sentimento do consumidor ao experimentar um produto ou serviço apenas pela expressão facial.

Assim, ao tratar da evolução, encerraremos esta parte discutindo como a sobrevivência e a seleção natural foram importantes propulsores para a evolução do cérebro e, consequentemente, de suas conexões.

4. Sobrevivência e seleção natural: como nossos cérebros evoluíram para a conexão

Embora o título possa sugerir, não pretendemos nesta obra fazer um paralelo completo sobre a sobrevivência e a seleção natural humana. Tal empreitada nos levaria à tarefa impossível de resumir em poucas linhas a análise de milhares de anos, que resultaram em inúmeras teorias e posicionamentos de diversas áreas do conhecimento: biologia, história, sociologia, antropologia, medicina, psicologia, química, teologia, entre outras. Ainda assim, não parece adequado iniciar esta seção sem ao menos mencionar aspectos da teoria da evolução, amplamente conhecida, de Charles Darwin e Alfred Russel Wallace. Essa teoria representa um dos conceitos fundamentais da biologia e, portanto, do estudo do desenvolvimento de todos os seres vivos conhecidos e ainda desconhecidos.

Essa teoria, metodologicamente, estruturou a explicação de como as espécies mudaram ao longo do tempo e como cada uma delas surgiu, fundamentando-se em pilares como: descendência com modificação, seleção natural, variação genética, especiação e evidências da evolução. O principal pilar da teoria indica que as espécies mudam ao longo do tempo por meio de um processo chamado seleção natural. As características genéticas que conferem vantagens adaptativas para sobreviver e se reproduzir em um ambiente específico tendem a ser passadas para as gerações futuras, enquanto características menos vantajosas ou pouco usadas são eliminadas ao longo dos anos.

A variação genética é um fator importante nesse processo, pois a genética fornece a matéria-prima sobre a qual a seleção natural atua. O surgimento de novas espécies é denominado "especiação" por Darwin. A especiação pode ocorrer no mesmo ambiente, com a evolução dos mesmos genes, ou de forma paralela em diferentes grupos, resultando em diferentes modos de evolução e, consequentemente, em diferentes espécies.

Há uma ampla gama de evidências que apoia a teoria da evolução, incluindo o registro fóssil, a biogeografia, a anatomia comparada, a embriologia comparada, a genética e a observação direta da mudança evolutiva em populações naturais e em laboratórios. Mas a teoria da evolução não é suficiente para a compreensão total do cenário evolutivo humano. É necessário considerar outras perspectivas que, em conjunto, possam nos informar, por exemplo, sobre como ocorreram as primeiras interações sociais.

Assim, ao sair um pouco do cenário biológico/genético e fazer um paralelo com os fatores histórico-sociais, percebemos que as primeiras interações sociais remontam aos primórdios da existência humana, quando os primeiros hominídeos começaram a viver em grupo. Essas interações eram fundamentais para a sobrevivência, pois os grupos colaboravam na obtenção de alimentos, na proteção contra predadores e em outras atividades essenciais para a vida.

Estima-se que, inicialmente, os seres humanos viviam isoladamente e, devido às necessidades inerentes à sobrevivência, começaram a se comunicar com outros por meios não verbais, usando gestos, expressões faciais e vocalizações. Nossa capacidade de comunicação melhorou significativamente com o advento da escrita, momento em que se tornou possível transmitir ideias complexas de forma ampla, alcançando diversas culturas.

Assim, todo o período anterior à criação da escrita não pode ser compreendido com clareza e certeza metódica, sendo interpretado principalmente a partir de indícios fósseis e desenhos rupestres. Esses vestígios guiaram historiadores, antropólogos e arqueólogos na reconstituição dos passos humanos na pré-história. Dessa forma, não sabemos exatamente como ocorreram as primeiras interações humanas ou de que maneira elas se estabeleceram. No entanto é sabido que as primeiras interações conhecidas decorreram da necessidade de sobrevivência.

Como a evolução do cérebro se encaixa nesse paralelo entre fatores biológicos/genéticos e históricos/sociais? A resposta é: em tudo! O desenvolvimento histórico da humanidade impactou toda a anatomia humana, especialmente o tamanho e as funções do cérebro, bem como suas sinapses, tornando-o cada vez mais complexo.

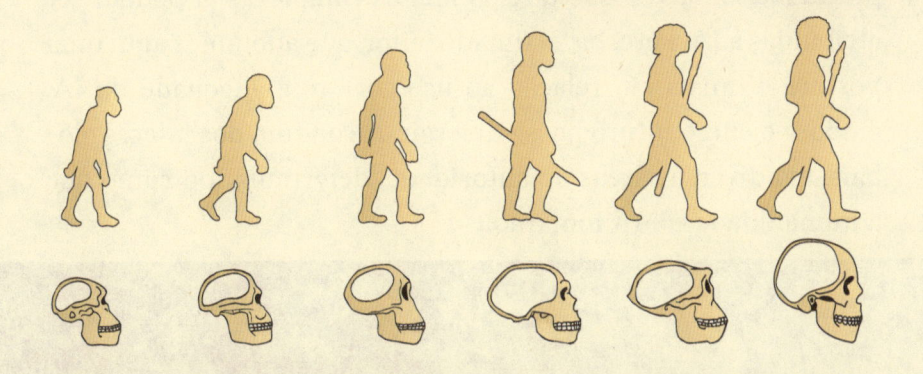

Os primeiros hominídeos, como o Australopithecus, possuíam cérebros consideravelmente menores em comparação com os humanos modernos. Estudos recentes indicam que o gênero Homo, ao qual pertencemos, demonstrou um aumento substancial tanto no tamanho quanto na complexidade cerebral ao longo do tempo. Essa evolução cerebral foi impulsionada por uma variedade de fatores, incluindo o desenvolvimento da linguagem e a influência do ambiente e da cultura, que mais tarde foram reconhecidos como os principais impulsionadores da modificação cerebral.

É fácil perceber essa afirmação quando transitamos da esfera intelectual para a prática. No contexto atual, há numerosos estudos que indicam que as mudanças cerebrais estão relacionadas à resposta neural diante da expansão da internet e da comunicação em larga escala. Com um pequeno esforço, podemos compreender que, no futuro, as alterações cerebrais resultarão da aquisição de novas habilidades e capacidades que a inteligência artificial (IA), por exemplo, ainda não consegue assimilar.

Com isso queremos dizer que a IA, atualmente começando a assumir tarefas que eram predominantemente ou exclusivamente humanas, nos permitirá exercer funções de maior complexidade, uma vez que tarefas menos complexas já podem ser atribuídas à IA. Perceba, estimado leitor, que adotamos aqui uma postura otimista em relação ao uso correto e adequado da IA, embora o curso futuro possa divergir. A conduta dos líderes globais, em diversas áreas de autoridade, determinará o rumo que a humanidade e a IA tomarão.

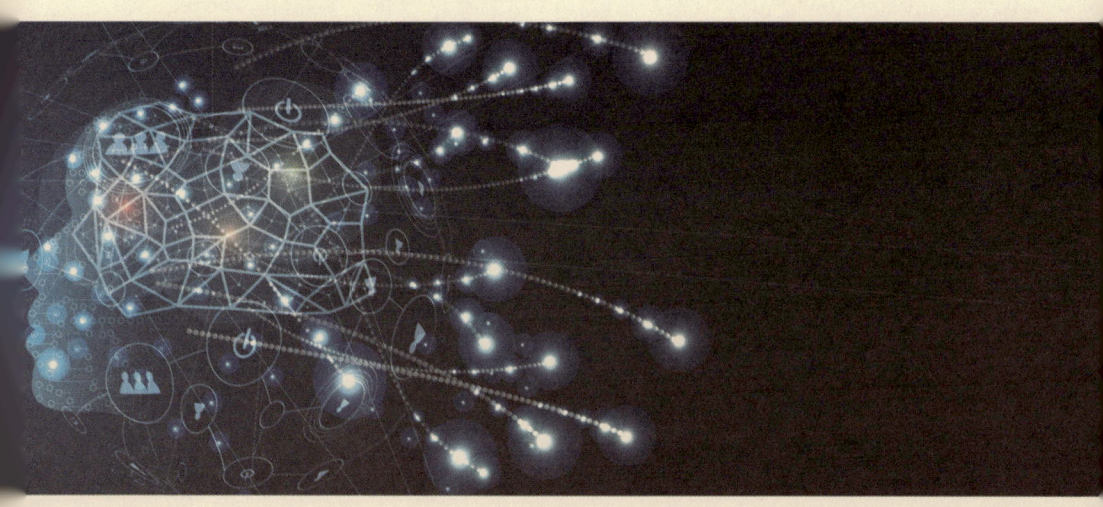

Como se tem observado, o cérebro humano e suas conexões estão em constante mudança, e fatores como a biologia, a genética, bem como os sociais e históricos, são responsáveis por ditar as novas estruturas anatômicas, neuroplásticas e neuroquímicas do cérebro humano. A neurociência e a tecnologia são os instrumentos do presente que assumem a importante tarefa de remodelar as funções cerebrais, trazendo consigo a possibilidade de aprimoramento cognitivo pela neurotecnologia. Além disso, há um intenso trabalho científico no sentido de mapear o cérebro e suas funções, seu *modus operandi*, proporcionando respostas, por exemplo, para o tratamento de doenças neurológicas e psiquiátricas, bem como para a longevidade e a saúde cerebral.

A integração entre inteligência artificial e interfaces cérebro-máquina também é um importante tema de debate, já que prenuncia a capacidade de controlar dispositivos eletrônicos com o pensamento ou estabelecer comunicação direta entre cérebros humanos e sistemas de computador. Para este tema, remetemos o leitor à parte III – Aplicando a neurociência à vida moderna –, em que discutimos o recentíssimo "Neurolink", liderado pelo empresário Elon Musk.

Por fim, cabe ressaltar que todas as questões abordadas nesta parte da obra estão sujeitas à regulação ética e moral. Devem ainda ser feitas ponderações sobre as questões sociais envolvidas, uma vez que o avanço da neurociência e da tecnologia cerebral suscita uma série de questões éticas e sociais, incluindo preocupações com privacidade, segurança, equidade e autonomia individual.

Reafirma-se, assim, a grande preocupação sobre como conduzimos essa nova realidade, que deve ser sempre gerenciada de maneira responsável e benéfica para a sociedade como um todo. Como médico, não posso deixar de celebrar os incríveis avanços da neurociência e da neurotecnologia obtidos pelo nosso tempo, capazes de expandir horizontes nunca antes imaginados e de alcançar milhares de pessoas por meio do estudo, atendimento e cura de doenças neurológicas e psiquiátricas, historicamente marginalizadas e estigmatizadas.

Além disso, a neurociência, como vimos, está na vanguarda das novas transformações sociais, moldando comportamentos por meio da compreensão prévia de como pensamos, sentimos e experimentamos a realidade que nos cerca. Com isso em mente, estruturamos esta obra para apresentar ao leitor, nas demais partes, algumas inovações derivadas da aplicação dessa ciência em interface com outras áreas do conhecimento.

E vamos à próxima parte da obra!

"A CAPACIDADE DE PERCEBER O MUNDO ATRAVÉS DOS SENTIDOS É UMA DAS CARACTERÍSTICAS MAIS FASCINANTES DO SER HUMANO."

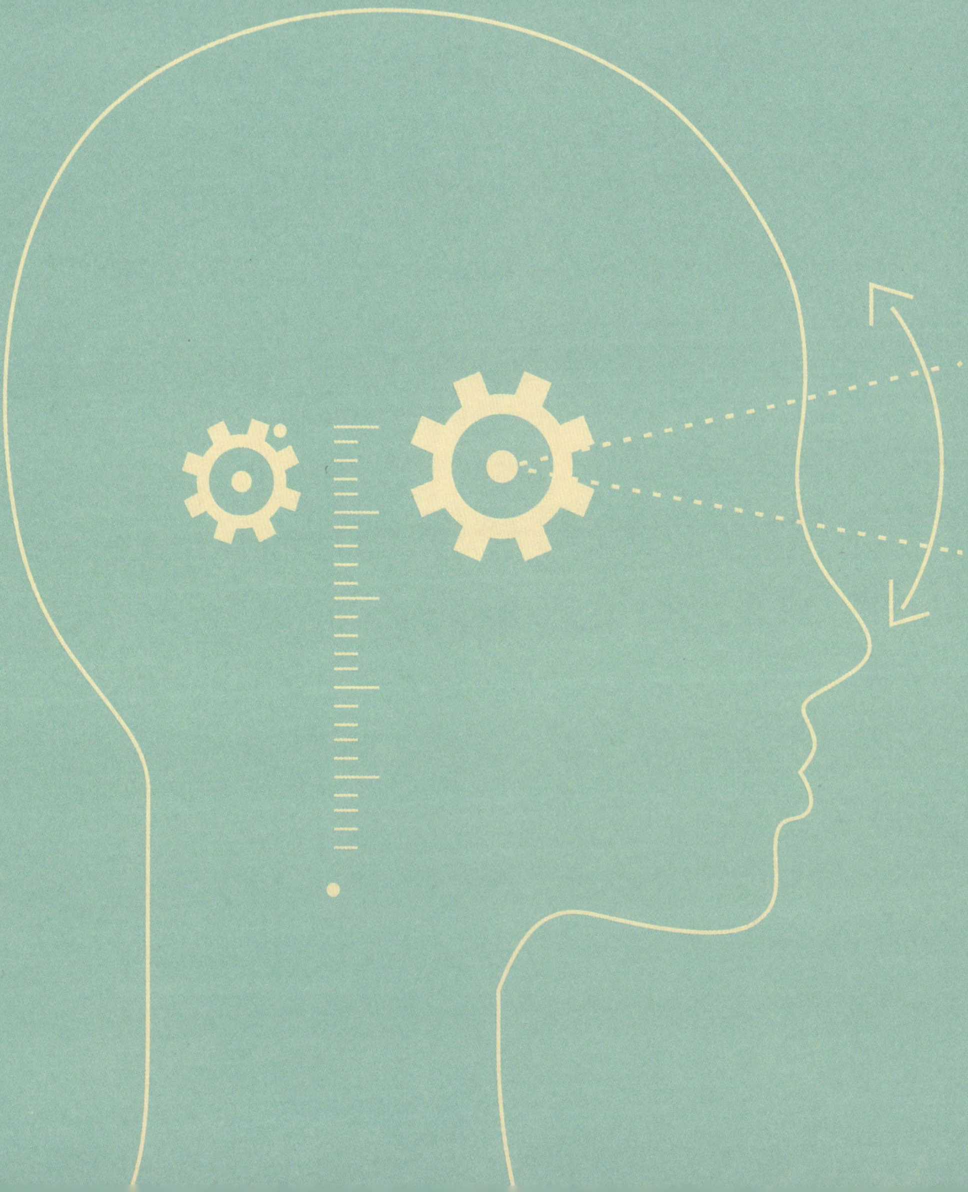

PARTE II
ENTENDENDO A INTELIGÊNCIA EMOCIONAL E SOCIAL

5. Inteligência emocional: o que é e por que importa?

O tema que pretendemos abordar nesta parte da obra é empolgante! Conforme você perceberá ao longo da leitura, as discussões relacionadas à inteligência e à sua formação são de fácil assimilação, e cada linha lida trará um feixe de reconhecimento, *insight* ou inspiração sobre suas próprias ações.

Antes de adentrarmos propriamente na inteligência emocional, guiaremos o leitor para compreender como a mente humana funciona por meio do pensamento, considerando todos os elementos que a constituem. Também serão analisadas as teorias das inteligências identificadas que precederam a concepção e a aceitação da inteligência emocional como uma forma de inteligência.

Como é sabido, Homo sapiens é a denominação científica usada para caracterizar a espécie em evolução que se diferencia das demais por possuir razão e inteligência. Essas singularidades (razão e inteligência) estão ligadas à complexidade inerente ao ser humano. Somos considerados os únicos seres conhecidos capazes de desenvolver atividades que demandam raciocínio, permitindo-nos sistematizar pensamentos racionais, criativos e abstratos.

5.1. Racionalidade instrumental e racionalidade substantiva

A capacidade de raciocínio sempre se baseia na utilização de argumentos sólidos e consistentes, fundamentados em evidências e lógica, para a tomada de decisões e a formação de opiniões. Para isso, a racionalidade envolve a coleta, a análise e a avaliação de informações, considerando diversas perspectivas, a fim de chegar a conclusões embasadas. Existem várias maneiras de classificar a racionalidade, mas vamos nos concentrar na mais relevante, que está relacionada à sua finalidade. De acordo com essa classificação, há dois tipos principais de racionalidade: a instrumental e a substantiva.

A instrumental se refere à capacidade humana de selecionar os meios eficazes para alcançar os objetivos desejados. Nesse caso, o único aspecto considerado é a eficácia do resultado, ou seja, se o objetivo é alcançado. A substantiva também busca o resultado desejado, porém incorpora valores éticos e pessoais à tomada de decisões. Com base nisso, podemos compreender que, ao analisar o processo de raciocínio adotado por alguém em uma decisão específica, muitas vezes é possível identificar a presença ou ausência de valores éticos. Essa reflexão pode ser um caminho para entender melhor o outro, especialmente em situações que envolvem decisões importantes com impacto na vida de várias pessoas.

A célebre e controversa paráfrase[32] "os fins justificam os meios", delimitada por Nicolau Maquiavel na obra clássica *O príncipe*,[33] mostra até onde uma pessoa, utilizando-se da racionalidade instrumental, pode chegar em nome do poder (enquanto finalidade). Segundo a

---

32 Há um consenso acadêmico de que a frase não foi escrita *literalmente* por Nicolau Maquiavel em *O príncipe*, mas se tratou de uma paráfrase amplamente difundida quando citada em outras obras filosóficas. A base de estudo para tanto foram as inúmeras traduções dos manuscritos originais. A frase conteria, assim, a síntese da obra, interpretação realizada por outros autores.

33 MAQUIAVEL, Nicolau. *O príncipe*. São Paulo: Editora Edipro, 2018.

linha de raciocínio adotada nesse escrito "de peso", se os resultados forem importantes o suficiente, qualquer meio para atingi-los é aceitável e válido, sendo autorizado o uso de artifícios violentos, ilegais ou mesmo desonestos para alcançar o resultado pretendido.

O Príncipe, como toda obra clássica, trouxe vários questionamentos nos meios intelectual e político, e até hoje é alvo de críticas. Além da discordância com a linha filosófica principal, existem também outras abordagens que buscam a interdisciplinaridade com a teoria tracejada na obra, em áreas como a de negócios,[34] por exemplo. Outras áreas do conhecimento que buscam relacionar a racionalidade instrumental são a filosofia, a moral, a ética, a psicologia, a política, o direito e a medicina.

A racionalidade, contudo, não representa o único modo de pensar do ser humano (ainda bem!). Nossos pensamentos também são guiados por influências emocionais, sociais e contextuais, que são, muitas vezes, determinantes no processo decisório frente a uma situação ou a determinado fato. É importante entender, portanto, todos os fatores que sustentam o ato de pensar.

5.2. Elementos que compõem o ato de pensar: percepção, aprendizagem, memória, linguagem, resolução de problemas, foco e consciência

Aos elementos do pensamento que orbitam de maneira completa, damos o nome de cognição, que consiste no conjunto de processos mentais que os formam. Entre esses elementos estão a memória, a linguagem, a percepção, a resolução de problemas e outras funções associadas à aquisição, ao armazenamento, à manipulação e à utilização de informações. Abaixo, podemos visualizar a interação entre eles:

---

[34] PETRY, Jacob. *Poder e manipulação*: como entender o mundo em 20 lições extraídas de "O príncipe", de Maquiavel. Barueri: Editora Faro, 2016.

> PERCEPÇÃO, APRENDIZAGEM, MEMÓRIA, LINGUAGEM, RESOLUÇÃO DE PROBLEMAS, FOCO E CONSCIÊNCIA.

5.2.1. Percepção sensorial

O primeiro elemento que vamos explorar é a percepção, possivelmente o tema mais complexo de todos (a consciência talvez possua o mesmo grau de complexidade). Por ser a primeira a desafiar o conhecimento tradicional e o senso comum, a filosofia — considerada a "mãe de todas as ciências" — foi também a pioneira a questionar a existência, a estrutura e a finalidade da percepção humana. Embora diversos filósofos tenham abordado esse tema, devido à sua profundidade e especificidade, destacamos aqui Maurice Merleau-Ponty, um brilhante filósofo existencialista francês que dedicou sua vida ao estudo da percepção.[35]

---

[35] O resultado foi a obra: MERLEAU-PONTY, Maurice. *Fenomenologia da percepção*. São Paulo: WMF Martins Fontes, 2018.

A percepção possui múltiplas abordagens, e seriam necessários pelo menos quatro volumes para abordar todas as suas interfaces com outras áreas da ciência. Dada a sua vastidão, iremos limitar nosso estudo apenas à perspectiva da percepção sensorial. Para uma análise mais aprofundada da percepção, recomendamos a leitura da obra *Fenomenologia da percepção*, um texto seminal desenvolvido pelo ilustre autor mencionado anteriormente.

Com o panorama delimitado, iniciaremos nossa jornada rumo à compreensão da percepção sensorial. Sustentada pela visão, audição, olfato, paladar e tato, a percepção sensorial representa uma via fundamental dentro do fluxo do pensamento. Podemos compreendê-la sob dois principais aspectos: o primeiro relacionado à capacidade humana de experimentar o mundo por meio do corpo (os cinco sentidos), e o segundo ligado às limitações impostas por esses mesmos sentidos. [36, 37]

A capacidade de perceber o mundo através dos sentidos é uma das características mais fascinantes do ser humano. Contemplar o pôr do sol em uma praia, ouvir o som da chuva, sentir o aroma da terra molhada, tocar um cobertor de lã e saborear nossa comida favorita são exemplos de experiências que têm um impacto profundo nos aspectos cognitivos, intelectuais e psicológicos do ser humano.

---

[36] De maneira informal e popular, agregamos a ideia do "sexto sentido". Em tese, tratar-se-ia de uma capacidade intuitiva, perceptiva ou de compreensão que não possui validação científica. Essa capacidade seria conhecida também como habilidades psíquicas ou paranormais; por exemplo, a premonição e a telepatia.

[37] Em termos de produção científica, o ser humano vem "quebrando as barreiras" da percepção ao desenvolver instrumentos aptos a aumentar a capacidade de óptica (por exemplo) do objeto, nas mais diversas áreas. Sejam eles básicos (compasso, treno), médios (telescópio, microscópio, raio-X) ou mesmo mais avançados (inteligência artificial).

O corpo humano serve como um instrumento material e físico que nos permite captar todas essas sensações por meio dos sentidos. Uma vez que as sensações são assimiladas, ocorre o desencadeamento dos processos mentais para processar e compor a experiência humana. É interessante notar que, embora esse fluxo ocorra de maneira semelhante em todos os seres humanos, com base nos mesmos pressupostos e objetos, a experiência resultante nunca será completamente idêntica.

Ilustrando essa ideia: duas pessoas podem observar um pôr do sol na mesma praia, estando lado a lado, sem se conhecerem. Uma delas observa a paisagem e pensa em alguém, enquanto a outra está admirando o mesmo pôr do sol, lembrando que no dia seguinte terá um compromisso.[38] Veja que as experiências contêm os mesmos objetos, contudo são totalmente distintas. Isso acontece porque o fator sensorial tem o condão de estimular a memória personalíssima (abordada mais adiante), que, conjugada, resulta na experiência original e autêntica. A experiência também conta com outros fatores, como níveis de intensidade e de tempo: a exposição ao sol escaldante por dez minutos ou dez horas, por exemplo, resulta em experiências sensoriais completamente distintas.

Daí Merleau-Ponty afirmar que a percepção não é uma recepção passiva, mas sim uma organização ativa do mundo. Para o filósofo, esse mundo se apresenta como um campo de possibilidades, em vez de um conjunto de objetos isolados. A escritora Anaïs Nin resumia bem essa ideia ao dizer que "não vemos as coisas como são: vemos o mundo como somos".

---

[38] A distinção das duas experiências pode ser explicada pelo interesse e pelo conhecimento da prática da contemplação (profunda aplicação da mente em abstrações, por meditação ou reflexão) e/ou conceitos como *be here now*.

A ausência de um ou mais sentidos também é um elemento que nos afeta e deve ser compreendido. Manifestações sensoriais parciais ou totais, deficiências como a auditiva e a visual, em determinadas pessoas, são capazes de restringir, na mesma proporção, a percepção e o alcance de experimentações usuais para pessoas que não possuem nenhuma deficiência. Graças ao avanço da ciência e da medicina, muitas dessas limitações foram superadas ou mesmo extintas, fazendo com que pessoas com deficiência tenham uma vida quase (ou totalmente) sem restrições sensoriais. Paralelamente a isso, podemos perceber o movimento contínuo da sociedade ao longo dos anos para dar suporte à pessoa com deficiência, agregando instrumentos aptos à sua inclusão em coletividade, permitindo assim que ela tenha uma maior vivência e consequente experimentação do mundo.

Por fim, não poderia passar em branco o fato notório de como algumas pessoas com deficiência sensorial desenvolvem um incrível poder de adaptação e superação, servindo de inspiração genuína para pessoas com ou sem deficiência. Essa característica foi identificada pela neurociência, que estuda os fenômenos neurais relacionados à plasticidade cerebral. Por exemplo, o cérebro se reestrutura para aumentar a capacidade de audição, olfato e tato em pessoas com deficiência visual.

Essa "reprogramação neural" estaria ligada à melhora no desempenho de funções cognitivas, como a memória e a linguagem de deficientes visuais, elementos que sustentam a percepção. A reorganização neurológica em pessoas com deficiência visual fez com que alguns pacientes adquirissem ultrassensibilidade na audição, transformando-se, por exemplo, em exímios pianistas.

Tudo isso nos mostra o quão importante é a percepção para a formação do pensamento e o quanto ela contribui para tornar os seres humanos cada vez mais singulares, dada a quantidade e complexidade de conteúdos e objetos que podem ser assimilados, com as consequentes experiências que cada um pode ter.

A percepção humana não se limita à individualidade, como estudado até agora; pelo contrário, ela transcende barreiras para entender e perceber os movimentos realizados pela coletividade. A produção intelectual humana, incluindo teses, conceitos e sistemas sociais e políticos, exemplifica essa dinâmica: a vida humana supera a perspectiva individual para se tornar coletiva, social e pública.

Na medicina, a percepção sob a ótica coletiva abrange o desenvolvimento da ciência voltada para a cura e o aprimoramento do corpo humano. Historicamente, as descobertas médicas têm evoluído para superar as limitações sensoriais, representando a segunda faceta da percepção, conforme mencionado anteriormente.

Durante muitos anos, os seres humanos possuíam poucos ou nenhum instrumento de medição, essenciais para determinar padrões de comportamento dos objetos. Tome-se, por exemplo, o compasso: um instrumento utilizado para traçar linhas curvas, medir e transferir medidas de um desenho ou peça para outro. Note que esse aparelho tem a capacidade de ampliar a percepção visual sobre o objeto, permitindo cálculos para projetar resultados específicos e planejados.[39]

Esses instrumentos básicos foram os primeiros a romper as limitações sensoriais, iniciando um movimento de evolução contínua que vem sendo efetivado ao longo dos anos em diversas áreas da ciência. O estudo do espaço, incluindo planetas, estrelas, asteroides, cometas, meteoroides e satélites naturais, é um exemplo de como o telescópio, como instrumento óptico, foi essencial para compreendermos parcialmente os movimentos do universo. Esse avanço impactou novos entendimentos e posicionamentos em esferas como a espiritualidade e a política, entre outras.

---

39 A essa área de estudo demos o nome de agrimensura, responsável por coletar e sistematizar todos os instrumentos usados desde a Antiguidade até os dias atuais.

A medicina também evoluiu nesse contexto, desenvolvendo instrumentos capazes de transcender a percepção sensorial humana, especialmente a óptica. Desde o primeiro aparelho de raio-X, com a capacidade de revelar visualmente ossos quebrados, até os microscópios eletrônicos, que permitem a visualização de cadeias inteiras de DNA, a medicina tem rompido barreiras para estabelecer diagnósticos precoces, descobrir curas para doenças e antecipar enfermidades pela decodificação do DNA.

O rompimento de barreiras na percepção visual sensorial possibilitou estabelecer processos de aprendizagem do objeto de forma mais ampla, rápida, consistente e sólida. Esses mesmos processos de aprendizagem, que estão dentro do pensamento, representam o nosso próximo tema de estudo.

5.2.2. Aprendizagem

Nos processos de *aprendizagem*, o ser humano vivencia a aquisição de conhecimento por meio do estudo, da experiência e/ou da interação com o ambiente. Esse movimento é feito durante toda a vida, desde a infância (estudos iniciais), idade adulta (estudos acadêmicos) até a velhice. Tão importante quanto respirar, a educação assume o papel de nos mostrar sistematicamente tudo o que já foi descoberto pelo homem, capacitando-nos a colaborar com o desenvolvimento da humanidade.

Conforme descrito no item 5.2.1, o desenvolvimento individual é precedido pela percepção individual. A escolha dos objetos de estudo também é determinante e influencia a formação dos padrões de pensamento do indivíduo, moldando as suas atitudes. A educação, nesse contexto, assume o papel de mostrar todas as opções possíveis em termos de vivência. De modo geral, sob o viés cognitivo, o processo de aprendizagem segue o seguinte caminho:

PERCEPÇÃO → ATENÇÃO → MEMÓRIA → ASSOCIAÇÃO → MOTIVAÇÃO → COMPREENSÃO → PRÁTICA E EXPERIÊNCIA → FEEDBACK → REFLEXÃO → INTERATIVIDADE SOCIAL

Como pode ser observado, a percepção constitui o ponto de partida para o processo de aprendizagem. Em seguida, o indivíduo direciona sua atenção a determinado objeto, apreendendo-o por meio da memória. Nesse momento, é possível que ele faça associações com conhecimentos adquiridos previamente. A motivação atua como um fator essencial de envolvimento e persistência, mantendo o indivíduo focado em seu propósito de aprender.

A compreensão é a assimilação profunda das informações. Com ela, é possível colocar em prática o conhecimento adquirido, manejando a experiência necessária para sedimentar o aprendizado. O *feedback* aparece como um instrumento de apoio para ajustar eventuais desvios, corrigindo entendimentos e comportamentos contraditórios. Por fim, o processo de aprendizagem chega ao seu fim com a reflexão (análise crítica do saber) e a aplicação no meio (interação social).

Esse processo ocorre inúmeras vezes ao longo da vida do ser humano, desde a infância, quando os primeiros estímulos para o desenvolvimento cognitivo são recebidos, até a idade mais avançada. A educação desempenha um papel importante em orientar esse fluxo, proporcionando (em um contexto ideal) um ambiente estimulante que promova a curiosidade, a experimentação e a descoberta, ampliando e otimizando a capacidade de aprendizagem.

As abordagens pedagógicas desempenham um papel essencial nessa conjuntura, impactando diretamente na compreensão dos objetos estudados e de seus contextos. Elas podem assumir uma natureza individualista ou coletiva, dependendo da cultura e do contexto social do indivíduo. A inclusão e a valorização da diversidade entram em cena como necessidades cruciais para reconhecer a variedade de estilos de aprendizagem.

A capacidade de aprendizado não é estática; pelo contrário, estende-se ao longo da vida. Com o passar do tempo, novas formas de pensar, aprender e agir são incorporadas à sociedade, o que nos exige permanecer versáteis e adaptáveis às novas informações, tecnologias e mudanças no ambiente.

Os instrumentos para que a aprendizagem se concretize também merecem destaque. A incorporação de tecnologias adequadas e recursos pedagógicos são essenciais para o aprimoramento do aprendizado, incluindo o acesso a bibliotecas, aulas, laboratórios, computadores, instrumentos musicais, estudo de línguas, cursos de sobrevivência etc.

Por último, a motivação e o envolvimento são essenciais para um processo de aprendizagem concreto e eficaz, pois eles serão os fatores psicológicos capazes de assegurar que o indivíduo permaneça ativo, assimilando todos os conteúdos.

5.2.3. Memória

A memória, no processo de aprendizagem, também é um fator importantíssimo dentro dos elementos que compõem o pensamento em sua totalidade. Ela representa a capacidade de armazenar, reter e recuperar as informações.[40] É fundamental para o desenvolvimento do pensamento. Sua ausência pode significar a própria "falência" do fluxo do pensamento.[41]

Por suas próprias características, a memória é essencial no processo de aprendizagem e de tomada de decisões. Imagine estudar por "horas a fio" e esquecer tudo no dia seguinte? Ou mesmo marcar um encontro com um amigo e não se lembrar no dia?

Na classificação realizada pela psicologia e pela neurociência, a memória pode se manifestar de dez diferentes maneiras: memória sensorial, memória de curto prazo (MCP) ou memória operacional, memória de longo prazo (MLP), memória explicativa (ou declarativa), memória implícita (ou não declarativa), memória prospectiva, memória de trabalho, memória associativa, memória autobiográfica e memória de *flashbulb*.

Memória sensorial é aquela que armazena e processa as informações transmitidas pelos sentidos, discutida anteriormente no contexto dos processos de percepção. Sua duração é muito breve, variando de milissegundos a alguns segundos.

Memória de curto prazo (MCP), responsável por reter informações por um curto período, é frequentemente utilizada em tarefas imediatas. Sua capacidade é limitada, com duração de segundos a minutos, sem repetição ou ensaio.

Memória de longo prazo (MLP) permite o armazenamento de informações por períodos mais extensos, possivelmente ao

---

40 Uma curiosidade: é muito conhecida e difundida a ideia de que determinadas pessoas seriam capazes de reter informações visuais com detalhe e precisão, como se tivessem tirado uma fotografia mental da cena. Essa capacidade é chamada de "memória fotográfica"; contudo não há consenso científico sobre sua real existência, e, portanto, validação científica.

41 Sobre isso, hodiernamente a neurociência – nos seus vários campos de atuação – também se ocupa do estudo da memória, visando compreender como se dão os processos de declínio mental ligados à memória em doenças como o Alzheimer (DA), transtorno neurodegenerativo progressivo caracterizado pela deterioração cognitiva e da memória.

longo da vida. Em teoria, é ilimitada, sem uma duração de tempo determinada.

Memória explícita (ou declarativa) se divide em dois tipos: a memória episódica, responsável por recordar experiências pessoais e eventos, e a memória semântica, relacionada ao conhecimento geral e conceitual. A memória explícita é acessada conscientemente e envolve um esforço intencional.

Memória implícita (ou não declarativa) se divide principalmente em duas categorias: a memória procedural, relacionada a habilidades motoras e procedimentos, e a memória de condicionamento clássico e operante, ligada ao aprendizado associativo. O acesso a essas formas de memória ocorre de forma não consciente e automática.

Memória prospectiva tem a função de lembrar de realizar ações futuras ou compromissos. Sua ativação está relacionada ao tempo e à execução de tarefas planejadas.

Memória de trabalho mantém temporariamente informações relevantes para a realização de tarefas cognitivas. Seu acesso ocorre durante o processamento mental.

Memória associativa representa a conexão de informações relacionadas, facilitando o acesso a partir de determinada peça de informação.

Memória autobiográfica é responsável por armazenar eventos específicos e experiências da vida pessoal. Pode ser acessada conscientemente ou recuperada involuntariamente.

Memória de *flashbulb* tem a função de retenção excepcionalmente vívida e precisa de eventos significativos e emocionais. Seu acesso está, muitas vezes, associado a eventos traumáticos ou altamente emocionais.

Conforme podemos observar, todas as formas de memória desempenham papéis específicos e interagem entre si para atender a uma variedade de necessidades humanas, processando e armazenando informações para a formação de experiências. Em um ensaio publicado na *New York Review of Books*, o neurologista Oliver Sacks nos lembra de que nossas memórias também podem ser fabricadas. Será que realmente vivemos aquilo do qual nos lembramos? O fato terá acontecido?

> É surpreendente perceber que algumas das nossas memórias mais queridas podem nunca ter acontecido – ou podem ter acontecido a outra pessoa. Suspeito que muitos dos meus entusiasmos e impulsos, que parecem inteiramente meus, surgiram de sugestões de outros, que me influenciaram poderosamente, consciente ou inconscientemente, e depois foram esquecidos.

Em seu Protopoema, José Saramago nos mostra como somos tomados pelos vários tipos de memória:

> "Do novelo emaranhado da memória, da escuridão dos
> nós cegos, puxo um fio que me aparece solto.
> Devagar o liberto, de medo que se desfaça entre os dedos.
> É um fio longo, verde e azul, com cheiro de limos,
> e tem a macieza quente do lodo vivo.
> É um rio."

5.2.4. Linguagem

A linguagem, assim como a memória, desempenha um papel importante no curso do pensamento, atuando como ferramenta para sua manifestação e sua expressão no mundo. Refere-se à habilidade de compreender e articular ideias por meio de símbolos, como palavras e gestos. O estudo dos signos, que engloba todos os elementos que representam significados e sentidos para os seres humanos, abarcando linguagens verbais e não verbais, é conduzido pela semiótica.[42]

Trata-se de uma área de estudo importante que busca compreender os processos pelos quais os seres humanos assimilam e organizam os signos que os cercam, englobando diversas áreas como artes visuais, música, cinema, fotografia, gestos, religião, moda, entre outras. A interpretação simbólica e sua organização sistemática também são objetos de estudo da psicanálise[43] e da filosofia.[44]

---

42   Sobre a área de conhecimento: ECO, Humberto. *Tratado geral de semiótica*. 5ª ed. São Paulo: Editora Perspectiva, 2009.

43   JUNG, Carl. G. *O homem e seus símbolos*. Rio de Janeiro: Editora Nova Fronteira, 2008.

44   Na filosofia existencialista: SARTRE, Jean-Paul. *Ser e o nada*: Ensaio de ontologia fenomenológica. 24ª ed. São Paulo: Editora Vozes, 2015.

A linguagem, tal como a conhecemos hoje, passou por diversas transformações ao longo da história humana. Sua origem ainda é um mistério para a humanidade, não sendo possível determinar com precisão a data das primeiras manifestações, pois não existem registros escritos ou materiais preservados dos estágios iniciais.

Os primeiros vestígios que encontramos remontam à pré-história. Antes do surgimento da escrita, as sociedades pré-históricas se comunicavam por meio da linguagem oral e de desenhos rupestres. A transmissão de conhecimento, história e tradições era realizada oralmente.

O advento da escrita, datado por volta de 3.000 a.C., representou um marco na história humana. As primeiras formas de escrita conhecidas incluíam a escrita cuneiforme na Mesopotâmia e os hieróglifos no Egito, que posteriormente abriram caminho para o desenvolvimento do latim, dando origem a várias línguas românicas.

Com a disseminação da escrita pela imprensa durante a era moderna, muitas línguas foram padronizadas e começaram a evoluir em direção às formas que conhecemos hoje. Outro fator que acelerou significativamente esse processo foi a globalização. Um de seus resultados foi o inglês tornar-se a língua mais utilizada, assumindo o status de "língua global" devido à influência do império norte-americano sobre o restante do mundo.

O desenvolvimento tecnológico também transformou a linguagem de maneira significativa, uma vez que os meios de comunicação influenciam como as pessoas se expressam, levando a mudanças linguísticas, novos termos e criação de expressões. Isso está diretamente relacionado à forte influência que a internet trouxe em termos de comunicação, evoluindo para atender às demandas humanas por meios digitais.

Por fim, a linguagem artificial e o desenvolvimento de sistemas de inteligência artificial representam o futuro na interação entre seres humanos e linguagem. A uma velocidade impressionante, estamos caminhando em direção a novas formas de comunicação, prometendo superar obstáculos fundamentais, como os burocráticos, e alcançar interpretações cada vez mais sofisticadas, com foco na resolução de problemas complexos que, anteriormente, só poderiam ser abordados pela mente humana.

5.2.5. Resolução de problemas

Outro fator fundamental, resultado do complexo processo do pensamento humano, é a capacidade para resolução de problemas. Trata-se da habilidade de abordar desafios de maneira eficaz, identificando e implementando soluções. Essa capacidade humana não é inata, mas sim aprendida com o tempo. Como regra, opera como uma escada, com a identificação e a assimilação de dados, informação, conhecimento, ideia e sabedoria. A seguir, uma ilustração para melhor compreensão desse percurso:

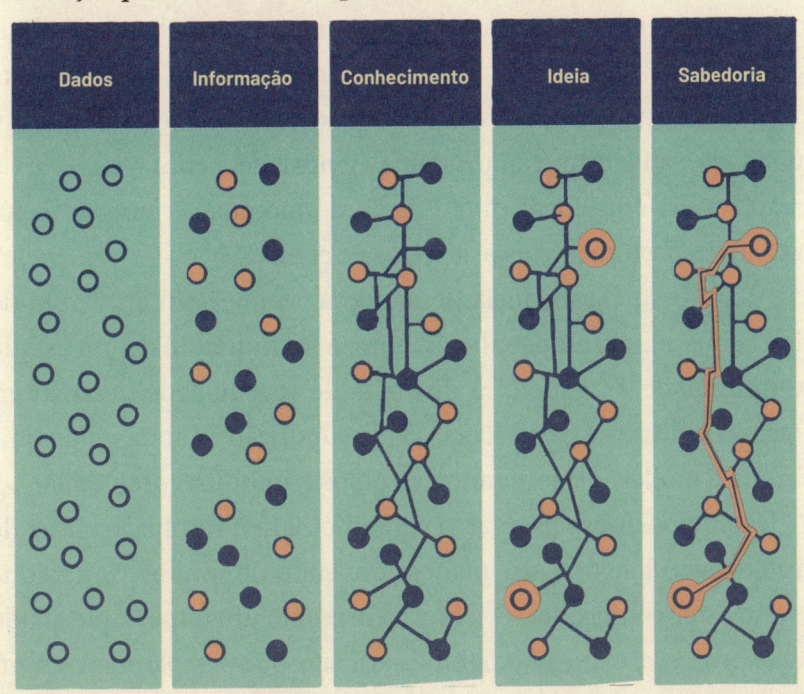

Como é possível identificar visualmente, os dados são elementos de conhecimento isolado, sem sentido, vazios, que não interagem entre si. A informação surge para dar sentido aos dados, para num terceiro momento ser interligada pela estruturação metodológica articulada pelo conhecimento.

A ideia surge como um ponto isolado para a solução do problema, um *insight* ao final da estrutura do conhecimento. Chegando ao seu ápice, a sabedoria compreende a capacidade de transitar por todos os pontos e estruturas de conhecimento, de forma mapeada e consciente, para a solução de um problema. Essa compreensão "completa" facilitaria a resolução de problemas tanto internos quanto externos da estrutura, promovendo, inclusive, a geração de novos caminhos (ideias originais).

Pela sua natureza rica e próspera, a sabedoria constitui um ideal aspiracional de muitas linhas filosóficas tradicionais, tanto ocidentais quanto orientais, e o mundo tem explorado e promovido a sabedoria como um caminho para uma vida mais significativa e bem-sucedida. Seu desenvolvimento está associado à aquisição de conhecimento e experiência (não apenas em quantidade, mas principalmente em qualidade), ao julgamento prudente (vinculado à ética e à moral), à compreensão emocional (tanto de si mesmo quanto empatia pelos outros) e à postura altruísta, generosa e compassiva.

Além disso, a sabedoria demanda a aceitação da incerteza da vida, a busca pelo autoconhecimento, a manutenção de um estado de humildade, o respeito à diversidade (capacidade de apreciar diversas culturas e experiências) e a condução de uma vida equilibrada e moderada, evitando extremos e impulsos prejudiciais.

Como podemos observar, o caminho para a resolução eficaz de problemas é longo, e seu manejo depende de muitos fatores que devem estar conjugados. O tempo representa um importante aliado nesse processo, o que não significa afirmar que pessoas mais jovens tenham pouca sabedoria ou que pessoas mais velhas possuam muita sabedoria. Sem o conhecimento e as experiências necessárias, além da adoção das posturas elencadas anteriormente diante das situações-chave da vida, nenhum ser humano conseguirá exercer suas capacidades e, consequentemente, evoluir suas potencialidades.

Partiremos agora para o estudo do "foco", um importante aliado no desenvolvimento da análise e da cognição humanas, representando um fator essencial para a "produtividade direcionada" da atividade humana.

5.2.6. Foco

Outro fator fundamental ligado aos elementos que compõem o pensamento refere-se ao foco. Esse tema, muito bem trabalhado por Daniel Goleman na obra *Foco: a atenção e o seu papel fundamental para o sucesso*,[45] demonstra a importância da atenção plena na construção e na condução do pensamento e seus impactos na vida cotidiana.

Entendendo o foco como uma habilidade sutil, Goleman introduz seus estudos delineando a anatomia da atenção e indicando que a autoconsciência deve ser o leme interno e a receita para o autocontrole. O foco se manifestaria de forma interna e externa.

O foco interno está associado à capacidade de sintonizar as próprias emoções, pensamentos e sensações. Nesse ponto, o sujeito deve ser capaz de administrar a autoconsciência e alcançar o autogerenciamento. O foco externo estaria presente na habilidade de se concentrar nas interações e no ambiente ao redor, estabelecendo conexões sociais para compreender o outro e, consequentemente, sintonizar-se com o mundo exterior.

---

[45] GOLEMAN, Daniel. *Foco*: A atenção e seu papel fundamental para o sucesso. 23ª imp. Trad. Cássia Zanon. São Paulo: Editora Objetiva, 2021.

No conceito de foco externo articulado por Goleman, encontramos o último elemento do pensamento: a consciência, que, conforme indicado anteriormente, representa a capacidade do sujeito na percepção e na compreensão do próprio pensamento e da realidade ao seu redor.

5.2.7. Consciência

Assim como a percepção, a consciência é um fenômeno complexo e multifacetado. Envolve a capacidade do ser humano de estar ciente de si mesmo, do ambiente e das experiências que vivencia. Suas características são semelhantes ao estudo da percepção: a consciência representa uma qualidade distintiva da experiência humana e está no centro de muitas questões filosóficas, psicológicas e neurocientíficas.

Os principais temas que giram em torno da consciência, como conhecemos hoje, se apresentam da seguinte forma: autoconsciência, percepção do ambiente e experiência subjetiva, estado de vigília e estados alterados de consciência, funções cognitivas e perspectiva filosófica e científica. A autoconsciência reflete a capacidade do ser humano de ter uma compreensão reflexiva sobre si mesmo, com o reconhecimento de pensamentos, emoções, sensações e sua noção de identidade pessoal. Nesse movimento, o ser humano se coloca como o próprio objeto de observação. Para Goleman, a autoconsciência é a base da inteligência emocional, pois seu exercício conduz a uma resposta clara e efetiva sobre os talentos, os defeitos e o potencial do autoconsciente.[46]

A percepção do ambiente, com a consequente experiência subjetiva, também se relaciona a uma faceta da consciência, pois ambos os movimentos estão ligados à tentativa humana de compreender e refletir sobre os objetos ao seu redor. Como o leitor

---

46 GOLEMAN, Daniel. *Autoconsciência*. São Paulo: Editora Actual, 2019.

pode perceber nesta breve observação, o assunto já foi abordado no item 5.2.1., quando tratamos da percepção sensorial humana.

Os conceitos de senciência e sapiência, derivados do gênero consciência, também são importantes para a compreensão da consciência em sua totalidade. Na senciência, podemos identificar a capacidade dos seres (amplamente considerados) de sentir e experimentar sensações como prazer, dor e emoções, por exemplo.[47]

Na sapiência, alcançamos um estado mais elevado de consciência, caracterizado pela presença de sabedoria prática e discernimento maduro, que são capazes de orientar uma aplicação sábia do conhecimento e a capacidade de fazer escolhas informadas e éticas, qualidades inerentes aos seres humanos.

Essa modalidade de consciência – estabilizada – está associada ao nosso estado de vigília constante, momento em que o ser humano está acordado e alerta. Embora estejamos quase sempre nessa condição, o estado de consciência não é absoluto e sofre alterações em diversos contextos. São os chamados "estados alterados de consciência", que ocorrem após a indução do estado mental por agentes farmacológicos, fisiológicos ou psicológicos.

Além disso, podemos observar a alteração dos estados de consciência durante o sono, meditação, êxtase religioso ou espiritual, consumo de substâncias psicoativas, hipnose, estados de *flow* ("fluxo" – na psicologia positiva, entendido como momentos de imersão total, com perda da noção de tempo e espaço), experiências de quase-morte e despersonalização.

Essas experiências são capazes de nos oferecer *insights* valiosos sobre a natureza da mente, a percepção da realidade e as reais capacidades de percepção do cérebro humano, propiciando um entendimento de até onde podem chegar as suas funções cognitivas.

---

[47] A discussão em torno da capacidade de sentir sensações e sentimentos (senciência) é frequentemente associada à exegese sobre os direitos dos animais, que são considerados seres com plena capacidade de sentir e, portanto, seriam sujeitos de direitos, com aptidão e *status* para discussões ligadas ao bem-estar animal (sistemas alimentares, animais silvestres e proteção, por exemplo).

A consciência, enquanto objeto, também está presente sob a perspectiva filosófica, psicológica e científica. Na filosofia, os principais questionamentos levantados estão relacionados ao "problema da consciência"[48], dualismo e monismo,[49] materialismo e idealismo,[50] consciência fenomenal e consciência de si,[51] a "*qualia*"[52] e a intencionalidade[53].

Por fim, seria impossível encerrar o tema da consciência sem abordar brevemente o inconsciente. A ideia de inconsciente, como a conhecemos hoje, foi articulada pelo neurologista Sigmund Freud. Segundo ele, o inconsciente é uma parte significativa da mente humana que opera abaixo do nível da consciência. Como a parte profunda de um iceberg, o inconsciente abriga desejos, pensamentos e memórias reprimidas, influenciando comportamentos e sintomas psicológicos.

Embora o inconsciente seja o foco central na psicanálise, é importante lembrar que a definição do inconsciente só faz sentido em relação à consciência. O inconsciente nunca é diretamente observável; ele só pode ser inferido de maneira incerta. Às vezes, essa inferência pode ser feita a partir do comportamento de uma pessoa. No discurso, o sujeito fala sobre o que tem consciência.

---

48 O "problema da consciência" é um termo frequentemente usado para descrever o desafio de explicar como as experiências subjetivas emergem a partir da atividade cerebral. Trata-se de uma questão complexa e ainda não totalmente compreendida.

49 A questão da relação entre mente e corpo é frequentemente abordada por meio do dualismo e do monismo. Dualistas argumentam que mente e corpo são substâncias distintas, enquanto os monistas defendem que mente e corpo são aspectos diferentes da mesma realidade.

50 O materialismo afirma que a mente é uma função do cérebro e está intrinsecamente ligada à matéria. O idealismo, por outro lado, sugere que a realidade material é dependente da mente.

51 A consciência fenomenal refere-se à experiência subjetiva em si mesma, enquanto a consciência de si envolve a capacidade do ser consciente ser consciente de si mesmo.

52 *Qualias* são as características subjetivas da experiência, como a qualidade da cor amarela ou o sabor doce. O problema de explicar como as *qualias* emergem é um aspecto importante do estudo da consciência.

53 A filosofia também se ocupa do estudo da intencionalidade na consciência, que é a capacidade do ser humano de estar consciente de algo; qual o nível de consciência que ele é capaz de atingir.

No entanto, o inconsciente também se manifesta na escolha de palavras, na repetição de certos significantes, nos lapsos de linguagem e nas associações feitas. Assim, é sobre o pano de fundo da consciência que o inconsciente se revela, entrelaçando-se com os elementos conscientes. O próprio conteúdo consciente do discurso está sempre relacionado ao inconsciente, seja por aproximação, afastamento ou evitação.[54]

Para a psicologia positiva, o inconsciente estaria associado a processos mentais automáticos e não conscientes, como a percepção subliminar (ativação inconsciente de conceitos)[55] e outros processos que ocorrem sem a necessidade de atenção consciente.

Como tratado na parte I, o inconsciente também tem encontrado respostas contemporâneas na neurociência, que estuda as atividades cerebrais associadas a processos automáticos e inconscientes. Na verdade, os estudos da neurociência convergem com a psicanálise como uma resposta científica, validando os parâmetros

---

54 GOMES, Gilberto. *A teoria freudiana da consciência*. Universidade Federal Fluminense, Rio de Janeiro.

55 Também conhecido como *priming*, corresponde à ideia de que a exposição a um estímulo pode levar a uma resposta a um estímulo seguinte, sem direcionamento ou intenção consciente.

por ela estabelecidos durante a descoberta e a estruturação do próprio conceito de inconsciente.[56]

Isso ocorre devido à grande controvérsia em torno da validade da psicanálise como um conhecimento científico. Muitos a consideram uma pseudociência, argumentando que suas alegações, crenças ou práticas, inicialmente apresentadas como científicas, não seguem um padrão rigoroso de investigação científica. Para os defensores dessa visão, a psicanálise carece de evidências empíricas e validação por meio de experimentação controlada, levando alguns a afirmar que ela utiliza uma lógica falaciosa.[57]

Filiamo-nos à tese de que os processos de produção e validação de conhecimento são complexos e merecem cada vez mais aprofundamento. Não podemos ficar restritos aos conhecimentos científicos pré-adquiridos; é necessário refletir e transcender o que já foi construído. A metafísica, como a disciplina responsável pelo estudo das estruturas do conhecimento, investiga as causas e os princípios últimos de toda a realidade e de todos os seres, sem restrições. Ela nos lembra de que somos seres limitados e que ainda há muito (ou quase tudo) a ser descoberto.

Também não podemos perder de vista que essas descobertas serão orientadas por nós, seres humanos. A delimitação de objetos de pesquisa pode, frequentemente, conduzir-nos a descobertas inesperadas, mostrando que não temos controle completo sobre o que podemos descobrir, e muito menos compreendemos todos os elementos que compõem a realidade. Esse movimento só é possível porque utilizamos o que temos de mais singular: a razão e a inteligência.

---

[56] A concepção de "inconsciente coletivo" foi posteriormente desenvolvida pelo psiquiatra e psicoterapeuta suíço Carl Gustav Jung, fundador da psicologia analítica. Tal ideia aponta, em síntese, para existência de símbolos universais, como arquétipos, que seriam compartilhados por toda a humanidade.

[57] Sobre o assunto, recomendamos a obra: DUNKER, Christian; IANNINI, Gilson. *Ciência pouca é bobagem:* Por que a psicanálise não é pseudociência. São Paulo: Ubu Editora, 2023.

Ventilados, portanto, os conceitos de racionalidade e estrutura composicional do pensamento, partiremos adiante com o estudo da inteligência.

5.3. A inteligência

Etimologicamente, a palavra "inteligência" vem do latim *intellectus*, derivado de *intelligere* (entender, compreender), que é composto por *intus* (dentro) e *legere* (recolher, escolher, ler). Inicialmente entendida como a capacidade intelectual do ser humano de conhecer, compreender e assimilar sistemas e métodos, a concepção de inteligência sofreu alterações teóricas ao longo dos anos. O objetivo dessas mudanças foi não apenas compreender a inteligência, mas também desenvolver métricas capazes de mensurar suas diferentes formas e níveis.

A teoria das inteligências múltiplas, introduzida pelo psicólogo Howard Gardner,[58] foi a pioneira na classificação sistemática da inteligência. Gardner propôs que a inteligência não é uma capacidade única, mas um conjunto de habilidades distintas e independentes entre si.

Segundo Gardner, uma pessoa não é considerada inteligente por dominar todas as habilidades conhecidas, mas sim por possuir competências específicas em determinadas áreas. Inicialmente, o psicólogo identificou sete tipos de inteligência, posteriormente expandindo para nove. Cada uma dessas formas representa uma habilidade cognitiva distinta, sendo elas:

---

58 GARDNER, Howard. *Inteligências múltiplas*: a teoria, na prática. Porto Alegre: Editora Penso, 1995.

TIPOS DE INTELIGÊNCIA

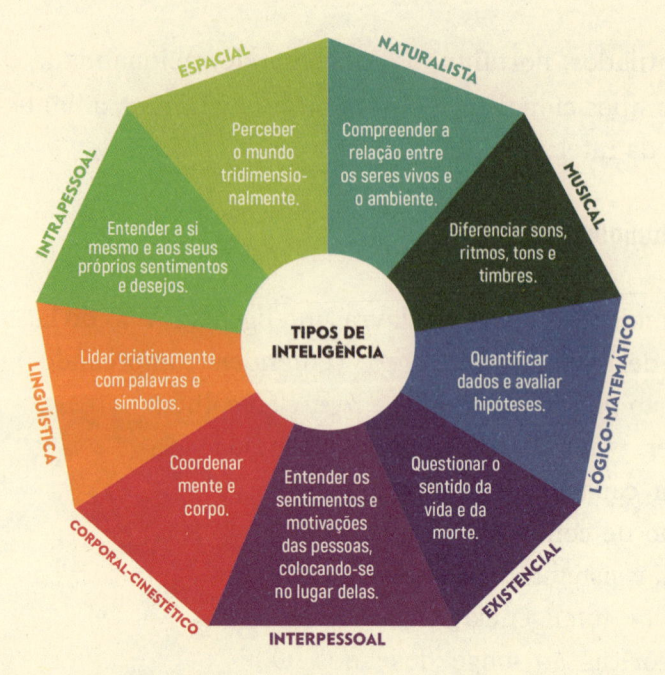

- **ESPACIAL**: Perceber o mundo tridimensionalmente.
- **NATURALISTA**: Compreender a relação entre os seres vivos e o ambiente.
- **MUSICAL**: Diferenciar sons, ritmos, tons e timbres.
- **LÓGICO-MATEMÁTICO**: Quantificar dados e avaliar hipóteses.
- **EXISTENCIAL**: Questionar o sentido da vida e da morte.
- **INTERPESSOAL**: Entender os sentimentos e motivações das pessoas, colocando-se no lugar delas.
- **CORPORAL-CINESTÉTICO**: Coordenar mente e corpo.
- **LINGUÍSTICA**: Lidar criativamente com palavras e símbolos.
- **INTRAPESSOAL**: Entender a si mesmo e aos seus próprios sentimentos e desejos.

Embora amplamente difundida, a teoria das inteligências múltiplas não foi universalmente aceita. Muitos psicólogos e críticos da área têm perspectivas diferentes sobre a constituição da inteligência. O principal argumento contra a rígida consolidação das formas de inteligência propostas por Gardner é que ele teria ignorado fatores culturais, ambientais e individuais na formulação de sua tese.

Tais fatores impactariam diretamente na mensuração da inteligência e, portanto, em sua própria configuração. Assim, a teoria proposta por Gardner não teve a credibilidade e a validade necessárias para ser amplamente aceita como conhecimento científico. Isso, contudo, não "apagou" o trabalho desenvolvido pelo autor, que continua servindo de base para alguns estudos relacionados à psicometria (medição da inteligência com base em pressupostos psicológicos).

Voltando um pouco na história e analisando a via tradicional de medição da inteligência, o teste de QI (quociente de inteligência) é talvez o instrumento mais conhecido pela humanidade para "medir inteligência". Um dos testes mais utilizados nessa categoria é o teste de inteligência Stanford-Binet[59].

O teste, amplamente reconhecido, é composto por questões que avaliam as habilidades cognitivas e intelectuais do indivíduo, como raciocínio lógico, resolução de problemas, memória e compreensão verbal. O resultado é expresso por meio de um número que representa a pontuação da pessoa em relação à média da população. Em caso de pontuação acima da média, há o consenso de que o examinado possui habilidades cognitivas e intelectuais notáveis, resultando em capacidades como superdotação,[60] altas habilidades ou inteligência superior.[61, 62]

Apesar de ser uma ferramenta amplamente utilizada e aceita em muitos contextos, o teste de QI, como era de se esperar, é alvo de muitas críticas. A principal delas aponta para a sua tendenciosidade, sob a alegação de que ele favorece determinadas origens culturais em detrimento de outras. Isso ocorre porque as perguntas do teste muitas vezes requerem conhecimento cultural específico, criando disparidades entre diferentes grupos étnicos e socioeconômicos.

---

59   Alfred Binet, psicólogo francês, desenvolveu o primeiro teste de inteligência em 1905, visando identificar crianças que precisavam de educação especial. Esse teste posteriormente deu origem ao conceito de Quociente de Inteligência (QI).

60   A superdotação ou sobredotação (QI acima de 130) é utilizada para descrever pessoas que apresentam habilidades excepcionais em uma ou mais áreas, como a acadêmica, a criatividade, a liderança ou as artes. Na maioria dos casos, a superdotação já é identificada na infância, momento em que a criança começa a apresentar interesses por assuntos mais complexos, com rendimentos superiores das demais crianças.

61   Diferentemente da superdotação, as altas habilidades ou inteligência superior (QI 121 a 129) se caracterizam pelo elevado nível de inteligência geral, habilidades acadêmicas e intelectuais específicas, criatividade, liderança e habilidades sociais, sensoriais e afetivas fora do padrão considerado comum.

62   Tentando compreender o fenômeno da superdotação, altas habilidades ou inteligência superior, o psicólogo Joseph Renzulli observou três traços presentes em pessoas com essas condições: habilidade acima da média, criatividade e envolvimento com a tarefa. Essa teoria ficou conhecida com a teoria dos três anéis.

Outra crítica relacionada ao teste de QI tradicional enfatiza a limitação intrínseca do próprio teste: segundo alguns críticos, ele está estruturado apenas para medir determinadas habilidades, negligenciando outras formas de inteligência, como a inteligência emocional (que é o nosso tema central), a criatividade e as habilidades práticas e sociais.

Essa crítica também está associada a outra problemática dentro do teste de QI: sua estaticidade. Ele é incapaz de acompanhar o ritmo dinâmico da evolução da inteligência, entendida psicologicamente como um processo influenciado por fatores como educação, experiência e ambiente.

A estrutura do teste, voltada exclusivamente para conhecimentos acadêmicos e intelectuais, é um fator frequentemente questionado, pois reconhece-se que o conhecimento intelectual não é o único tipo de conhecimento relevante. A rigidez na definição de inteligência dentro do teste de QI tornou-se, assim, a maior barreira para a aceitação plena do teste como uma medida concreta da inteligência.

Pensando sobre isso, o psicólogo e psicometrista Robert Sternberg propôs um novo modelo, estruturando três componentes da inteligência (conhecido como modelo triárquico de inteligência): o analítico,[63] o prático[64] e o criativo.[65] Para ele, a inteligência não estaria ligada apenas a habilidades acadêmicas, mas também à habilidade de adaptação ao ambiente e de resolução de problemas práticos.

---

63 Inteligência analítica (ou componente componential): trata-se da capacidade de analisar informações, resolver problemas e realizar tarefas que envolvem raciocínio lógico. Esse componente é semelhante à visão tradicional de inteligência, medida por testes padronizados, como o de QI.

64 Inteligência prática (ou componente experiencial): relaciona-se à capacidade de aplicar conhecimento e habilidades de maneira eficaz em contextos do mundo real. Isso envolve adaptabilidade, criatividade, resolução de problemas práticos e a capacidade de se ajustar ao ambiente.

65 Inteligência criativa (ou componente contextual): envolve a capacidade de lidar com novas situações de maneira inovadora, criativa e adaptável. Essa forma de inteligência está ligada à originalidade de pensamento, à imaginação e à capacidade de enfrentar desafios de maneira única.

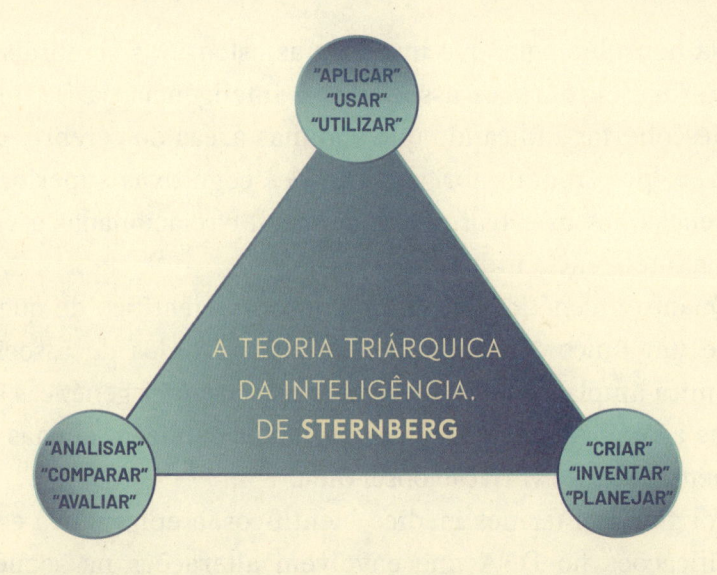

A TEORIA TRIÁRQUICA DA INTELIGÊNCIA, DE STERNBERG

- "APLICAR" / "USAR" / "UTILIZAR"
- "ANALISAR" / "COMPARAR" / "AVALIAR"
- "CRIAR" / "INVENTAR" / "PLANEJAR"

Essas são, portanto, as duas principais classificações oferecidas pela psicometria (Gardner e Sternberg). Sob a perspectiva da medicina, a inteligência é estudada considerando dois fatores determinantes: o biológico e o genético. A hereditariedade, que engloba tanto aspectos biológicos quanto genéticos, é um dos objetos de investigação escolhidos pela medicina para entender padrões relacionados ao estudo da inteligência. Estudos com gêmeos e famílias adotivas sugerem que a inteligência tem uma base genética. Gêmeos idênticos (monozigóticos e dizigóticos) compartilham mais semelhanças em termos de QI do que gêmeos fraternos, o que indica uma contribuição genética.

A adoção também foi considerada, com o intuito de examinar como o fator social contribui para a formação da inteligência. Os resultados indicam uma maior influência dos pais biológicos na determinação da inteligência. Nesse contexto, observou-se que o ambiente desempenha um papel crucial, contribuindo significativamente para as diferenças individuais. Educação, estímulo cognitivo, nutrição adequada e estabilidade familiar têm um impacto significativo no desenvolvimento da inteligência.

Na neurobiologia, que investiga as estruturas cerebrais e os processos neurológicos associados à inteligência, já foram feitas descobertas indicando que algumas áreas do cérebro, como o córtex pré-frontal, abrigam funções cognitivas superiores, e diferenças nessas estruturas podem estar relacionadas à variação na inteligência individual.

Quanto à genética, já há um consenso científico de que não existe um único "gene da inteligência". Estudos de associação genômica ampla (GWAS) identificaram variantes genéticas associadas à inteligência, mas essas variantes explicam apenas uma pequena parte da variação observada.

Por fim, em termos médico-científicos, a epigenética estuda modificações no DNA que envolvem alterações na sequência genética, mas podem influenciar a expressão gênica. Esses processos podem ser sensíveis ao ambiente e desempenhar um papel na regulação de características complexas como a inteligência.

Cabe aqui, contudo, um importante alerta, já bem conhecido pela comunidade médica em termos de preocupação ética: embora os estudos médico-científicos caminhem para compreender de forma mais ampla elementos biológicos e genéticos ligados à inteligência humana, bem como outros de natureza discriminativa, não podemos cair na "cilada" criada por ideais eugenistas.

A eugenia,[66] como ideia ou movimento que busca melhorar a qualidade genética da população por meio de práticas seletivas, seja promovendo a reprodução de indivíduos considerados geneticamente superiores (eugenia positiva), seja desencorajando a reprodução de pessoas consideradas geneticamente inferiores (eugenia negativa), deve ser fervorosamente combatida.

Popular em alguns círculos acadêmicos e políticos no início do século XX, o ideal eugênico foi capaz de estabelecer práticas forte-

---

[66] O termo "eugenia" foi cunhado por Francis Galton, primo de Charles Darwin, no fim do século XIX.

mente associadas aos movimentos totalitários e discriminatórios, especialmente durante o período da Alemanha nazista. Aplicando políticas eugênicas extremas, o nazismo foi capaz de cometer atrocidades, como esterilização forçada e genocídio de grupos considerados geneticamente indesejáveis, incluindo pessoas com deficiências físicas e mentais.[67]

A ciência positivista (também conhecida como positivismo),[68] sob suas estruturas e premissas,[69] contribuiu muito para que ideais eugênicos aflorassem na ciência médica por meio do estudo da genética. Ela foi responsável por dar ares de legitimidade científica à ideia discriminatória de genes superiores. Levada às últimas consequências, conduziu a humanidade aos terrores da Segunda Guerra Mundial.

Atualmente, a quase totalidade da comunidade científica rejeita e rechaça veementemente a ciência positivista pura, tratando-a como uma abordagem inadequada e perigosa. Isso acontece porque a ética e a moralidade incutidas no discurso finalístico "ciência positiva para melhora da sociedade" destacam preocupações das mais variadas, incluindo a própria definição do que é moral e ético, a defesa de direitos humanos e o respeito à diversidade genética e cultural.

Ao tratarmos da: a) razão; b) racionalidade instrumental e racionalidade substantiva; c) elementos que compõe o ato de

---

67 O Holocausto foi um dos capítulos mais sombrios da história humana. O genocídio de mais de seis milhões de judeus pelos nazistas durante a Segunda Guerra Mundial causou um profundo impacto na consciência mundial e levou à criação de normas e organizações internacionais destinadas a prevenir a repetição de tais atrocidades.

68 Desenvolvido pela filosofia da ciência, o positivismo surgiu no século XIX, com seus preceitos sendo estruturados pelo filósofo Auguste Comte.

69 A ciência positivista está baseada no empirismo. Como método científico, adota instrumentos como formulação de hipóteses, coleta sistemática de dados, análise objetiva e formulação de leis ou generalizações. Sua finalidade se concentra na descoberta de padrões regulares capazes de explicar os movimentos naturais e sociais. Como característica principal, rejeita a metafísica ou teologia como fator relevante do objeto estudado. Sua finalidade política está ligada ao progresso social, com a equidistância do cientista (suas crenças e valores) face às análises científicas.

pensar (percepção, aprendizagem, memória, foco, linguagem, resolução de problemas e consciência); e d) o conceito e as classificações psicológicas e neurocientíficas de inteligência, pretendemos acima de tudo situar o leitor para entender conceitos básicos/necessários que antecedem o estudo do tema principal desta obra: a inteligência emocional.

5.4. Inteligência emocional

Conforme discutido até este ponto, o conceito de inteligência passou por modificações significativas ao longo dos anos. Desde as classificações tradicionais associadas ao teste de QI até as teorias psicométricas introduzidas por Gardner, Renzulli e Sternberg, o conceito de inteligência não sofreu uma transformação tão radical quanto aquela provocada pelo surgimento da teoria da inteligência emocional, proposta pelo psicólogo Daniel Goleman.

Inicialmente, podemos entender a inteligência emocional como a habilidade de compreender, gerenciar e utilizar eficazmente as emoções, tanto as próprias quanto as dos outros. Embora não seja facilmente mensurável em termos concretos, a inteligência emocional se manifesta no dia a dia, influenciando como os indivíduos lidam com desafios, trabalham em equipe e enfrentam situações adversas.

Essa capacidade não é inata, mas sim aprendida por meio da compreensão dos mecanismos que fundamentam a expressão plena das emoções. Podemos imaginar esse aprendizado como uma escada: cada degrau de compreensão alcançado leva a outro, e outro ainda, até que se atinja o exercício de um alto grau de inteligência emocional.

Os degraus, em ordem, incluem: a capacidade de reconhecer e compreender as próprias emoções, a adaptação a diferentes contextos sociais e, crucialmente, o cultivo da empatia nas relações interpessoais. O resultado, como veremos adiante, reflete na habilidade de direcionar as emoções de forma assertiva, com foco em objetivos predeterminados.

A habilidade de navegar pelas complexidades emocionais não apenas aprimora a qualidade das interações, mas também desempenha um papel vital na construção de relacionamentos sólidos e produtivos, além de prevenir estados de isolamento, estresse e mal-estar. Segundo o referido psicólogo, os cinco degraus para a caracterização da inteligência emocional são: o autoconhecimento emocional, o controle emocional, a automotivação, a empatia e as habilidades sociais. Vamos conhecer cada um deles.

O primeiro degrau compreende o conceito de autoconhecimento. Segundo Goleman, essa é a habilidade humana de reconhecer e compreender as próprias emoções, bem como seus efeitos sobre o pensamento, o comportamento e o desempenho. Embora seja o primeiro degrau, já constitui uma atividade extremamente difícil, que muitas pessoas não conseguem desenvolver.

Ter certo grau de consciência sobre suas próprias emoções e atitudes requer uma disposição para abandonar conceitos preconcebidos, frequentemente formados pelo senso comum ou experiências traumáticas. A cultura também desempenha um papel determinante na formação desses pressupostos, que, enraizados sem a prática da tolerância, podem resultar em uma compreensão inadequada de si mesmo. O resultado para os indivíduos com um alto nível de autoconhecimento é a capacidade clara de, no processo, identificar seus pontos fortes e fracos, lidando melhor com desafios que surgirem na sua vida de forma construtiva, tomando decisões mais conscientes e alinhadas com seus valores e objetivos.

Isso significa que o autoconhecimento proporciona condições estratégicas para lidar melhor com uma variedade de situações, que vão desde relações pessoais até relacionamentos profissionais. A falta de autoconhecimento levaria o indivíduo a não compreender adequadamente o ambiente e as pessoas ao seu redor, resultando em um comportamento errático e desorientado.

Goleman enfatiza que o autoconhecimento emocional envolve uma consciência precisa das próprias emoções, incluindo sentimentos como raiva, tristeza, felicidade e ansiedade, além de uma compreensão dos padrões emocionais recorrentes e das causas subjacentes dessas emoções; é uma habilidade que deve ser cultivada e aprimorada ao longo da vida, contribuindo para um maior bem-estar e sucesso pessoal e profissional. E é importante reconhecer como esses sentimentos influenciam o comportamento e as interações com outras pessoas.

Não se trata, portanto, de compreender o conceito, e, após o "levantamento das emoções" e seu ajuste, entender que o processo estaria finalizado: as diversas emoções que sentimos diariamente contribuem para a construção de quem somos, sendo o **autoconhecimento**, portanto, um **processo dinâmico**, que exige versatilidade, resiliência e, acima de tudo, honestidade para consigo mesmo.

Como mencionado anteriormente, alcançar esse nível de autoconhecimento já é um grande avanço, que poucos conseguem atingir. Questões como "Como estou me sentindo hoje?", "Por que agi dessa maneira?" ou "Por que reagi dessa forma?" são as primeiras que podemos fazer para compreender verdadeiramente nossas motivações. Se o emaranhado de emoções acumuladas é tão intenso que o indivíduo não consegue compreendê-lo sozinho, o melhor caminho é buscar apoio profissional de um psicólogo ou psicanalista. Em casos mais graves, pode ser necessário o auxílio de um psiquiatra.

Como resultado desse processo de autoconhecimento, abrimos caminho para o segundo degrau em direção à inteligência emocional: o controle emocional. Trata-se da capacidade de regular e gerenciar nossas próprias emoções, bem como de responder de maneira apropriada a situações desafiadoras ou estressantes.

O controle emocional permite que indivíduos lidem melhor com emoções intensas e potencialmente desestabilizadoras, como raiva, ansiedade e frustração. Em um contexto no qual essas emoções surgem, pessoas com controle emocional conseguem manter a calma e tomar decisões ponderadas, mesmo sob intenso estresse ou pressão.

Neste ponto, Goleman faz um importante alerta: não se trata de reprimir as emoções, mas de reconhecê-las e lidar com elas de forma eficaz, evitando assim reações impulsivas e comportamentos prejudiciais. O resultado desse processo é uma comunicação mais eficiente e relacionamentos mais saudáveis.

Assim como o autoconhecimento, o controle emocional requer uma reeducação direcionada, envolvendo exercícios mentais como aceitação e reformulação cognitiva. Reconhecer que é normal sentir uma ampla gama de emoções e que todas elas têm sua função é crucial. Isso afasta a ideia prejudicial de que devemos cultivar apenas emoções positivas, enquanto reprimimos as negativas.

O correto é reconhecer a emoção e lidar com ela, questionando pensamentos limitantes e distorcidos que possam alimentar o mal-estar emocional. Nesse sentido, é útil racionalizar o ambiente ao redor, buscando evidências que possam transformar o pensamento e torná-lo mais equilibrado.

O equilíbrio pode ser alcançado por meio de técnicas como respiração consciente, relaxamento, um estilo de vida saudável e a prática regular do controle emocional ao enfrentar situações que despertam emoções intensas e exigem autocontrole. Cada experiência contribui, e o sucesso ou fracasso em cada uma delas nos leva a um nível mais avançado de desenvolvimento nesse processo.

O terceiro degrau da escada, proposta por Goleman, é a automotivação. Segundo ele, essa habilidade está relacionada à capacidade de direcionar e manter o próprio comportamento em busca de metas significativas, mesmo diante de obstáculos e adversidades. Indivíduos altamente motivados são capazes de estabelecer e superar metas consideradas desafiadoras. Essas pessoas são caracterizadas pela proatividade, resiliência e foco em alcançar os objetivos.

Para o autor mencionado, ao considerarmos esses três pontos, já seria possível identificar um indivíduo com um alto grau de clareza em relação às suas próprias emoções e valores. Isso resultaria em uma capacidade elevada de estabelecer metas alinhadas com seus interesses e aspirações pessoais, além de lidar de forma mais eficaz com emoções negativas que possam surgir ao longo do processo.

A empatia, explorada tanto na parte I, sob a lente da neurociência, quanto na introdução desta seção, ao abordar um dos pilares da inteligência, desempenha um papel fundamental na teoria de Goleman e representa o quarto degrau em direção ao alcance e domínio da inteligência emocional.

De acordo com o autor, a empatia é a capacidade de compreender e compartilhar os sentimentos e as perspectivas de outras pessoas, colocando-se genuinamente no lugar delas. Ele ressalta em sua obra a importância da empatia na construção de relacionamentos saudáveis e na promoção de uma comunicação mais eficaz.

Como mencionado anteriormente, existem três formas de cultivar a empatia. Essas práticas favorecem uma melhor compreensão dos familiares, amigos, clientes, colegas de trabalho e equipes, além de contribuírem para a resolução de conflitos, o trabalho em equipe e o estabelecimento de uma liderança eficaz.

Por fim, no último degrau da escada, encontramos as habilidades sociais. Essa capacidade está intimamente ligada à empatia e se manifesta na habilidade de interagir de forma eficaz com os outros, estabelecer e manter relacionamentos saudáveis, resolver conflitos e colaborar em equipe. Tais habilidades são fundamentais para o sucesso pessoal e profissional, pois impactam diretamente na qualidade dos relacionamentos interpessoais e na capacidade de trabalhar colaborativamente.

Na obra *Inteligência emocional*, Goleman explora diversos aspectos das habilidades sociais, abrangendo desde a comunicação não verbal até a resolução de conflitos, negociação e influência. Ele enfatiza a importância de desenvolver habilidades interpessoais, como fazer perguntas eficazes, demonstrar empatia e fornecer *feedback* construtivo.

Em um artigo no *The New York Times*, Goleman escreve:

> As regras para o trabalho estão mudando. Estamos sendo avaliados por uma nova régua: não apenas pela nossa inteligência, formação e expertise, mas também pela nossa habilidade em lidar conosco e uns com os outros. Essa régua está sendo cada vez mais aplicada na escolha de quem será contratado ou não, quem será dispensado ou mantido, quem será promovido ou deixado para trás.
>
> As novas regras preveem quem é mais propenso a se tornar um colaborador excepcional e quem está mais sujeito a fracassar. E, não importa em qual campo trabalhamos atualmente, elas medem os traços cruciais para nossa empregabilidade em futuros trabalhos.
>
> Essas regras têm pouco a ver com o que nos foi dito que era importante na escola; habilidades acadêmicas são largamente irrelevantes para esse padrão. ... Elas se concentram, em vez disso, em qualidades pessoais, como iniciativa e empatia, adaptabilidade e persuasão.
>
> Isso não é uma moda passageira, nem apenas um jargão gerencial momentâneo. Os dados que defendem levar isso a sério baseiam-se em estudos de dezenas de milhares de trabalhadores, em atividades de todos os tipos. ...
>
> Em um tempo sem garantias de segurança no emprego, quando o próprio conceito de "emprego" está sendo rapidamente substituído por "habilidades portáteis", essas são qualidades primordiais que nos

tornam e nos mantêm empregáveis. Faladas de forma vaga por décadas sob uma variedade de nomes, de "caráter" e "personalidade" a "habilidades interpessoais" e "competência", finalmente há uma compreensão mais precisa desses talentos humanos e um novo nome para eles: inteligência emocional.

Ao longo de seu trabalho, Goleman oferece uma variedade de estratégias práticas para aprimorar e desenvolver essas habilidades sociais. Isso inclui a prática da escuta ativa, o cultivo da empatia, o refinamento das habilidades de comunicação e a busca por oportunidades de interação social e *networking*.

Pensando no desenvolvimento dessas habilidades de forma prática, destinamos a parte IV, *Construindo conexões poderosas*, e a parte V, Prosperidade e riqueza por meio da inteligência emocional e social, especialmente para que o leitor possa exercitar, pelo direcionamento lá proposto, todas as nuances de vivência possíveis inerentes à inteligência emocional.

Como mencionado anteriormente, não são apenas os conceitos e contornos da inteligência emocional que podem conduzir ao sucesso pessoal e profissional. Também merece estudo a chamada "inteligência social", sobre a qual discutiremos com entusiasmo no próximo item.

6. Inteligência social: a chave para a comunhão e a compreensão

Conforme tratamos no item anterior, a inteligência emocional, por meio de seus vários pressupostos constitutivos, desempenha um papel fundamental na promoção de comunicação saudável e eficaz entre as pessoas. Agora, vamos abordar a inteligência social, que se apresenta como uma extensão lógica das premissas discutidas anteriormente, mas agora direcionada para a dinâmica na esfera social.

Assim como a inteligência emocional, a inteligência social é derivada das relações humanas e seu conceito foi abordado em extensão por Daniel Goleman em sua obra *Inteligência social: a ciência revolucionária das relações humanas*, publicada em 2006,[70] após o estrondoso sucesso da obra *Inteligência emocional*.

Na segunda obra, o autor começa sua teoria destacando que, como seres humanos, somos biologicamente programados para nos conectarmos. Essa conexão é uma parte essencial de nossa natureza evolutiva e se baseia em três sistemas cerebrais: o circuito neuronal para imitação, o circuito neuronal para ressonância emocional e o sistema parassimpático.

O circuito neuronal para imitação pode ser observado desde os primeiros dias de vida, quando os bebês têm uma inclinação natural para imitar expressões faciais e gestos dos outros. Esse circuito neuronal nos permite compreender e nos relacionar com os sentimentos e intenções dos outros, formando assim a base para a empatia e a compreensão interpessoal.

O circuito neuronal para ressonância emocional é o sistema que nos capacita a sentir as emoções dos outros de forma empática. Quando testemunhamos alguém expressando uma emoção, nosso cérebro ativa áreas semelhantes às que seriam ativadas se estivéssemos experimentando a mesma emoção. Isso nos permite sintonizar e responder às emoções dos outros de maneira significativa.

O sistema nervoso parassimpático, por sua vez, regula nossas respostas de relaxamento e calma, promovendo uma conexão emocional saudável com os outros. Quando nos sentimos seguros e relaxados na presença de outras pessoas, somos mais propensos a estabelecer e manter relacionamentos interpessoais positivos.

Dessa forma, em termos neurológicos, esses três sistemas cerebrais nos auxiliam a formar laços sociais, construir relacionamentos significativos e nos conectar emocionalmente uns com os outros,

---

70 GOLEMAN, Daniel. *Inteligência social*: a ciência revolucionária das relações humanas. São Paulo: Editora Objetiva, 2006.

proporcionando bem-estar emocional e contribuindo para a construção de uma sociedade mais tolerante, compassiva e colaborativa.

Goleman faz uma distinção importante dentro do conceito de inteligência social, dividindo-o em duas habilidades principais: consciência social e aptidão social.

A consciência social abrange uma gama de sentimentos que fluem instantaneamente para compreender o estado interno de outra pessoa, assimilando seus sentimentos e pensamentos para uma compreensão profunda de situações sociais complicadas.

Essa consciência inclui a empatia primordial, caracterizada pelo "sentir com os outros", quando o sujeito é capaz de detectar sinais emocionais não verbais; a sintonia, observada no "ouvir com total receptividade", momento em que há a capacidade de sintonizar-se com o outro; a precisão empática, quando ocorre a compreensão dos pensamentos, sentimentos e intenções da outra pessoa; e, por fim, a cognição social, caracterizada pela compreensão de como funciona o mundo social.

Segundo o mesmo autor, a consciência social não é capaz, por si só, de gerar interações frutíferas, sendo esta tarefa delegada à aptidão social, baseada em:

A. Sincronia: capacidade de interagir calmamente no nível não verbal.

B. Apresentação pessoal: apresentar-se de maneira eficaz.

C. Influência: moldar o resultado das interações sociais.

D. Preocupação: importar-se com as necessidades alheias de forma genuína e agir de acordo.

Assim, a consciência e a aptidão sociais são as chaves para promover de forma ideal as relações sociais e, portanto, colocar em prática a inteligência social. Mas o que podemos dizer sobre os sentimentos envolvidos nessa dinâmica? Goleman, sem a pretensão de abordar todos os sentimentos, destaca o amor como outra peça fundamental para o desenvolvimento da inteligência social, analisando as conexões familiares, os laços sociais, a empatia e a compaixão que desenvolvemos por pessoas, mesmo sem ter qualquer vínculo inicial com elas.

De fato, como é amplamente reconhecido, os vínculos familiares, especialmente entre pais e filhos, são essenciais para o desenvolvimento emocional e social saudável. Esses laços têm uma importância significativa nos primeiros anos de vida, moldando completamente as habilidades pessoais, emocionais e sociais de uma pessoa ao longo da vida. O resultado dessa formação será expandido e refletido em suas interações sociais.

Fora do círculo de relacionamentos familiares, encontramos os vínculos sociais, que incluem amizades e relacionamentos românticos. Esses laços, quando saudáveis, são capazes de fornecer apoio emocional, reduzir o estresse e promover o bem-estar.

Além disso, a inteligência social desempenha um papel fundamental nas relações de trabalho, conhecido como *networking*. Trata-se da construção de uma rede de contatos profissionais que cada indivíduo desenvolve ao longo de sua jornada acadêmica e profissional, seja no contexto do trabalho assalariado, seja no empreendedorismo.

A importância desses vínculos sociais e profissionais é tão significativa que dedicamos um item inteiro na parte IV, intitulada Construindo conexões poderosas. Neste momento, estabelecemos um diálogo importante entre a inteligência social e as diversas conexões que podem ser estabelecidas nas relações profissionais, fundamentadas em confiança, empatia, apoio mútuo e respeito.

Encerrando os tipos de vínculo social, podemos compreender também aqueles que derivam de sentimentos de empatia e compaixão que temos pelos outros. Esses sentimentos nos motivam a ajudar e apoiar aqueles ao nosso redor, mesmo que inicialmente sejam estranhos precisando de assistência. Como falado anteriormente, esses sentimentos estão profundamente ligados aos valores de altruísmo e cooperação, que são inerentes aos seres humanos e capazes de estabelecer vínculos sociais sólidos.

Desde os primórdios da civilização humana, os seres humanos têm sido uma espécie social, dependendo da cooperação e do apoio mútuo para sobreviver e prosperar. Seja por fatores neurológicos ou sociais, aprendemos que, ao compreender o outro, podemos formar a comunhão necessária para alcançar o bem, a justiça e o correto, impactando áreas como liderança, saúde, educação e justiça social, fundamentais para o desenvolvimento da sociedade.

No entanto isso só é possível quando garantimos um alto nível de empatia, que difere significativamente da simpatia, como veremos a seguir.

7. Empatia *versus* simpatia: a diferença crucial

Simpatia e empatia têm uma origem comum no substantivo grego *páthos*, que significa "experiência, infortúnio, emoção, condição". A palavra simpatia, em uso desde o século XVI, deriva da combinação de *páthos* com syn-/sym-, que significa "com; junto com". Empatia foi criada com base na simpatia e surgiu no início do século XX como uma tradução do termo alemão *einfühlung* (que significa "sentir dentro" ou "sentir em"). Em muitas obras literárias anteriores ao século XX, vemos a predominância da simpatia:

"Ela literalmente chorou com aqueles que choravam, enquanto em tons de amor, sinceridade e firmeza peculiares, ela os elogiou por sua nobre ousadia e expressou livremente toda a sua simpatia por eles, e também por todos na prisão."
(WILLIAM STILL, *The underground railroad*, 1872)

"À medida que ele suavizava sua história lamentosa, suas lágrimas pingavam na lanterna em seu colo, e eu também chorei de simpatia."
(MARK TWAIN, *Life on the Mississippi*, 1883)

"quando a Sra. Jennings considerou que Marianne provavelmente poderia ser para ela o que Charlotte era para si mesma, sua simpatia em seus sofrimentos foi muito sincera."
(JANE AUSTEN, *Razão e sensibilidade*, 1811)[71]

A empatia, citada na parte I desta obra, aborda tanto aspectos neurológicos quanto sociais, definindo-se como a capacidade de entender e compartilhar os sentimentos, as perspectivas e as experiências emocionais de outras pessoas. Seu circuito opera de três maneiras distintas, dependendo de como o empata recebe, processa e responde após se colocar no lugar do outro. Geralmente, a empatia pode manifestar-se de forma cognitiva ou emocional.

---

[71] Disponível em: https://www.merriam-webster.com/grammar/sympathy-empathy-difference. Acesso em: 3 jul. 2024.

Na abordagem cognitiva, o empata é capaz de compreender intelectualmente as emoções e perspectivas dos outros, imaginando como eles se sentem e se colocando mentalmente em seu lugar. A empatia emocional, por sua vez, implica o processo de sentir as emoções dos outros como se fossem as suas próprias, experimentando uma resposta emocional similar àquela que a outra pessoa está vivenciando. Nessa modalidade, ocorre uma conexão emocional mais profunda e uma resposta empática mais autêntica.

Diferentemente da empatia, a simpatia refere-se à capacidade de sentir uma atração positiva por alguém, geralmente em resposta a fatores externos como aparência agradável, uma personalidade cativante ou um comportamento amigável. Trata-se de uma resposta emocional que pode surgir quando uma pessoa percebe ou experimenta algo positivo em outra pessoa, gerando uma sensação de afinidade ou camaradagem.

Ao contrário da empatia, a simpatia representa um sentimento mais superficial em relação à profundidade proporcionada pela empatia e baseia-se na observação de comportamentos de maneira muitas vezes fútil, pouco atenta ou até mesmo distraída da realidade. É possível, por exemplo, sentir simpatia por alguém devido à sua roupa, senso de humor ou até mesmo educação.

Ambas, empatia e simpatia, podem estimular o primeiro contato e a interação social entre as pessoas, contudo diferem significativamente na profundidade e na longevidade dos relacionamentos que estabelecem. Na simpatia, as interações tendem a ser breves, pois não implicam em um profundo entendimento ou conexão com o outro, ao contrário da empatia, que frequentemente resulta em relações mais duradouras e autênticas.

Isso ocorre porque a empatia requer um esforço consciente para entender os sentimentos e as perspectivas do outro, enquanto a simpatia ocorre de forma instantânea e superficial, ligada à assimilação da memória em face de aspectos que nos são agradáveis ou confortáveis, mas nem sempre representam de forma fidedigna a realidade assimilada pelo simpatizante.

Assim, é inegável o incrível poder da empatia, essencialmente necessária para a condução das relações humanas de alto nível. Modernamente, estamos avançando para melhorar as interações sociais com a crescente implementação da empatia.

Por meio da tecnologia, por exemplo, já existem esforços no sentido de incluir aplicativos, jogos e plataformas que auxiliam as pessoas a praticar e melhorar suas habilidades empáticas, bem como tecnologias que facilitam a comunicação e a conexão emocional a distância.

A empatia desempenha um papel crucial na área da saúde, ajudando os profissionais a entender as necessidades e as preocupações dos pacientes, além de fornecer um cuidado mais compassivo e personalizado. No futuro, podemos esperar um maior foco na integração da empatia na prática médica, bem como no desenvolvimento de tecnologias que promovam o bem-estar emocional e mental.

Reconhecendo a importância da empatia no desenvolvimento de habilidades sociais e emocionais, muitos sistemas educacionais estão integrando, ainda, programas e currículos que visam cultivar a empatia desde cedo. No futuro, é provável que vejamos uma ênfase ainda maior na educação emocional e na promoção da empatia como uma habilidade essencial para a convivência pacífica e a resolução de conflitos.

Além disso, em um mundo cada vez mais globalizado e diversificado, a empatia pode desempenhar um papel crucial na promoção da compreensão intercultural, na mitigação de conflitos e na defesa dos direitos humanos. Podemos esperar um aumento no ativismo e na liderança baseados na empatia, buscando soluções inclusivas e equitativas para os desafios sociais e políticos.

Apesar do potencial da empatia para promover o entendimento e a cooperação entre as pessoas, também enfrentamos desafios, como o aumento da polarização política e social, e a crescente prevalência da desinformação. O futuro da empatia dependerá de nossa capacidade de superar esses desafios e aproveitar as oportunidades para promover uma cultura de compreensão, empatia e respeito mútuo.

Esses alicerces, ainda em desenvolvimento, são fundamentais para a concretização da comunhão humana, representada no poder transformador de compartilhar experiências de forma genuína e autêntica, como veremos no próximo item.

8. Comunhão: o poder transformador do compartilhamento de experiências

O valor das relações sociais na vida humana é imenso, e o desconhecimento de seus mecanismos, em suas múltiplas perspectivas, pode nos deixar inertes frente à cura das mazelas individuais e sociais existentes na contemporaneidade.

Cada passo que tomamos para compreender esses mecanismos deve ser também um passo dado para descobrir as falhas que, como seres humanos, perpetuamos geração após geração. Se identificarmos os erros e assumirmos o propósito de agir corretamente, estaremos um passo à frente no caminho da melhora da nossa condição de vida, assim como do bem-estar do próximo.

Como vimos, a empatia é o caminho que nos conduz a esse objetivo, seja no nível relacional, seja no nível social, por meio da inteligência emocional e da inteligência social, respectivamente. A prática de ambas faz surgir um ser humano mais consciente de si e do próximo, criando um cenário propício para a evolução da espécie humana nos mais variados setores da individualidade e da sociedade.

Mas como fazer isso? A resposta é: pela comunhão, entendida como a união, conexão ou harmonia entre pessoas ou grupos. Isso pode ocorrer em nível emocional, espiritual, cultural ou social. A comunhão pode envolver a partilha de ideias, experiências, sentimentos ou valores comuns, promovendo um senso de pertencimento e solidariedade.

Em sentido amplo, pode ser entendida também como o estado de unidade e interconexão entre todos os seres humanos, independentemente de suas diferenças individuais. Trata-se de um conceito que envolve o reconhecimento e a celebração da nossa interdependência e dos vínculos compartilhados com membros da família humana.

Se antes vivíamos isolados, sem condições ou com condições mínimas de acessibilidade a outras culturas, hoje vivemos a era da comunicação e da informação, na qual todos podem ter acesso a pessoas e conteúdos, independentemente do local onde resida. É óbvio que ainda existem regiões que enfrentam o isolamento digital, mas, aos poucos, estão sendo incluídas nessa nova realidade.

Foi por meio da realidade digital que a ciência deu um grande salto, permitindo que cientistas de diversas nacionalidades pudessem trocar dados e informações atinentes às pesquisas para cura de doenças, por exemplo. Isso é resultado de um movimento: a comunhão, o poder transformador do compartilhamento de experiências.

Recentemente, testemunhamos a incessante atividade de pesquisa científica voltada ao desenvolvimento da vacina contra a

COVID-19. O mundo inteiro se uniu para conter o aumento alarmante de óbitos causados por essa doença, que se espalhou de forma pandêmica, atingindo todos os cantos do globo. A estimativa da OMS é que, até 2022, ocorreram pelo menos 15 milhões de óbitos em razão da doença no mundo.[72]

O luto enfrentado pelas famílias foi também um motivo para união, desta vez pela dor, pois a empatia e a solidariedade prevaleceram em todo o mundo. Para quem viveu esse período, é impossível esquecer os amigos e familiares que tiveram suas vidas interrompidas pela contaminação do vírus. O sentimento foi de união frente à incerteza de que os cientistas encontrariam a cura para a doença.

Como médico, é impossível não mencionar a coragem de todos os profissionais da saúde que se colocaram na linha de frente para tentar salvar pessoas contaminadas, administrando medicamentos exclusivamente para conter sintomas, já que não havia conhecimento científico sobre a doença ou sobre o remédio adequado para tratamento ou cura.

Foi a comunhão entre especialistas de diversas áreas, incluindo biólogos, médicos, enfermeiros, cientistas, políticos, advogados e outros profissionais, que permitiu a descoberta da vacina e garantiu sua aplicação em larga escala no maior número de pessoas possível.

Esperamos que, no futuro, não dependamos de pandemias para que a união entre os seres humanos se fortaleça. Certo é que estamos no caminho correto, avançando rapidamente graças às inovações digitais e ao alcance cada vez maior de pessoas e conteúdos relevantes (parte III).

Precisamos compreender que, antes de pertencermos ao grupo "X" ou "Y" ou ao país "A" ou "B", somos todos seres humanos com

---

[72] BBC. *Número real de mortes por covid no mundo pode ter chegado a 15 milhões, diz OMS*. Disponível em: https://www.bbc.com/portuguese/internacional-61332581. Acesso em: 10 mar. 2024.

a capacidade de construir conexões poderosas (parte IV). Essas conexões têm o potencial de gerar riqueza e prosperidade ao assimilarmos os princípios da inteligência social e emocional (parte V), possibilitando e viabilizando que todos tenham acesso a uma vida digna, honesta e feliz.

Boa continuidade de leitura a todos!

"IDENTIFIQUE OS ERROS E ASSUMA O PROPÓSITO DE AGIR CORRETAMENTE, DESSE MODO ESTARÁ UM PASSO À FRENTE NO CAMINHO DA MELHORA DA CONDIÇÃO DE VIDA, ASSIM COMO DO BEM-ESTAR DO PRÓXIMO. VOCÊ FAZ PARTE DE UM TODO."

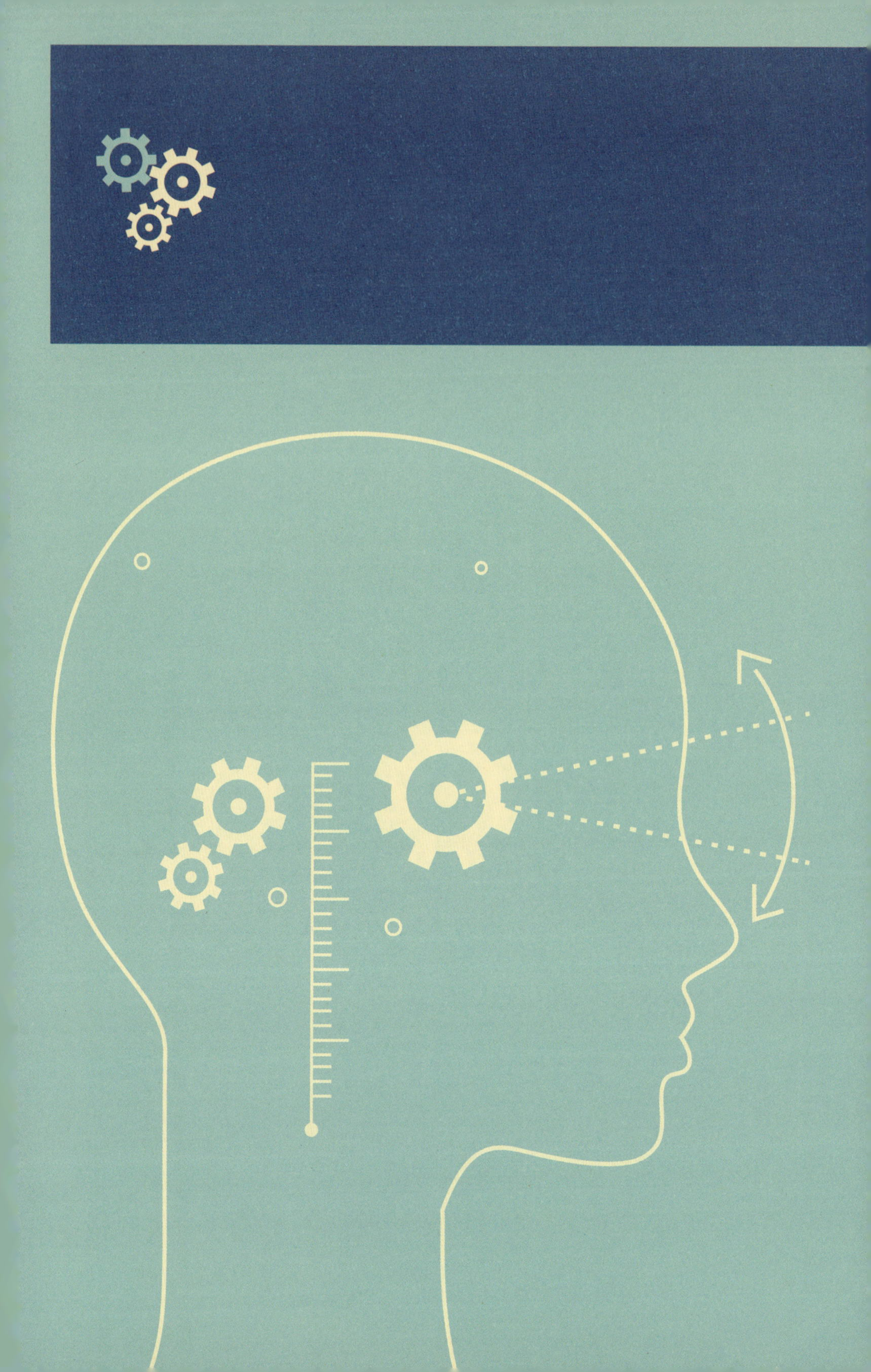

PARTE III

APLICANDO A NEUROCIÊNCIA À VIDA MODERNA

9. A ciência por trás do neuromarketing: como o cérebro responde à publicidade

"Por que nossas dores de cabeça persistem após tomarmos uma aspirina que custou um centavo, mas desaparecem quando tomamos uma aspirina de cinquenta centavos?"
(Dan Ariely, no livro *Previsivelmente irracional*)[73]

Você está no shopping, em uma loja de eletrônicos, parado indeciso diante de dois produtos com a mesma finalidade: exibir imagens ultranítidas transmitidas por satélite ou cabo, destinadas ao entretenimento familiar, especialmente à noite e nos fins de semana. Em outras palavras, aquilo que, graças ao inventor americano Philo Farnsworth, conhecemos desde 1927 como televisão. Os pequenos olhos dos seus filhos gêmeos de três anos brilham maravilhados diante do show de cores em movimento, enquanto sua esposa se distrai na seção de escovas rotativas para cabelos. Seria um passeio trivial de domingo, se uma lembrança não pesasse como uma pedra em seus pensamentos.

---

[73] ARIELY, Dan. *Previsivelmente irracional*. 4. ed. São Paulo: Alta Books, 2008.

Você sabe, crianças de três anos têm a tendência de se distrair após seis a quinze minutos. Basta um piscar de olhos mais lento que seus filhos sairão em disparada pela loja, pelo shopping e até pela rua, atrás de qualquer coisa mais interessante que aparecer. Para evitar o caos, você é obrigado a fazer às pressas uma escolha entre duas TVs muito similares e com preços completamente diferentes, com mais de R$ 2.000,00 de diferença entre uma e outra. Qual você escolhe? A cara ou a barata? (Não vale dizer que sua esposa é quem manda.)

Sim, sei o que você está pensando. Que não devemos julgar um livro pela capa nem um produto pelo preço. Que existem inúmeros casos em que objetos e serviços mais acessíveis são igualmente funcionais. Isso é algo que racionalmente entendemos após uma fase de análise cuidadosa, quando o córtex pré-frontal tem tempo suficiente para filtrar e pesar os prós e contras dos estímulos que a amígdala cerebral recebe do ambiente. No entanto, quando nossa atenção está dispersa, a neurobiologia humana simplifica o processo: ela nos leva a decidir com base nos dados mais chamativos disponíveis. Nesse caso, o preço alto ativa em nós a ilusão de que, se o produto custa mais, ele é superior, mais moderno e menos propenso a necessitar de manutenções e garantias em curto e longo prazos. Ledo engano.

9.1. Por que achamos que preço e qualidade andam juntos?

Quando envolvido em um dilema como esse, você se encontra imerso nas complexidades do processo de escolha, quando a interação entre emoções e lógica desempenha um papel crucial.

Daniel Kahneman, renomado psicólogo e ganhador do Prêmio Nobel de Economia, explora em sua obra clássica, *Rápido e devagar*, duas formas de pensar como nosso cérebro opera em dois sistemas distintos: o Sistema 1, rápido e intuitivo; e o Sistema 2, lento e analítico.

O Sistema 1, que representa a via rápida e instintiva, é o primeiro a entrar em ação. Ele atua em decisões instantâneas e automáticas, sendo fundamental para situações em que a velocidade é essencial, como reagir a perigos iminentes. Esse sistema age subconscientemente, influenciado por atalhos mentais conhecidos como heurísticas, que simplificam a complexidade do mundo ao nosso redor. Um exemplo claro desse sistema em ação é quando, ao visualizar um objeto em movimento em nossa direção, reagimos instantaneamente para evitá-lo. O Sistema 1 está associado a regiões cerebrais como a amígdala e o córtex sensorial, responsáveis por respostas rápidas e automáticas.

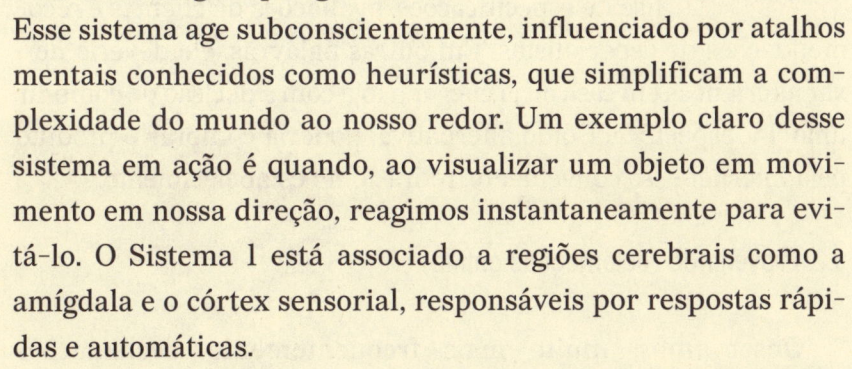

Ao precisar escolher rapidamente entre duas opções, o Sistema 1 é acionado, impulsionando nosso personagem do início do capítulo a tomar uma decisão emocional. Ele não tem tempo para avaliar os prós e contras. Assim, o preço mais alto ativa a percepção de qualidade. Se tivesse mais tempo para decidir, o Sistema 2 emergiria, como acontece sempre que nos confrontamos com desafios que exigem reflexão profunda. Esse sistema, mais lento e analítico, envolve o córtex pré-frontal, associado ao pensamento crítico, e é ativado quando nos deparamos com problemas complexos que demandam esforço cognitivo. Um exemplo clássico de intervenção do Sistema 2 é a solução de um problema matemático intrincado, no qual a atenção concentrada e o raciocínio lógico são essenciais.

Então, qual seria a melhor estratégia para evitar uma má decisão de compra? Diante do dilema de escolher entre duas TVs, o personagem, consciente das armadilhas do Sistema 1, poderia adotar estratégias específicas para contrabalançar suas respostas automáticas e emocionais, evitando arrependimentos. Ao reconhecer a influência do preço como indicador de qualidade, ele poderia buscar conscientemente informações adicionais sobre as características técnicas de ambos os produtos e investir tempo na análise de especificações, avaliações de clientes e recomendações de especialistas. Em outras palavras, ele deveria deixar as crianças em casa ou já chegar à loja com a decisão de comprar uma TV específica. Como alternativa, poderia comprar o produto pela internet e, se conveniente, retirá-lo no estabelecimento.

9.2. Prevenindo reclamações online

Observamos, muito mais frequentemente, reclamações ferozes de consumidores em sites de e-commerce do que elogios, um indício de que a dor da decepção instiga muito mais que o prazer da satisfação.

Em um mundo saturado de escolhas, a tomada de decisão se torna um campo de batalha para nossos cérebros, e a emoção muitas vezes supera a lógica. A "proporção da positividade", um conceito apresentado por Barbara Fredrickson, diretora do Pep Lab na Universidade da Carolina do Norte, lança luz sobre como as experiências negativas impactam nossas percepções e decisões.

Quando um consumidor se depara com uma compra sem final feliz, o cérebro registra isso de maneira intensa. O circuito neural associado à dor e à frustração é ativado, liberando neurotransmissores que reforçam essas memórias de forma duradoura. O cortisol, hormônio do estresse, entra em cena, amplificando a intensidade emocional do momento. A amígdala cerebral, guardiã das emoções, reforça a experiência negativa na memória de longo prazo. Em paralelo, o córtex pré-frontal, responsável pela tomada de decisões e análise racional, muitas vezes é eclipsado pela resposta emocional imediata, dificultando a avaliação equilibrada da situação.

Em termos simples, nosso cérebro tem uma inclinação natural para se fixar em catástrofes. Experiências ruins, como a decepção ao adquirir um produto com defeito, têm um impacto mais severo em nosso estado emocional do que as experiências positivas. Isso ocorre devido à evolução: nossos ancestrais que eram mais sensíveis a ameaças e perigos tinham maior chance de sobrevivência. Herdamos desse viés negativo uma característica típica do nosso sistema nervoso.

Concordam com essa ideia Rick Hanson e Richard Mendius, autores de *O cérebro de Buda – neurociência prática para a felicidade*. Eles dizem que a inclinação do nosso cérebro para focar o pessimismo e os problemas tem suas origens nos desafios enfrentados por nossos antepassados. Para eles, perder uma oportunidade não era uma ameaça significativa, pois outras poderiam surgir, enquanto falhar em escapar de um obstáculo representava um perigo real diante de predadores.

Como resultado, o cérebro desenvolveu mecanismos para evitar obstáculos, comportamentos que persistem até hoje. Isso inclui permanecer em alerta constante, buscando possíveis ameaças no ambiente, levando a uma sensação de vigilância e ansiedade. Além disso, o cérebro tende a reconhecer mensagens negativas mais rapidamente do que as positivas, priorizando a identificação de potenciais ameaças.

Por outro lado, experiências positivas geralmente são prontamente esquecidas, pois o cérebro não requer um mecanismo de defesa tão proeminente para lidar com eventos benéficos. Em vez disso, ele concentra sua atenção na retenção de informações que possam ser cruciais para enfrentar desafios futuros, resultando em memórias agradáveis que tendem a ser mais efêmeras.

A "proporção da positividade" representa a fórmula para compensar essa desigualdade. De acordo com Fredrickson e seus colegas, são necessárias de três a sete experiências positivas para cada experiência negativa, a fim de equilibrar emocionalmente o impacto. Isso destaca a importância vital de proporcionar experiências positivas aos consumidores não apenas para estabelecer uma boa reputação em curto prazo, mas também para mitigar os efeitos duradouros de possíveis experiências decepcionantes.

Nesse contexto, o marketing e as estratégias de vendas vão muito além de simples transações comerciais; seu objetivo é manter os clientes continuamente satisfeitos, antecipando problemas e minimizando a possibilidade de *feedbacks* negativos.

Para alcançar esse fim, diversas ferramentas podem ser empregadas, como programas de fidelidade, descontos exclusivos, brindes personalizados e um atendimento excepcional, todos concebidos para compensar possíveis decepções e moldar a percepção do cliente em longo prazo. Essas ações funcionam como um eficiente antídoto contra as experiências menos positivas durante o processo de compra.

9.3. Jogando com as emoções: fisgando o sucesso com doces

Embora Barbara Fredrickson seja amplamente reconhecida como uma das principais autoridades globais no estudo e na promoção de emoções construtivas, é importante destacar que seu trabalho teve um ponto de partida essencial: Alice Isen, uma verdadeira pioneira científica. Doutora em Psicologia pela Cornell University, Isen é creditada por iniciar, praticamente sozinha, o estudo científico moderno dos afetos positivos. Seu trabalho lançou as bases para pesquisas inovadoras que não apenas influenciaram a psicologia, mas também áreas interdisciplinares, como o neuromarketing.

No contexto movimentado da área da saúde, na qual diagnósticos precisos e atenção cuidadosa são cruciais, Alice Isen desvendou um segredo aparentemente simples, mas profundamente impactante: o poder do afeto positivo na precisão médica. Em um estudo envolvendo médicos hospitalares e um paciente com hepatite crônica, Isen realizou um experimento intrigante. Metade dos médicos participantes recebeu um pequeno saco de doces como forma de agradecimento pela participação na pesquisa. O resultado foi surpreendente: os médicos que receberam os doces conseguiram diagnosticar prontamente a hepatite crônica, enquanto aqueles que não receberam apresentaram hesitação no diagnóstico ou concordaram com diagnósticos incorretos previamente fornecidos por outros médicos.

Esse foi apenas um dos diversos estudos conduzidos por Isen que exploraram o impacto de pequenos agrados. Ela replicou o experimento usando diferentes itens, como cortadores de unha, blocos de notas e papéis de carta, todos com um custo avaliado em apenas alguns centavos. O resultado foi consistente: aqueles que receberam esses "bônus" inesperados, independentemente de seu valor monetário, apresentaram uma melhora significativa no desempenho, impulsionados pela sensação de apreciação, em um fenômeno de otimização cognitiva. A ativação dos centros de recompensa no cérebro, desencadeada pelo gesto do presente, gerou uma sensação que transcendeu o objeto oferecido, influenciando positivamente outras áreas da vida.

Ao considerar a influência do afeto positivo no comportamento do consumidor, estratégias que vão além da propaganda e se concentram em contar histórias autênticas, promover interações emocionalmente envolventes e proporcionar experiências memoráveis moldam decisivamente a percepção das marcas. Ter como objetivo desencadear respostas emocionais positivas, utilizando para isso um *storytelling* envolvente, um design dinâmico e elementos visuais surpreendentes faz toda a diferença.

Um exemplo emblemático de *storytelling* é o emocionante vídeo *Reunião*[74] do Google, produzido pela Google Índia em 2013. O vídeo não apenas promove a Pesquisa Google, mas também ressalta o poder das histórias genuínas. Nele, um homem em Delhi compartilha com sua neta a emocionante saga de seu amigo de infância, Yusuf, separados desde a divisão da Índia em 1947. A neta, então, decide surpreender ao marcar um reencontro entre eles. O anúncio transporta os espectadores para os belos cenários desses países, envolvendo-os em uma jornada emocionalmente impactante. Com milhões de visualizações em poucos dias, *Reunião* mostra o poder duradouro das narrativas pessoais e sua habilidade de estabelecer conexões autênticas entre as pessoas, demonstrando o impacto transformador de uma história autêntica e envolvente.

---

74 Disponível em: https://www.youtube.com/watch?v=gHGDN9-oFJE. Acesso em: 3 jul. 2024.

ESTRATÉGIAS BÁSICAS DE NEUROMARKETING	
Narrativas cativantes	Crie histórias autênticas que cultivem laços emocionais entre a marca e o cliente, estimulando respostas afetivas positivas. Histórias que evocam emoções agradáveis ativam áreas cerebrais associadas ao prazer e à empatia.
Design inovador	Adote um *layout* dinâmico e atrativo, incorporando elementos visuais impactantes que capturem a atenção. Explore o lado psicológico das cores e integre estímulos sensoriais, como aromas e texturas, sempre que possível. O cérebro humano prefere estímulos inovadores a padrões monótonos.
Interação memorável	Desenvolva conteúdos interativos, que promovam a participação engajada, para criar experiências únicas e memoráveis, com nuances de *gamificação*. A interação ativa intensifica a formação de memórias entre o cliente e a marca.
Recompensas à lealdade	Promova eventos marcantes, brindes personalizados ou programas de fidelidade. Estudos sugerem que o engajamento em longo prazo é maior quando a marca reconhece a importância do cliente com pequenos gestos de apreciação.
Personalização emocional	Adapte mensagens e interações com base nas preferências emocionais do público-alvo, demonstrando empatia e compreensão. Quando o cliente se sente ouvido, a conexão emocional com o produto ou serviço se fortalece.
Resposta ágil a **feedbacks**	Responda prontamente aos *feedbacks* para demonstrar atenção e comprometimento com a satisfação do cliente, prevenindo que emoções negativas se espalhem e se tornem virais devido ao "efeito contágio".

9.4. Quando as emoções do cliente saem do controle

O "efeito contágio" acontece quando as emoções e atitudes de uma pessoa influenciam diretamente as de outras pessoas com as quais ela interage, criando uma propagação desgovernada. Embora não haja um único ponto de origem dessa teoria, as ideias por trás desse fenômeno começaram a ganhar destaque na década de 1890, com estudos e publicações do médico francês Gustave Le Bon. Em sua obra *A psicologia das multidões* (1895), Le Bon explorou como as emoções e os comportamentos individuais podem se transformar quando as pessoas estão reunidas em grupos, destacando a propagação de estados emocionais dentro de uma multidão.

Esse fenômeno se alinha à questão dos neurônios-espelho, tratada na parte I desta obra, porque a observação ou a experiência das emoções de uma pessoa pode ativar áreas semelhantes no cérebro de outra. Quando se trata de marketing, esse efeito é particularmente perigoso. Se um cliente experimenta emoções negativas em relação a um produto ou serviço, as áreas cerebrais associadas a essas emoções são ativadas.

Se outros clientes observam (leem ou ouvem) opiniões negativas, seus neurônios tendem a entrar em ressonância e recriar, em certa medida, as mesmas emoções. Em pouco tempo, sem um marketing adequado, empresas enfrentam uma "chuva" de reclamações, muitas delas devido a percepções enviesadas.

Um exemplo notório do "efeito contágio" no marketing é o caso do anúncio da Pepsi estrelado por Kendall Jenner em 2017. O comercial mostrava a influencer participando de uma manifestação e entregando uma lata de Pepsi a um policial como um gesto de paz. A campanha foi amplamente criticada por parecer uma tentativa de capitalizar sobre movimentos sociais como o Black Lives Matter, que estavam em destaque na mídia na época. A reação foi imediata e intensa. Quem viu o comercial, expressou indignação nas redes sociais, considerando-o insensível por banalizar questões sérias. Quem ainda não tinha visto, foi influenciado pelas reações negativas e adotou uma visão crítica antes mesmo de conferir o comercial. Essa onda de indignação, alimentada por *likes* e compartilhamentos, resultou em um grande problema para a Pepsi, que retirou o material do ar e emitiu um pedido de desculpas ao público e à própria Kendall Jenner, reconhecendo que "errou a mão".

Devido a episódios como esse, a abordagem cuidadosa no marketing, que considera não apenas a mensagem em si, mas também a reação emocional que ela pode evocar e como essa reação pode se propagar, tem sido cada vez mais valorizada pelas grandes agências. Não basta que o produto seja bom; é essencial que o maior número possível de pessoas reconheça e divulgue essa qualidade, solidificando gradualmente a presença da marca na mente dos consumidores e tornando sua reputação inviolável.

9.5. Você quer aquilo que deseja ou aquilo que os outros esperam que você deseje?

Os neurotransmissores, mensageiros químicos do cérebro, têm um poder intrigante sobre nossas escolhas. Eles moldam nossas emoções, vontades e, surpreendentemente, nossas decisões de compra. Martin Lindstrom, autor, palestrante e consultor dinamarquês especializado em *branding* e marketing, destacou em seu livro *A lógica do consumo: verdades e mentiras sobre por que compramos* (2018) como as marcas podem interromper padrões de pensamento para criar impacto e vender mais:

> *"... é por meio das emoções que o cérebro codifica as coisas que têm valor, e uma marca que nos cativa emocionalmente — pense em Apple, Harley-Davidson e L'Oréal, só para início de conversa — vencerá todos os testes."*

Quando uma marca introduz algo novo e inesperado em seus produtos, ativa em nós neurotransmissores, como a dopamina, que geram entusiasmo e curiosidade. Um exemplo disso é a Apple, que não se limita a oferecer apenas produtos tecnologicamente avançados; também cria uma experiência emocional em torno de seus lançamentos. Desde a embalagem elegante até a interface intuitiva, a Apple busca despertar emoções positivas e uma conexão profunda com seus consumidores, indo além das palavras.

O mesmo princípio se aplica à Harley-Davidson, que não vende apenas motocicletas, mas sim a ideia de pertencer a uma irmandade, a um grupo de pessoas que compartilham valores similares e buscam a emoção de pilotar uma moto icônica. Por sua vez, a estratégia da L'Oréal está centrada na forma como aborda a diversidade e a autoexpressão. A empresa reconhece a individualidade de seus consumidores e, por meio de campanhas que destacam a diversidade de cores de pele e tipos de cabelo, constrói uma narrativa inclusiva que ressoa com consumidores ao redor do mundo.

O ciclo de van Praet é uma estrutura valiosa para compreender como as marcas moldam as interações emocionais com os consumidores. Douglas Van Praet foi vice-presidente da Deutsch LA, agência de marketing responsável por muitas campanhas da cobiçada Volkswagen, além de gigantes do mercado como P&G,

Nike, Johnson & Johnson, GM, Bank of America, Burger King, Dr Pepper, Snapple e Toyota. Desde 2022, é diretor-executivo da School of Brand Communications na *Academy of Art University*, em São Francisco, Califórnia, e é autor do best-seller *Unconscious* branding: *how neuroscience can empower (and inspire) marketing* (*Branding* inconsciente: como a neurociência pode capacitar (e inspirar) o marketing, em tradução livre), que consolidou seu nome como um dos principais na aplicação da neurociência no ramo do marketing.

Com base na vasta pesquisa de Daniel Kahneman sobre o Sistema 1 e o Sistema 2, van Praet propôs uma abordagem inovadora ao explorar o papel do inconsciente na construção de marcas eficazes. Uma das justificativas mais sólidas foi fornecida por Albert Mehrabian, professor emérito de Psicologia na UCLA (University of California, Los Angeles), que conduziu uma pesquisa sobre comunicação humana. Ele concluiu que apenas 7% de uma mensagem são influenciados pelas palavras escolhidas, enquanto 38% são derivados da entonação e incríveis 55% da expressão facial ou da linguagem corporal.

Para contornar essa descoberta, ele desenvolveu uma sequência estratégica de sete passos que visa influenciar o comportamento do consumidor de maneira poderosa.

O CICLO DE VAN PRAET
Neurociências aplicadas ao marketing

1	2	3	4	5	6	7
Interrompa o padrão	Crie conforto	Lidere e imaginação	Mude o sentimento	Satisfaça a mente crítica	Mude as associações	Tome uma atitude

1 Interrompa o padrão	2 Crie conforto	3 Lidere a imaginação	4 Mude o sentimento	5 Satisfaça a mente crítica	6 Mude as associações	7 Tome uma atitude
A mente funciona com o reconhecimento de padrões. Para alterar o comportamento do consumidor, faça algo inusitado que o leve a interromper o que ele sempre vê e faz. Assim, você irá se destacar.	Os seres humanos "jogam pelo seguro". Se você quebrar todos os padrões logo no início, será rejeitado. Então, depois de chamar a atenção, repita alguns padrões conhecidos para criar a sensação de familiaridade.	Ative o córtex pré-frontal do consumidor: leve-o a visualizar-se usufruindo do que você vende, desfrutando dos benefícios de uma vida melhor.	Conquistar seguidores leais vai além de meros clientes. A empresa não deve ter foco apenas em oferecer produtos convenientes a preços competitivos; o objetivo é estabelecer conexões emocionais inconscientes.	Dê ao cliente fatos e argumentos fáceis e lógicos, de modo que ele compreenda rapidamente e comente com outras pessoas sobre isso.	O consumidor se torna leal à marca se o conjunto de associações que ela evoca se comunica com o conteúdo inconsciente dele. Para que ele se identifique com a sua marca, mude a forma como ele vê o que você oferece.	O objetivo das etapas anteriores se consolida aqui: os pensamentos e sentimentos (conscientes e inconscientes) do consumidor o levam a associar sua necessidade à marca e fechar a compra sempre que essa necessidade aparecer.

Quando uma marca repete de maneira consistente uma mensagem coesa e envolvente ao longo do tempo, o impacto vai além do simples reconhecimento verbal. Pode ocorrer uma mudança física nas conexões neuronais do cérebro em nível celular. É um condicionamento cerebral. A rede neural é reconfigurada por meio das associações aprendidas com o marketing, predispondo as pessoas a pensarem e responderem de maneiras específicas em relação à marca.

O objetivo desse condicionamento é criar uma associação inconsciente entre a marca e um benefício específico, sem exigir esforço consciente por parte do consumidor. Por exemplo, a frase "Grelhado no fogo" automaticamente evoca em nossa memória a marca Burger King; a repetição constante dessa mensagem surge de forma automática. O mesmo acontece com:

- "Amo muito tudo isso" (McDonald's).
- "A verdadeira maionese" (Hellmann's).
- "Todo mundo usa" (Havaianas).
- "Energia que dá gosto" (Nescau).
- "Desce redondo" (Skol).
- "A número 1" (Brahma).
- "Uma boa ideia" (51).
- "Desperte o tigre em você" (Sucrilhos Kellogg's).
- "Te dá asas" (Red Bull).
- "A marca mais respeitada pelos dentistas" (Oral B).

A repetição constante desses *slogans* ao longo do tempo cria uma espécie de "atalho mental" em que o simples enunciado de uma parte da mensagem ativa a rede neural já condicionada. Esse processo demonstra como as marcas podem se tornar parte do repertório mental do consumidor, influenciando não apenas o reconhecimento consciente, mas também moldando emoções e sentimentos associados a essas marcas específicas.

Essa dinâmica desempenha um papel fundamental na formação das preferências de compra e na fidelização do consumidor em longo prazo. Com apenas uma frase, essas marcas evocam, no presente, todo um universo de campanhas anteriormente veiculadas, inundando a mente do potencial comprador com tudo o que o produto representa.

9.6. "Quem não é visto não é lembrado": rolando o *feed* infinito do Instagram

A partir de 2020, o marketing digital se tornou uma prioridade para empresas de todos os tamanhos, tornando o famoso ditado de origem desconhecida quase uma regra inflexível. No entanto, apesar do custo consideravelmente menor das ações de marketing no mundo digital em comparação com as mídias convencionais, a concorrência é acirrada e nem todos podem se destacar.

A crescente presença de negócios no cenário digital intensificou a concorrência, levando a margens de lucro decrescentes. Com a saturação de anúncios, as marcas se encontram presas em "oceanos vermelhos" — termo cunhado pelos professores sul-coreanos W. Chan Kim e Renée Mauborgne no livro *A estratégia do oceano azul: como criar novos mercados e tornar a concorrência irrelevante*, publicado em 2004 — competindo ferozmente por visibilidade e lucro. Ao navegar pelo *feed* infinito do Instagram, por exemplo, como você se sente? Diante de ótimas oportunidades ou de uma enxurrada de informações irrelevantes?

Comprar por comprar. Matthew Pittman, professor-assistente de publicidade e relações públicas da University of Tennessee, conduziu com seu colega Eric Haley três estudos online com americanos de 18 a 35 anos:

- O grupo 1 (de controle) foi orientado a ver um anúncio.
- O grupo 2 foi orientado a memorizar um número de nove dígitos e, em seguida, ver o anúncio.
- O grupo 3 foi orientado a checar o *feed* do Instagram por 30 segundos e, só depois, ver o anúncio.

Os três estudos foram praticamente iguais, variando os anúncios: no primeiro, o serviço em questão era referente à preparação de refeições; no segundo, o produto era sorvete; e, no terceiro, o que estava sendo vendido era café em grãos. Foram mantidas as mesmas fotos e as mesmas legendas para os anúncios veiculados em todos os grupos, porém o número de curtidas mudou aleatoriamente de centenas para dezenas de milhares de curtidas em alguns deles.

Quando questionados se comprariam ou não os produtos anunciados e por que, os participantes do grupo de controle avaliaram os anúncios com base em suas características estruturais e verbais (clareza e concisão), evidenciando uma predominância do Sistema 2 (lógico, racional) em seu processo de pensamento.

Os que rolaram o *feed* apresentaram as respostas menos coerentes, muitos deles sem saber explicar a razão de estarem ou não inclinados a comprar o produto; estes também se convenceram mais rapidamente a fechar a compra se o número de curtidas era alto (Sistema 1), evidenciando falta de pensamento crítico.

Esse panorama não é novo. O próprio Daniel Kahneman, em *Rápido e devagar*, comentou o fenômeno da *sobrecarga cognitiva*. Nas redes sociais, damos de cara com uma miríade de rostos desconhecidos, conceitos estrangeiros, cores berrantes, além de produtos e serviços dos quais nunca ouvimos falar, o que prejudica o nosso julgamento: entre centenas de opções, qualquer uma se torna válida, ao mesmo tempo em que nenhuma importa.

Tudo se esvazia de sentido – exceto para quem tem familiaridade com o Sistema 2. Por exemplo, se você vende geladeiras com funções exclusivas e seu anúncio é exibido a um conhecedor experiente de geladeiras, ele se conecta muito mais facilmente com sua marca. Isso ocorre porque o cérebro de um especialista não se sobrecarrega tão rapidamente quanto o de um leigo. O desafio, então, é direcionar seus anúncios para as pessoas certas, no momento certo.

No próximo tópico, exploraremos mais detalhadamente a etapa de fechamento da venda, investigando como as descobertas da neurociência podem ser aplicadas para aumentar o ROI (Retorno sobre Investimento). Veremos como uma abordagem adequada, alinhada às características do público-alvo, não só reduz a sobrecarga cognitiva, mas também cria conexões mais significativas entre o consumidor e a marca. Incorporando conhecimentos da neurociência, você poderá maximizar o impacto de suas estratégias de vendas no cenário contemporâneo e otimizar seus resultados financeiros.

10. Neurocomércio: o futuro do varejo por meio da compreensão da neurociência

No capítulo anterior, analisamos detalhadamente como a união entre o marketing e a neurociência deu origem ao campo do neuromarketing. Esse campo possibilita compreender como nosso cérebro responde aos estímulos de marketing e como essas respostas podem ser interpretadas para alcançar objetivos específicos. Para tornar ainda mais claras as propostas dessa área, podemos recorrer à descrição de Stephen J. Genco, Andrew P. Pohlmann e Peter Steidl em sua obra *Neuromarketing for dummies*. Segundo os autores, o neuromarketing, em uma definição mais ampla, refere-se a qualquer atividade de marketing ou pesquisa de mercado que utilize métodos e técnicas da ciência do cérebro, ou que seja informada pelas descobertas e insights da neurociência.

A compreensão geral do neuromarketing é importante porque revela algo que você provavelmente já notou nesta altura da obra: em última análise, o neuromarketing visa resolver os mesmos problemas que qualquer pesquisa de mercado tradicional. Em outras palavras, esse campo busca orientar as empresas sobre como utilizar sua publicidade e propaganda para comunicar seu valor aos clientes, aumentar a receita e os lucros para os acionistas e, acima de tudo, vender mais.

O objetivo final é entender por que compramos o que compramos, identificar os comportamentos subjacentes aos padrões de consumo e usar esse conhecimento de forma estratégica para impulsionar as vendas.

10.1. A irracionalidade da compra: *no brain, no gain!*

"De fato, na maioria das vezes, a compra de um produto é mais um comportamento ritualizado do que uma decisão consciente."
(A lógica do consumo, MARTIN LINDSTROM)

Nem sempre compramos aquilo de que precisamos, isso é um fato. Há muito tempo, não se associa mais o consumo de produtos ou serviços diretamente à necessidade. Embora a necessidade ainda exista, já sabemos que não é mais tão determinante em nossas decisões de compra. Segundo Martin Lindstrom, somos, acima de tudo, "criaturas de hábitos". Ou seja, nossas escolhas de consumo estão muito mais fundamentadas em nossos sentimentos do que em pensamentos racionais sobre preço, qualidade do produto, oferta, demanda, entre outros fatores.

De fato, para Thabani Nyoni e Wellington G. Bonga, autores do artigo "Neuromarketing: no brain, no gain!", a ideia de humanos como tomadores de decisões racionais, verdadeiras "máquinas cognitivas", está ultrapassada. Para tais pesquisadores, nossas emoções precedem e influenciam o pensamento racional, resultando em um processo de decisão em que a resposta afetiva acontece primeiro e a racionalização do sistema cognitivo aparece depois. Ou seja, nossas decisões de compra não são tão racionais como pensamos. Na verdade, os humanos são naturalmente emocionais e nosso sistema límbico é poderoso o suficiente para nos conduzir a comportamentos que muitas vezes contradizem nossa compreensão analítica de uma situação.

Nesse contexto, quando abordamos vendas e varejo, é o sistema límbico do consumidor que se torna o centro de interesse. A partir desse entendimento, as estratégias de marketing utilizadas devem ser capazes de ativar nas mentes dos clientes as áreas do cérebro relacionadas a diversas emoções, influenciando assim suas decisões de compra. De fato, conforme argumentam alguns pesquisadores, o cérebro é uma "caixa-preta" que esconde as emoções e preferências dos consumidores, e o neuromarketing se revela como a janela que nos permite acessar essas emoções.

10.2. Rituais de consumo e laços emocionais

"Em um mundo inconstante e veloz, estamos todos buscando estabilidade e familiaridade, por isso os rituais de produtos nos proporcionam a ilusão de conforto e participação."
(A lógica do consumo – Martin Lindstrom)

Agora que já sabemos que nossa tomada de decisão em relação à determinada compra está majoritariamente relacionada ao nosso sistema límbico, é fundamental entender a importância dos rituais na vida humana; desde o momento em que acordamos até o momento de dormir, somos seres guiados por rituais. Nesse estudo, foi revelado que, em 26 países ao redor do mundo, a maioria de nós segue uma série comum de rituais diários. Estes incluem o "ritual de preparação para o dia", ao nos levantarmos – como escovar os dentes, tomar banho e verificar e-mails; o "ritual do banquete" – almoçar com colegas ou familiares; o "ritual de ornamentação" – arrumar-se e embelezar-se; e, por fim, o "ritual de proteção para o futuro", realizado ao final do dia – trancar as portas, configurar o alarme e verificar os filhos na cama.

Como observamos, realizamos esses pequenos rituais diariamente, mas por qual motivo? Todos esses rituais estão relacionados à busca por controle – ou pelo menos à ilusão disso – sobre alguns aspectos de nossa vida. Para Lindstrom, superstição e ritual estão cientificamente ligados à necessidade humana de controle em um mundo turbulento e opressivo; eles atribuem significado ao cotidiano, proporcionando conforto, pertencimento e uma sensação de segurança.

Qual é a relação dos rituais com nossos pensamentos ao realizar uma compra? Para começar, rituais e superstições ajudam a formar laços emocionais com marcas e produtos, tornando as coisas que compramos e os lugares que frequentamos inesquecíveis. Além disso, eles nos ajudam a diferenciar uma marca da outra.

Exemplos de como esse processo de ritualização de compra pode acontecer não faltam. Lindstrom, ao explicitar a importância que os rituais desempenham no processo de compra, lista alguns casos:

I. Durante uma aposta aleatória com um amigo, em uma história que remonta a 1981, o barman de um restaurante enfiou uma fatia de limão no gargalo de uma Corona, para convencer outros clientes a fazerem o mesmo; nascia assim o ritual de cerveja com limão da Corona, que ajudou a marca a superar a Heineken no mercado dos Estados Unidos.

II. No início dos anos 1990, a Guinness enfrentava dificuldades nos bares das Ilhas Britânicas, isso porque os clientes não queriam esperar dez minutos para que o colarinho de suas cervejas diminuísse. A empresa, então, decidiu transformar o "incômodo" em uma virtude e ressignificar o processo de espera.

Campanhas como "Good things come to those who wait" (coisas boas vêm para quem espera, em tradução livre) fizeram da espera um ritual de quem prova a bebida.

III. Quando o clássico chocolate Kitkat foi lançado no Japão, a semelhança do nome do doce com as palavras kitto-katsu, que podem ser traduzidas como "ganhar na certa", fez com que os estudantes começassem a acreditar que comer um Kitkat antes das provas resultaria em notas mais altas, sendo esse um dos segredos do sucesso desse chocolate no sobrecarregado mercado de varejo japonês.

Em todos esses *cases*, o que percebemos é uma ligação emocional ativada nos consumidores. No Brasil, também podemos observar que o processo de ritualização é crucial para o estabelecimento do negócio no mercado varejista. As Lojas Americanas são um exemplo de como a conexão emocional com o cliente pode ser fundamental, mesmo em momentos de crise. Em matéria publicada no *Estadão* em fevereiro de 2024, Jaime Troiano, sócio da TroianoBrading, um dos maiores especialistas em marcas, explica que um dos valores da marca é a memória afetiva. Durante as crises, essa memória é fortalecida.

Para os mais velhos, as Lojas Americanas evocam lembranças da famosa lanchonete que costumava ficar nos fundos da loja na rua Direita, no centro da capital paulista, onde serviam o famoso misto quente no pão de forma. Já para os mais jovens, a loja se tornou um ponto de parada obrigatório para comprar *snacks* antes de ir ao cinema ou a uma balada.

Ainda para ilustrar a importância da ativação emocional do consumidor, temos o exemplo do grupo Boticário, que lançou mão do neuromarketing, isto é, a ativação de experiências multissensoriais, para colocar em suas prateleiras um produto com forte apelo nostálgico: uma linha de cosméticos com o cheiro do Bubbaloo, chiclete que marcou a infância e adolescência de muita gente. A seguir, veremos algumas das técnicas do neuromarketing presentes no varejo e de que modo elas influenciam o processo de venda.

10.3. As estratégias de neuromarketing aplicadas ao varejo

Quando falamos sobre o varejo, estamos nos referindo, de forma geral, ao comércio que vende seus produtos diretamente ao consumidor final. Em um setor tão competitivo, as estratégias de neuromarketing se tornam indispensáveis para estabelecer uma conexão profunda com o cliente. É fundamental entender quais emoções conseguem capturar sua atenção e influenciar sua decisão de compra, direcionando sua escolha para determinados produtos. Essa abordagem, que parte do emocional para o racional, concentra-se nos chamados gatilhos mentais: estímulos externos que o cérebro recebe e que têm o poder de impactar diretamente nossas escolhas, funcionando como verdadeiros "atalhos cerebrais" no processo de tomada de decisão.

Neste ponto, você pode estar se perguntando: "Por que é necessário ativar esses gatilhos?" Para responder a essa pergunta, precisamos entender o conceito de marcadores somáticos. Martin Lindstrom nos ensina que eles são uma espécie de lembrete em nosso cérebro. Em resumo, todas as decisões que tomamos têm como base lógica as associações que fizemos ao longo da vida — tanto positivas quanto negativas — de forma inconsciente. Isso significa que, ao tomar uma decisão de compra, nosso cérebro "rastreia" lembranças, fatos e emoções e os condensa em uma ação, que está fundamentada em experiências passadas de recompensa e punição. Em outras palavras, o marcador serve para conectar uma experiência ou emoção a uma reação específica.

Como somos "bombardeados" de informações o tempo todo, nosso cérebro "automatiza" parte das decisões para que possamos nos concentrar naquelas que realmente importam, a fim de evitar um esgotamento mental. Ou seja, para nos poupar, nosso cérebro toma decisões "por conta própria", sem chegar ao nosso consciente. Essas decisões que tomamos de forma inconsciente são ativadas pelos gatilhos mentais, construídos por nossas experiências sensoriais, visuais e auditivas ao longo da vida.

Com base nessas informações, podemos afirmar que a decisão de compra se fundamenta em três pilares: emoção, engajamento e memória. A emoção é o elemento essencial; os dois últimos, suas consequências. Assim, a tomada de decisão é influenciada pelo caminho emocional ativado por gatilhos mentais. A seguir, destacamos alguns dos principais gatilhos que podem ser aplicados na área:

GATILHOS MENTAIS PARA VENDER MAIS

1. GATILHO DA URGÊNCIA
Estímulos para incentivar alguém a tomar uma decisão de forma imediata. Nas vendas, esse gatilho é ativado por frases como: "último dia de promoção!", "apenas até amanhã!". O uso de relógios e *timers de contagem regressiva* é indicado, além de delimitação precisa do tempo das promoções. Um exemplo de ativação desse gatilho é a Black Friday.

2. GATILHO DA ESCASSEZ
Também está relacionado a ofertas e promoções limitadas, mas aqui a limitação se refere *à quantidade*. O *copywriting* é muito importante: utilize frases como "últimas unidades", "enquanto durarem os estoque", "vagas limitadas". O objetivo também é acelerar o processo de compra. A plataforma de e-commerce do Booking.com trabalha bem esse gatilho, pois seu site informa que restam poucas opções de hospedagem e que há mais gente procurando o mesmo que você.

3. GATILHO DA PROVA SOCIAL
Usado como evidência para mostrar que outras pessoas, além do cliente, estão comprando e aprovando aquele produto ou serviço. É um gatilho que foca a confiança do consumidor. Pode ser ativado de diversas formas: avaliações e comentários na página do produto; *reviews* em redes sociais; depoimentos em sites; recomendações de pessoas que são referência em sua área de atuação, etc.

4. GATILHO DA AUTORIDADE
Gatilho que parte também do princípio da confiança, mas, nesse caso, por meio da demonstração de que seu negócio possui *especialistas*. Essa autoridade precisa ser conquistada por meio da demonstração de que você domina o assunto e sua área de atuação. É possível ativar esse gatilho por meio de publicações em sites de conteúdo ou mostrar os especialistas que atuam em seu negócio, além das possíveis certificações que a empresa pode ter.

5. GATILHO DA SIMPLICIDADE
O neuromarketing já nos adiantou a tendência do nosso cérebro em economizar energia. Por isso, dê preferência à simplicidade em todo processo de compra: não use palavras "complicadas", ou um processo com múltiplas etapas. Aqui, entram também as políticas de acessibilidade da empresa para facilitar o acesso de pessoas com dificuldade (tanto no meio físico quanto digital) e as facilidades de pagamento. A integração dos meios físico e digital, o *Phygital*, também representa comodidade e simplicidade, proporcionando ao cliente a possibilidade de comprar no site e retirar na loja física, ou comprar na loja e pagar pelo app, por exemplo. Também é necessário prezar pela organização, pois um ambiente desorganizado pode deixar o processo confuso e incompreensível.

6. GATILHO DA RECIPROCIDADE
O ser humano gosta de retribuir quando recebe algo. Desse modo, caso queira uma ação potencial do cliente — como envio de dados, assinatura de *newsletter* ou adesão a cartão —, é necessário oferecer algo em troca, como um benefício de valor, brindes, cupons de desconto, programa de pontos, etc. Um exemplo é o *check-in* diário da Shein, que oferece ao cliente pontuação que vale descontos toda vez que acessa o app.

7. GATILHO DA DOR E PRAZER
É da natureza humana querer evitar a dor e procurar pelo prazer em viver. Nesse sentido, tomamos decisões conscientes e inconscientes em busca desse sentimento de cessar a dor, obter soluções e prazer. Esse gatilho pode ser tulizado para mostrar como seu produto ou serviço pode transformar a vida das pessoas, oferecendo-lhes uma solução para seus problemas. Aqui é necessário conhecer a necessidade de seus clientes, para ser capaz de apresentar uma resposta positiva a ele. Frases como "Está consado de...?", "Não aguenta mais...?" são capazes de ativar esse gatilho.

Esses são apenas alguns dos principais gatilhos, no entanto há muitos outros que você pode explorar em nosso livro *E-Phygital* (2024), especificamente no capítulo 9. Além disso, recomendamos mais duas medidas:

I. Reduzir as opções: quando o consumidor se depara com muitas opções de produtos, é bastante provável que o primeiro efeito seja a paralisia. Portanto selecione o mix de produtos de acordo com o público-alvo.

II. Explorar os sentidos: as experiências multissensoriais criam um vínculo emocional forte entre consumidor, produto e empresa. Nesse sentido, a estimulação dos sentidos é fundamental. Lindstrom relata em sua obra *A lógica do consumo* (2017) uma experiência realizada com 20 participantes, que foram expostos a imagens e fragrâncias de quatro marcas conhecidas. Inicialmente, as imagens foram apresentadas separadamente das fragrâncias e, depois, em conjunto. Observou-se que a combinação de imagem e fragrância foi um grande sucesso. A Dra. Calvert, responsável pela pesquisa, aponta que, quando vemos e, ao mesmo tempo, sentimos o cheiro de algo que gostamos, várias regiões do nosso cérebro se iluminam em uníssono, incluindo o córtex orbitofrontal medial direito, responsável pela percepção de algo agradável ou saboroso.

Mas atenção: quando uma marca está mal combinada com uma fragrância – por exemplo, aroma de cerveja em talco para bebês – acontece uma ativação do córtex orbitofrontal lateral esquerdo, uma região do cérebro ligada à aversão ou repulsa. Desse modo, a imagem e a fragrância precisam ser congruentes, para que o córtex piriforme direito (que é o nosso principal córtex olfativo) e a amígdala cerebelar (que codifica a *relevância emocional*) se ativem em conjunto. Em outras palavras, quando uma fragrância combina de forma correlata com uma imagem, nós a perceberemos não só como algo agradável como também ficaremos mais propensos a nos *lembrar* dela.

Com efeito, Lindstrom afirma que o olfato é o nosso sentido mais primitivo e arraigado. Quando sentimos o cheiro de algo, os receptores de odores estabelecem uma conexão direta com o sistema límbico, responsável por controlar nossas emoções, memórias e sensação de bem-estar. Além do olfato, a audição, o tato e o paladar desempenham um papel fundamental na criação de uma conexão emocional com o consumidor. Como afirmado por Josielly Guimarães, CEO da JLG Marketing Estratégico, durante a Rio Innovation Week de 2022, os estímulos sensoriais podem ser incorporados em ações simples, como oferecer um chocolate, criar uma atmosfera agradável com difusores ou tocar música ambiente. Esse conjunto de práticas é conhecido como *branding* sensorial.

Tudo o que vimos até aqui permite concluir que a neurociência aplicada ao marketing de varejo fornece evidências sobre como ocorre o processo de tomada de decisão de compra. Somos guiados pelo Sistema 1 do cérebro (rápido, automático, inconsciente e involuntário), o que significa que essas escolhas são orientadas pelos nossos sentidos. Agora que sabemos que os nossos sentidos são fundamentais para entender como os processos de decisão acontecem, será mais fácil compreender, no próximo tópico, o futuro do neuromarketing e a importância da tecnologia nessa questão.

10.4. O futuro do neuromarketing no varejo: tecnologias

É consenso que as nossas percepções sensoriais estão no centro da compreensão de como e por que compramos. A neurociência descobriu que somos um emaranhado de ligações neuroquímicas e que a maioria das nossas escolhas é feita no "modo automático", influenciada por fatores externos capazes de despertar nossos diversos sentidos. São eles que nos guiarão para determinada decisão. Não há mais espaço, portanto, para "achismos" no comércio. Comprovadamente, as pesquisas subjetivas de outrora são ineficientes, pois não existem comportamentos humanos dissociados de nossos aspectos químicos, fisiológicos e anatômicos.

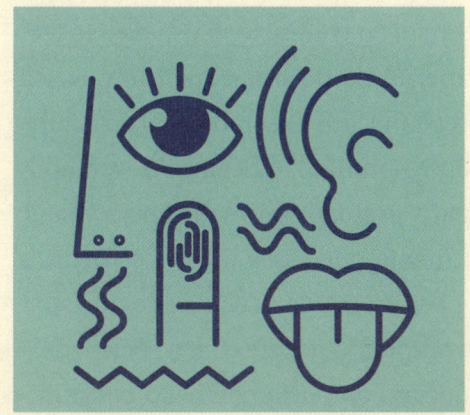

Diante disso, a neurociência aliada à tecnologia se apresenta como uma área capaz de proporcionar, em um futuro não muito distante, as ferramentas necessárias para acessar o inconsciente do consumidor, interpretando seu olhar, seus batimentos cardíacos e suas feições, com o objetivo de compreender padrões de consumo.

Na Bienal do Livro de São Paulo de 2018, a Microsoft lançou a ferramenta Azure, uma tecnologia de reconhecimento facial que transforma as imagens captadas em dados estruturados, permitindo a leitura de emoções. No mesmo ano, entre abril e outubro, a ViaQuatro instalou portas interativas nas linhas Luz, Paulista e Pinheiros do Metrô, capazes de identificar expressões de emoção para fins de publicidade.

Tais tecnologias, sem dúvida, estão em consonância com as descobertas da neurociência aplicada ao comércio. Contudo também esbarram em questões éticas e jurídicas. A Microsoft, após controvérsias sobre segurança digital e críticas de especialistas, anunciou em junho de 2022 que abandonaria a tecnologia de leitura de emoções e limitaria o acesso público ao Azure Face, programa de reconhecimento facial.

Os clientes tiveram seu acesso revogado em 30 de junho de 2023, e o uso do serviço de reconhecimento de emoções passou a ser condicionado à necessidade de informar à Microsoft como e onde o sistema seria implementado. A ViaQuatro, por sua vez, foi condenada pelo Tribunal de Justiça de São Paulo a pagar uma indenização coletiva no valor de R$ 500 mil, em ação civil pública movida pelo Idec (Instituto Brasileiro de Defesa do Consumidor) em 2018.

O propósito deste tópico na obra não é demonizar o uso das neurociências aplicadas ao comércio; ao contrário, o uso dessas tecnologias pode transformar a experiência do usuário e promover a inclusão. Um exemplo disso é o reconhecimento emocional do Azure, que continua sendo usado em outro produto, o Seeing AI, um aplicativo que descreve o mundo para pessoas com deficiência visual. Entretanto é necessário ter em mente que essas inovações neurais indicam a necessidade de consensos acerca da privacidade do usuário, ética e legislação, de forma a ampliar o debate com a sociedade.

A interseção entre neurociência, comportamento do consumidor e tecnologia pode gerar grandes inovações, já que a neurociência busca entender os processos cerebrais que determinam nossas decisões e emoções, enquanto a tecnologia, especialmente por meio da IA, oferece ferramentas para personalizar as interações com os consumidores com base nesse entendimento. Nesse sentido, apresentamos a seguir algumas dessas inovações e sua aplicação no comércio.

I. *Eye tracking*

Tecnologia utilizada para avaliar e melhorar a experiência dos usuários com base no rastreamento ocular, o *eye tracking* é empregado para estudar a percepção de certas imagens, analisando os locais importantes de foco para a construção daquilo que vemos como cena visual. Isso é relevante porque nós, humanos, não somos capazes de ter diversos focos em um mesmo campo visual. Portanto a tecnologia auxilia na verificação empírica desse padrão de exploração visual de cada indivíduo em diversas situações. O modo como exploramos visualmente o mundo é individual e subjetivo, sendo essa percepção influenciada pelos contextos ambientais e emocionais.

A aplicabilidade do rastreamento ocular se dá ao identificar padrões de movimentação ocular e, a partir disso, predizer o comportamento e a cognição dos indivíduos. Mas como funciona esse mecanismo? De forma resumida, o *eye tracking* usa a técnica *Pupil Center Corneal Reflection* (PCCR).[75] Uma luz infravermelha é direcionada para o centro dos olhos (pupila), causando padrões de reflexão na pupila e na córnea.[76]

A movimentação do olho redireciona a córnea, revelando esses padrões de reflexão. Em outras palavras, o centro do olho (pupila) é rastreado em relação à posição da reflexão corneana. A distância entre as duas áreas permite o cálculo da direção do olhar com base nos ângulos e nas distâncias. Veja na imagem a seguir:

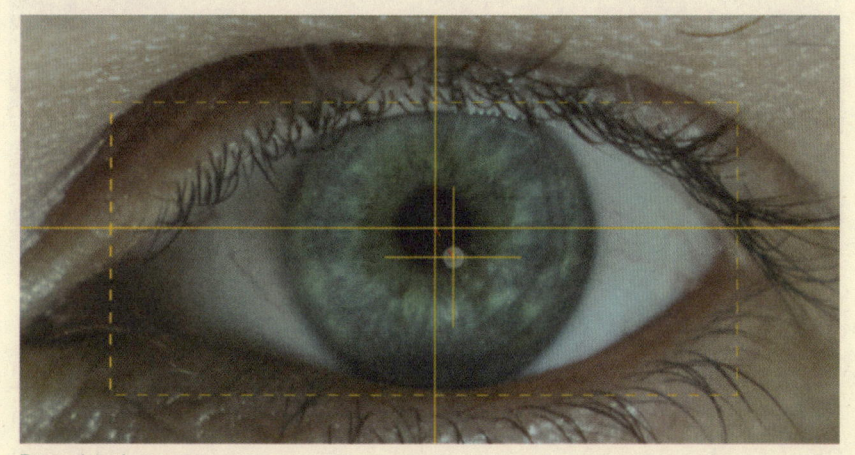

Fonte: imotions.com

Com o auxílio de um software, os dados obtidos pelo *eye tracker* são combinados com a imagem da cena estudada,

---

[75] Reflexão da Córnea no Centro da Pupila, em tradução livre.
[76] OKAMOTO, Alexandre Kenji; FURQUIM, Felipe Voigtlaender. Eye tracking: o que é, como funciona e suas aplicações. *Coruja Informa*, 11 nov. 2020. EACH, Universidade de São Paulo. Disponível em: www.each.usp.br/petsi/jornal/?p=2774. Acesso em: 08 mar. 2024.

seja virtual, seja real, identificando os locais que o usuário olhou, de maneira semelhante aos mapas de calor (*heatmaps*). No comércio, isso é relevante porque identificar os pontos em que o consumidor fixou o olhar ou ignorou pode ser crucial para determinar melhorias no design de uma embalagem, no *layout* da loja ou nos *displays* de um ponto de venda. Na imagem a seguir, é possível verificar os pontos de atenção do consumidor, sendo que as regiões com cores mais quentes indicam os locais onde o usuário fixou mais seu olhar:

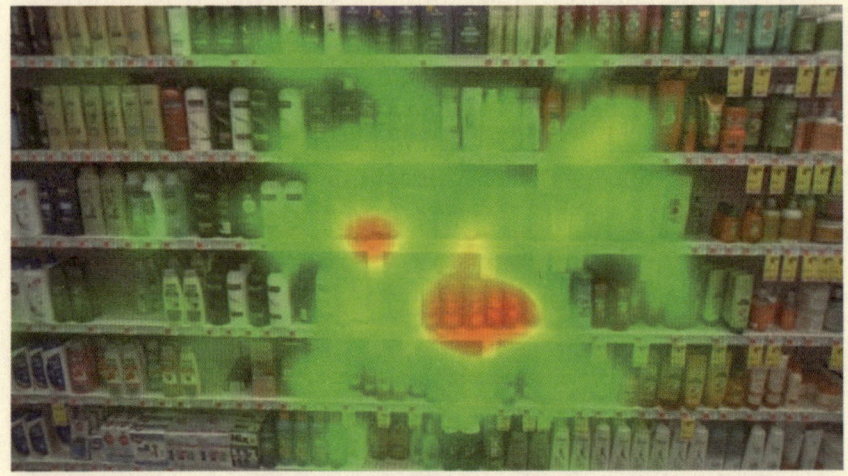

Fonte: Imotions

No e-commerce, não é diferente. Uma pesquisa realizada com *eye tracking* pela NovaHaus, com 24 participantes durante a Black Friday de 2021,[77] nos quatro maiores e-commerces do Brasil (Magalu, Americanas, Amazon e Mercado Livre), proporcionou diversos *insights* sobre os sites de venda. Os usuários:

---

[77] ACOSTA, Filipe. Eye tracking revela como os usuários se comportam em páginas de e-commerce. *Digitalks*, 09 nov. 2022. Disponível em: https://digitalks.com.br/artigos/eye-tracking-revela-como-os-usuarios-se-comportam-em-paginas-de-e-commerce/. Acesso em: 08 mar. 2024.

I. Buscam se certificar de que o produto que estão vendo é aquele que estão procurando, analisando as fotos.

II. Querem saber a opinião de outros consumidores, e fazem isso olhando as avaliações.

III. Depois disso, buscam a ficha técnica do produto, passando os olhos pelos produtos relacionados.

IV. Quando interessados, verificam o valor do frete e do produto.

V. Só então procuram pelo botão de compra.

Ir contra esse fluxo, portanto, pode prejudicar a experiência dentro do site, causando frustração e abandono por parte do cliente, ao passo que viabilizar esse processo, exibindo os elementos na ordem e com o destaque devido, pode melhorar a experiência do usuário e acelerar o processo de compra. Na imagem a seguir, a etapa em que o potencial cliente dá uma "passada de olho" nos produtos relacionados:

II. EEG (eletroencefalograma)

O EEG, exame de medição fisiológica capaz de mensurar a atividade elétrica do cérebro em tempo real, por meio de eletrodos aplicados no couro cabeludo, desempenha um papel fundamental no campo do neuromarketing. Sua aplicação está ligada à compreensão das respostas emocionais e cognitivas dos consumidores diante de estímulos específicos. Ao elucidar o processo de tomada de decisão, permite que as empresas ajustem suas estratégias de marketing de acordo com essas respostas.

Ao compararmos o EEG com as pesquisas de marketing mais tradicionais, fica evidente sua vantagem. Enquanto essas pesquisas se baseiam no *feedback* dos usuários após a experiência de compra, o EEG oferece uma visão mais profunda ao analisar as reações cerebrais em tempo real. Essa análise vai além do que as pessoas dizem que desejam, revelando como elas realmente agem no momento da compra.

Assim, o EEG se destaca por sua capacidade de detectar as mudanças sequenciais na atividade cerebral, permitindo avaliar tanto as reações inconscientes quanto as sensoriais do cliente. Essa compreensão mais profunda dos processos mentais dos consumidores possibilita às empresas aprimorar suas estratégias de marketing de maneira mais eficaz e direcionada, alinhando-as às verdadeiras motivações de compra.

De forma geral, trata-se de um mecanismo capaz de gerar um *feedback* cognitivo do consumidor, como afirma Khurana *et al*,[78] que possibilita a compreensão mais profunda do seu comportamento. Além disso, os autores destacam várias pesquisas realizadas com EEG que revelaram *insights* significativos. Por exemplo, descobriu-se que o comportamento do consumidor é influenciado pelo ambiente, especialmente pela iluminação, o que pode determinar sua decisão de permanecer ou sair de uma loja. Também foi observada uma relação direta entre as emoções provocadas por anúncios audiovisuais e seu impacto na memória do consumidor.

Nas próximas figuras, mostraremos alguns dos equipamentos disponíveis (Figura A) e o uso combinado do EEG com o BCI (Brain Computer Interface) (Figura B), um tema que será explorado mais adiante.

---

[78] KHURANA V. *et al*. A Survey on Neuromarketing Using EEG Signals. *IEEE Transactions on Cognitive and Developmental Systems*, [s.l.], v. 13, n. 4, pp. 732-749, dez. 2021.

FIGURA A

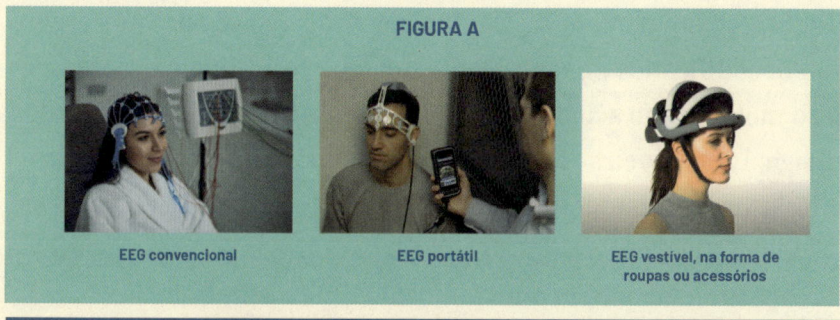

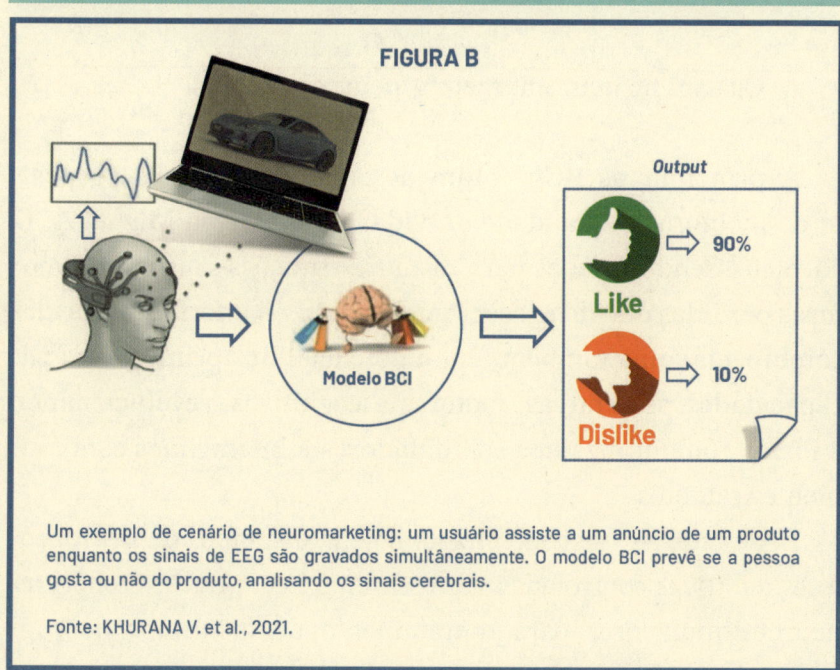

EEG convencional

EEG portátil

EEG vestível, na forma de roupas ou acessórios

FIGURA B

Um exemplo de cenário de neuromarketing: um usuário assiste a um anúncio de um produto enquanto os sinais de EEG são gravados simultaneamente. O modelo BCI prevê se a pessoa gosta ou não do produto, analisando os sinais cerebrais.

Fonte: KHURANA V. et al., 2021.

III. "O cérebro eletrônico comanda": as Interfaces Cérebro-Computador (BCIs)

A Interface Cérebro-Computador (BCI, do inglês Brain-Computer Interface) é uma tecnologia que estabelece uma conexão direta entre o cérebro humano e um computador, permitindo a comunicação e a interação sem a necessidade de intervenção física. Em suma, essa interface transforma o pensamento em ação, e sensação em percepção. Os sinais neurais registrados no cérebro são decodificados por um algoritmo, que os traduz em desempenho motor, como acontece ao controlar um cursor de computador, dirigir uma cadeira de rodas ou comandar um braço robótico.[79] Ainda, as BCIs podem registrar e analisar a atividade cerebral em tempo real, fornecendo dados valiosos sobre processos cognitivos e reações emocionais, como vimos no tópico anterior.

A. Os usos no neuromarketing/neurocomércio

A princípio, as BCIs foram desenvolvidas com o propósito de melhorar a qualidade de vida, como afirma Miguel A. L. Nicolelis, sendo "usadas para restaurar funções sensoriais e motoras perdidas devido a lesões ou doenças. As interfaces híbridas cérebro-máquina também têm o potencial de aprimorar nossas capacidades perceptivas, motoras e cognitivas, revolucionando a forma como utilizamos computadores e interagimos com ambientes remotos".[80]

E, de fato, isso se concretizou: hoje já dispomos de neuropróteses auditivas controladas por essa interface, próteses robóticas, neuroestimuladores para o tratamento de distúrbios neuropsiquiátricos, entre outros avanços. Dessa forma, atualmente, o debate se volta ao uso das BCIs no comércio físico e virtual.

Imagine a seguinte situação: você está relaxando no sofá de casa, usando seus óculos inteligentes, e se questiona "será que a Nike está com promoção em sua coleção Air?". Instantaneamente,

---

79 MILLÁN, José del R.; CARMENA, Jose M. Interfaces cérebro-máquina: seu cérebro em ação. *UNESP para Jovens*: neurociências e psicologia. 24 maio 2023. Disponível em: https://parajovens.unesp.br/interfaces-cerebro-maquina-seu-cerebro-em-acao/. Acesso em: 8 mar. 2024.

80 NICOLELIS, Miguel A. L. *Actions from thoughts*. Disponível em: www.nature.com/articles/ 35053191. Acesso em: 08 mar. 2024.

um *pop-up* surge diante de seus olhos, informando que há um desconto de 30% em determinado site. Você, então, navega pelas imagens, escolhe um modelo e o experimenta virtualmente. Parece ficção, mas é apenas um vislumbre do que muitos acreditam ser o futuro do comércio e do neuromarketing.

E esse futuro sequer parece tão distante: recentemente, a **Neuralink**, empresa fundada por **Elon Musk** em 2016, que se dedica ao desenvolvimento de Interfaces Cérebro-Máquina (ICMs), afirmou que em breve anunciará os primeiros resultados[81] sobre o primeiro paciente humano a testar o dispositivo *Telepathy*, chip conectado a 1.024 eletrodos diminutos por meio de fios flexíveis mais finos do que um fio de cabelo, cujo intuito é o controle de smartphones e computadores "apenas por pensar", nas palavras de Musk.[82] Com efeito, o implante cerebral da Neuralink tem o propósito, segundo Musk, de ajudar pessoas com lesões debilitantes ou paralisia a interagir com dispositivos apenas por meio do pensamento.

Esse tipo de empreendimento certamente contribuiria para possibilitar e aprimorar a comunicação em diversos níveis, tanto em relação à reabilitação da comunicação, para quem enfrenta limitações severas, quanto para revolucionar o modo como nos relacionamos com a tecnologia. Diante dessa expectativa e dos avanços das BCIs em diversas áreas, muitos já se questionam qual seria seu alcance no domínio do comércio e do marketing. A seguir, apresentamos as potenciais estratégias e as inovações significativas na área do comércio:

---

81 LOPES, ANDRÉ. Controle de smartphone por pensamento? Neuralink, de Musk, promete primeiros resultados em breve. *REVISTA EXAME*. Disponível em: https://exame.com/inteligencia-artificial/neuralink-promete-controle-de-smartphone-por-pensamento-primeiros-resultados-chegam-em-breve/. Acesso em: 8 mar. 2024.

82 JACKSON, Patrick. Como funciona o Telepathy, chip cerebral que Elon Musk diz ter sido implantado em uma pessoa. *BBC News*. Disponível em: www.bbc.com/portuguese/articles/cd182g1gp27o. Acesso em: 8 mar. 2024.

INOVAÇÕES
BCI E COMÉRCIO

APRIMORAMENTO DA EXPERIÊNCIA DO CLIENTE

Personalização extrema: Utilizando dados neurofisiológicos, as empresas podem personalizar ainda mais a experiência do cliente. É possível adaptar informações, ofertas e interfaces de usuário aos estados cognitivos e respostas emocionais dos indivíduos, rastreando os sinais cerebrais e adaptando ofertas e interações com base nas respostas cerebrais individuais.

PUBLICIDADE INTERATIVA

Anúncios adaptativos: anúncios podem ser ajustados em tempo real com base nas reações cerebrais dos consumidores, otimizando o conteúdo para maximizar o envolvimento e a persuasão.

DESIGN DE LOJAS E EXPERIÊNCIA DE COMPRA

Layout da loja baseado em neurociência: o design das lojas físicas e virtuais pode ser otimizado para influenciar o comportamento do consumidor, tornando a experiência de compra mais agradável e intuitiva.

PRECIFICAÇÃO DINÂMICA

Estratégias de preços personalizadas: com base nas respostas cerebrais, as empresas podem ajustar dinamicamente as preços para diferentes segmentos de clientes, maximizando a disposição de pagar.

FEEDBACK EM TEMPO REAL

Avaliação de produtos: as ICCs podem ser usadas para coletar *feedback* em tempo real sobre produtos ou serviços, permitindo ajustes imediatos com base nas reações emocionais dos consumidores. Ainda, o *neurofeedback* pode ser usado para identificar locais com alta carga cognitiva ou incômodo do usuário e fazer os ajustes necessários para melhorar a experiência do usuário.

DESENVOLVIMENTO DE PRODUTOS

Design centrado no usuário: compreendendo as preferências e reações cerebrais dos consumidores, as empresas podem criar produtos mais alinhados com as expectativas e desejos do público-alvo.

PREVENÇÃO DE CONTRAFAÇÃO E FRAUDES

Autenticação biométrica: a ICC pode ser usada para autenticação biométrica mais segura, reduzindo riscos de fraude nas transações comerciais.

MELHORIA NA RECUPERAÇÃO DE INFORMAÇÕES

Sistemas de recomendação aprimorados: algoritmos de recomendação podem ser aprimorados ao incorporar dados de atividade cerebral, oferecendo sugestões mais precisas e relevantes.

GESTÃO DO ESTRESSE E SATISFAÇÃO DO CONSUMIDOR

Monitoramento emocional: as empresas podem usar a ICC para entender e responder às emoções dos clientes durante o processo de compra, buscando minimizar o estresse e otimizar a satisfação.

Em resumo, a interseção entre neurociência e comércio desvela um vasto horizonte de possibilidades e transformações. Ao investigar as intrincadas conexões entre o funcionamento do cérebro humano e as dinâmicas comerciais, vislumbramos inovações que prometem remodelar a forma como compreendemos e conduzimos transações. Este capítulo ofereceu uma visão abrangente das descobertas mais recentes e das aplicações práticas que têm o potencial de revolucionar setores econômicos. À medida que desvendamos os mistérios do cérebro, tornamo-nos arquitetos de estratégias mais eficazes, personalizadas e éticas. À frente, aguarda-nos um futuro no qual a sinergia entre neurociência e comércio não apenas otimiza resultados, mas também molda uma abordagem mais humanizada, individualizada e compassiva nas relações comerciais.

No próximo tópico, veremos como a neurociência pode ser significativa também no ambiente de trabalho.

11. A Influência da neurociência no desenvolvimento do ambiente de trabalho

Nos últimos anos, a convergência entre neurociência e ambiente de trabalho tem despontado como um campo dinâmico de pesquisa, fornecendo *insights* valiosos sobre a otimização da cultura organizacional, impulsionando o desempenho da equipe e aprimorando as habilidades de liderança. Este capítulo busca explorar como os princípios fundamentais da neurociência podem ser aplicados de maneira prática e eficaz para criar ambientes de trabalho mais produtivos, saudáveis e inspiradores.

11.1. Estrutura do local de trabalho e desempenho cognitivo: *insights* a partir do design de escritórios abertos e da neuroarquitetura

Transcendendo várias áreas do conhecimento, como biologia, sociologia, antropologia e literatura, uma afirmação parece ressoar universalmente: a interconexão entre os seres humanos e o ambiente que os cerca é crucial para determinar não só como vivemos, mas também quem nos tornamos. Os seres humanos não estão separados do ambiente em que vivem; ao contrário, são parte integrante dele, moldando-o e sendo moldados por ele de maneiras igualmente significativas. Com isso em mente, a neuroarquitetura surge como uma disciplina capaz de elucidar como o ambiente de trabalho impacta o cérebro, nossas emoções e comportamentos.

Como ilustração, vale mencionar uma pesquisa[83] conduzida com 96 funcionários, visando examinar o impacto do design do ambiente de trabalho no desempenho da equipe, especialmente em termos de estresse neurofisiológico, afeto e capacidade de solução criativa de problemas. Os resultados indicaram que o estresse fisiológico foi significativamente menor em ambientes de trabalho mais abertos, resultando em um desempenho superior e uma recuperação fisiológica mais rápida após o expediente, em comparação com ambientes menos abertos.

Essa pesquisa, liderada por Alexander *et al.*, empregou três medidas fisiológicas para coletar dados sobre a resposta ao estresse: hormônio adrenocorticotrófico, variação da frequência cardíaca do período de trabalho ao pós-tarefa e atividade eletrodérmica durante o mesmo período. Após as análises, os pesquisadores concluíram que a redução do estresse fisiológico, especialmente evidente nos ambientes de trabalho mais abertos, parece ser um mecanismo-chave para promover um desempenho mais eficaz em equipe.

Contudo também ressaltam a relevância do trabalho em equipe, sugerindo que não é apenas a disposição física do escritório que impacta a capacidade do cérebro de lidar com o estresse

---

[83] ALEXANDER, Veronika; DANNHAUSER, Laura, *et al. Office Openess Affects Stress Regulation and Teamwork*: A Neurophysiological Field Study. Disponível em: https://link.springer.com/article/10.1007/s41542-023-00167-7. Acesso em: 10 mar. 2024.

pós-trabalho, mas sim a forma como as interações entre as pessoas são facilitadas em ambientes de escritório abertos. Em outras palavras, o trabalho colaborativo promoveu uma sensação de proximidade entre os colegas, incentivando um esforço conjunto na realização das tarefas e gerando uma percepção mais positiva do trabalho, o que se traduziu em um aumento do bem-estar geral.

Embora os espaços abertos possam contribuir para a redução do estresse, alguns pesquisadores[84] também apontaram que eles podem ser prejudiciais para atividades que demandam alta concentração, tornando essencial a disponibilidade de espaços que permitam a privacidade e o foco individual. É importante lembrar que o trabalho envolve uma combinação complexa de esforços cognitivos, físicos e emocionais. Estamos lidando com pessoas, suas emoções e percepções, todas interagindo em direção a um objetivo comum. Portanto o ambiente de trabalho deve ser adaptado não apenas às demandas específicas do trabalho, mas também às necessidades individuais das pessoas que o realizam.

Ron Friedman, autor do livro *Como ser feliz no trabalho: a neurociência explica o que fazer para transformar seu ambiente de trabalho rumo à autorrealização* (2017), resume sua perspectiva de forma sucinta: "Os cubículos deprimem. Escritórios privados levam ao isolamento. Espaços abertos provocam distrações". Para ele, a solução reside em planejar como o espaço será utilizado e, a partir dessa reflexão, criar uma experiência que esteja alinhada com esse propósito. Isso implica que a empresa utilize o ambiente físico para comunicar uma mensagem aos seus colaboradores, como inovação, e, com base nisso, desenvolva elementos que inspirem os funcionários a incorporarem esse conceito em seu dia a dia.

Além disso, o autor enfatiza a relevância do design dos espaços compartilhados, como salas de almoço, armários e copas, que

---

84 VEITCH, Jennifer A. How and why to assess workplace design: Facilities management supports human resources. Organizational Dynamics, [s.l.], v. 47, n. 2, p. 78-87, abr.-jun. 2018.

desempenham um papel vital na promoção da conexão social. Quando esses espaços estão ausentes no ambiente de trabalho, a qualidade das interações entre os funcionários é prejudicada. Portanto fornecer espaços informais, tanto internos quanto externos, que sejam atrativos para encontros colaborativos pode incentivar relacionamentos positivos, criar oportunidades de colaboração e estimular a criatividade em parceria.

A. O futuro: o modelo do campus universitário

Até aqui, observamos que tanto escritórios abertos quanto aqueles com cubículos têm suas limitações no que diz respeito ao processo cognitivo do trabalho. Para Ron Friedman, o modelo que incorpora as descobertas da neurociência sobre o modo de trabalho e a relação com o ambiente está ganhando espaço no setor tecnológico: para essas empresas, o escritório é uma versão adaptada do campus universitário. Pensemos: um campus universitário oferece bibliotecas, restaurantes, quadras, salas de estudo etc., proporcionando diversos ambientes para que os estudantes utilizem as instalações e realizem suas atividades e propósitos.

De modo semelhante, o local de trabalho deve ser projetado para oferecer aos funcionários uma variedade de ambientes, permitindo que escolham seus próprios espaços. O valor desse *insight* reside no fato de permitir que os funcionários adaptem os ambientes às suas necessidades, e não o contrário. Para o autor, trata-se de criar um ambiente rico tanto em "cavernas" quanto em "fogueiras de acampamento": uma metáfora que ilustra nossa inclinação evolutiva tanto por espaços silenciosos quanto por ambientes grupais. Alguns indivíduos têm personalidades que os tornam mais atraídos por ambientes silenciosos, enquanto outros apreciam mais as interações em grupo em torno da fogueira do acampamento.

Por fim, é preciso compreender que não se trata de uma escolha entre cubículos, escritórios privados ou espaços abertos. Ao adotar uma abordagem flexível em relação ao ambiente de trabalho, é possível colher uma variedade de *insights* valiosos sobre produtividade, como discutido neste tópico. Oferecendo uma gama diversificada de arranjos, as empresas podem promover tanto o trabalho concentrado quanto o colaborativo, atendendo às diferentes necessidades e estilos de trabalho dos funcionários.

11.2. Neurociência da liderança: a importância da inteligência emocional e do *mindfulness*

A neurociência da liderança explora os fundamentos neurológicos que sustentam habilidades essenciais para um líder eficaz, destacando a inteligência emocional e o *mindfulness* como elementos cruciais. Compreender como o cérebro processa e responde às emoções, com a prática consciente do *mindfulness*, torna-se essencial para a formação de líderes capazes de criar ambientes de trabalho saudáveis e produtivos.

A esta altura da obra, fica evidente que somos seres profundamente emocionais. As emoções permeiam nossos comportamentos de maneira significativa. Aprender a lidar com elas é fundamental para exercer liderança, independentemente do contexto. O que talvez não seja tão óbvio é que a emoção desempenha um papel vital até mesmo em decisões que consideramos mais "racionais", como aquelas relacionadas ao ambiente de trabalho. De fato, segundo Daniel Goleman, autor do livro *Inteligência emocional: a teoria revolucionária que redefiniu o que é ser inteligente* (2011), no cenário empresarial atual, não há mais espaço para abordagens que negligenciem a importância da inteligência emocional na gestão interpessoal do trabalho. Ele ainda destaca que baixos níveis de inteligência emocional dentro das empresas podem acarretar custos significativos para o resultado final.

O autor ressalta uma mudança de mentalidade atual, indicando a necessidade de uma nova postura: por muito tempo, prevaleceu uma cultura empresarial que valorizava o líder autoritário, muitas vezes visto como um "guerreiro da selva". Contudo, nos dias de hoje, há uma valorização crescente das habilidades interpessoais. Nas palavras do autor, liderar com empatia torna-se fundamental. Nesse sentido, destacamos a seguir uma série de atributos cruciais para um líder, que podem ser aprimorados por meio da inteligência emocional, e que estão estreitamente relacionados às descobertas da neurociência:

I. Autoconhecimento emocional

A região do cérebro conhecida como ínsula está intrinsecamente ligada à consciência emocional. Ao desenvolver o autoconhecimento emocional, ativamos essa área cerebral, o que nos proporciona uma compreensão mais profunda das nossas próprias emoções. Assim, líderes emocionalmente inteligentes possuem uma consciência aguçada das suas emoções, o que os capacita a gerir melhor seu comportamento e tomar decisões de forma mais assertiva.

II. Controle emocional

A amígdala, uma região cerebral ligada à resposta ao medo e às emoções intensas, pode ser regulada pelo córtex pré-frontal. O aprimoramento do controle emocional fortalece essa regulação. Portanto líderes capazes de gerenciar suas emoções em situações desafiadoras têm mais probabilidade de tomar decisões ponderadas e lidar eficazmente com conflitos.

III. Empatia

O córtex cingulado anterior é ativado quando nos envolvemos em empatia. Essa ativação está associada à compreensão das emoções dos outros. Dessa forma, líderes empáticos são capazes de se colocar no lugar de seus colaboradores, promovendo um ambiente de trabalho mais colaborativo e fortalecendo as relações interpessoais.

IV. Habilidades sociais

O córtex orbitofrontal está relacionado ao processamento de informações sociais e ao desenvolvimento de habilidades sociais. Líderes emocionalmente inteligentes são geralmente hábeis em se comunicar eficazmente, resolver conflitos e construir relacionamentos positivos.

V. Motivação

A liberação de dopamina no cérebro está associada à motivação e à recompensa. Estabelecer metas e encontrar significado ativam esses circuitos. Líderes motivados emocionalmente têm uma visão clara, inspiram suas equipes e demonstram resiliência diante de desafios.

VI. Adaptação a mudanças

A plasticidade cerebral permite a adaptação a novas situações. A aprendizagem contínua e a exposição a desafios ativam esses mecanismos.

VII. Liderança

Líderes emocionalmente inteligentes são mais flexíveis e capazes de se adaptar a ambientes em constante mudança, promovendo uma cultura organizacional mais resiliente.

A. A técnica do *mindfulness*

Há ainda outra técnica que contribui para uma liderança efetiva: o *mindfulness.* Esse termo tem suas raízes na prática milenar do budismo, especialmente na tradição Vipassana, que ensina a observação consciente dos pensamentos e sentimentos, sem julgamento. No entanto o conceito foi popularizado no Ocidente graças ao trabalho de Jon Kabat-Zinn, um professor de medicina que desenvolveu o programa MBSR (Mindfulness-Based Stress Reduction) na década de 1970. Desde então, o *mindfulness* transcendeu suas origens espirituais e se tornou uma prática secular amplamente adotada em diversas áreas da vida, incluindo o ambiente corporativo.

No âmbito da liderança corporativa, o *mindfulness* desponta como uma ferramenta valiosa para impulsionar a eficácia, a resiliência e a tomada de decisões criteriosas. Líderes adeptos dessa prática buscam estar plenamente presentes no momento, refinando sua capacidade de concentração e atenção. Essa habilidade torna-se particularmente crucial em ambientes empresariais, nos quais as demandas incessantes e a pressão por resultados podem induzir a decisões precipitadas e a um estado de estresse constante.

Nesse contexto, as técnicas de meditação e atenção são aplicadas para promover uma consciência aguçada das próprias reações e emoções, fomentando assim a autenticidade e a empatia nas interações profissionais.

11.3. Neuroplasticidade e desenvolvimento profissional: moldando competências no local de trabalho

Conforme o leitor poderá recordar (parte I desta obra), abordamos o tema da neuroplasticidade, no qual estudamos que se trata da capacidade do cérebro humano de se reorganizar. Essa reorganização cerebral pode ocorrer de duas formas: estrutural ou funcional.

Na modalidade funcional, os neurônios são capazes de se reorganizar para assumir funções que não seriam, a princípio, suas. Isso ocorre, por exemplo, no processo de aprendizagem, em que há uma modulação na rede neural para acomodar as novas informações adquiridas (plasticidade dependente de atividade).

O processo de aprendizagem pode ocorrer em diversos ambientes, incluindo o local de trabalho. Nesse contexto, aplicamos na prática todos os conhecimentos adquiridos ao longo de nossa formação, que varia desde o ensino fundamental e médio até o ensino técnico e superior, incluindo mestrado, doutorado, pós-doutorado, entre outros.

No entanto essa conexão entre conhecimento e trabalho não é rígida. Durante o desenvolvimento das atividades profissionais, é possível aprender coisas que não foram ensinadas ou que não foram completamente assimiladas durante a formação inicial na escola ou na universidade.

Assim, a construção de uma carreira poderia ser comparada à construção de um prédio. O conhecimento formal representa a base e a estrutura; os tijolos e as paredes levantadas, a condução das nossas aptidões dentro do ambiente de trabalho.

A neuroplasticidade desempenha um papel ativo nesse contexto, pois, ao fazermos escolhas sobre as atividades que vamos realizar, estamos moldando ativamente nossas sinapses e nossa maneira de pensar sobre processos, atividades ou até mesmo relações de trabalho.

A partir dessas afirmações, podemos concluir sobre a importância da seleção do ambiente de trabalho e das condições que dele decorrem. Dado que passamos a maior parte de nossas vidas envolvidos em atividades laborais, é crucial entender que nossas conexões neurais são amplamente influenciadas pelas tarefas que optamos por realizar nesse ambiente.

Como costumo dizer que o trabalho deve sempre estar alinhado com a zona de genialidade de cada indivíduo, adicionando valor de modo a proporcionar satisfação àqueles que o desempenham, sob o risco de se viver em constante frustração. Ao estabelecermos um paralelo com o entendimento da neuroplasticidade e seu impacto na formação de sinapses, a negligência dessa percepção por parte do indivíduo pode ser desastrosa, assemelhando-se à condução de um veículo com os olhos vendados.

Reiteramos que o processo de aprendizagem é uma constante em nossas vidas. Devemos segurar o leme para tomar decisões acertadas sobre como direcionamos nossa carreira, tanto dentro quanto fora do ambiente de trabalho. A aplicação da versatilidade como um princípio no ambiente profissional nos capacita a lidar melhor com nossas habilidades diante de desafios desconhecidos, promovendo a formação de novas conexões neurais e, por conseguinte, tornando-nos indivíduos mais adaptáveis e satisfeitos com a realidade que construímos para nós mesmos.

Encerramos, assim, a parte III desta obra com a demonstração dos temas mais importantes ligados à aplicação da neurociência na vida contemporânea, destacando as principais inovações que caracterizam nossa era e, consequentemente, têm o potencial de definir os rumos da humanidade nos próximos anos.

"CONEXÕES PODEROSAS SÃO A BASE DE RELACIONAMENTOS ENRIQUECEDORES."

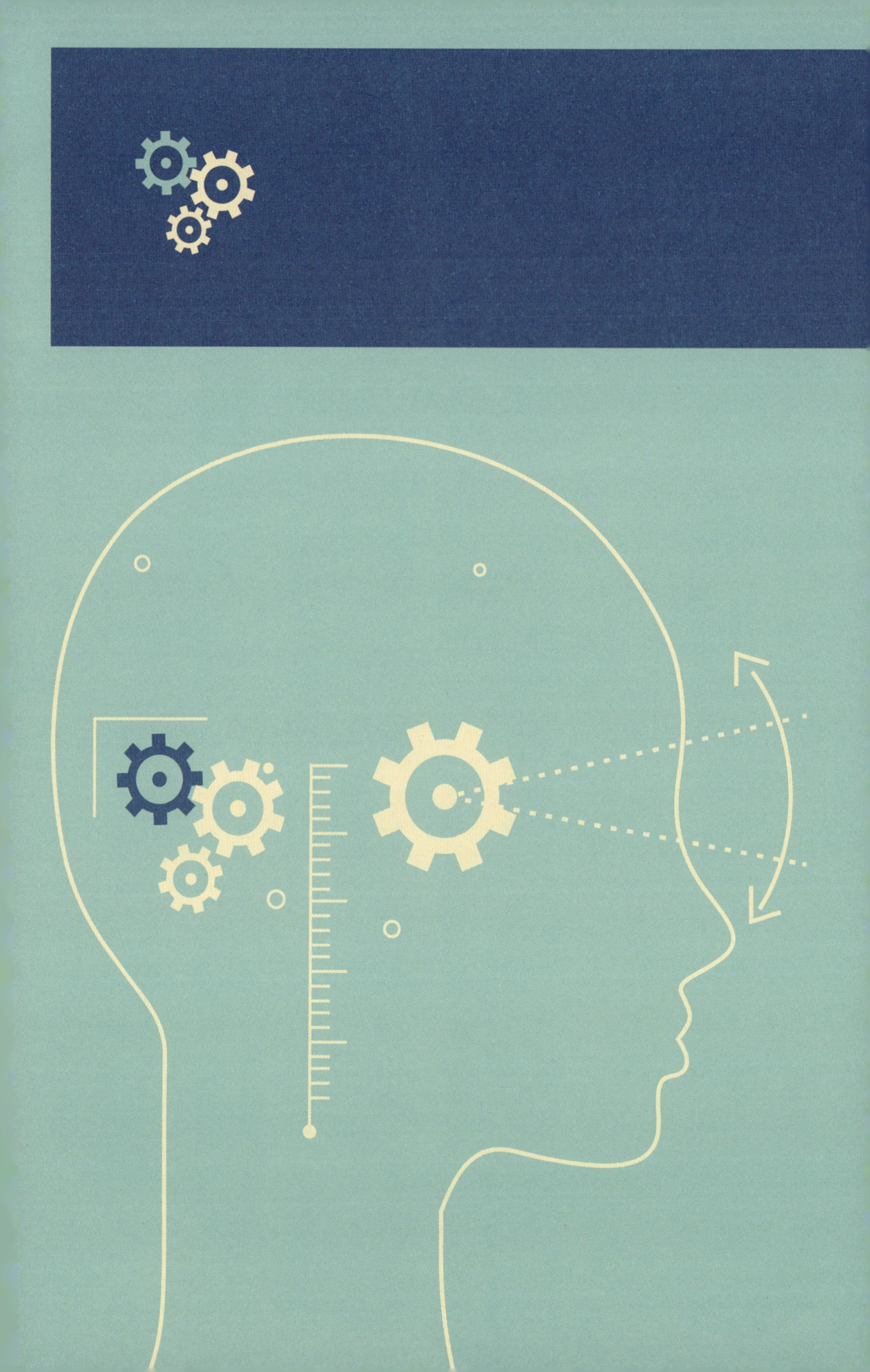

PARTE IV
CONSTRUINDO CONEXÕES PODEROSAS

Conexões poderosas são a base de relacionamentos enriquecedores, isto é, aqueles vínculos especiais que estabelecemos com pessoas cuja presença é crucial em nossa jornada, tanto no âmbito pessoal quanto no profissional. Essas conexões vão muito além de relações cordiais: abrangem confiança, empatia, apoio mútuo e respeito. Investir na construção e na manutenção desses vínculos propicia uma série de vantagens em todas as áreas de nossa vida.

Contexto profissional: no contexto profissional, essas conexões abrem portas para oportunidades, como empregos, promoções e parcerias de negócios, aumentando substancialmente as chances de sermos indicados para cargos ou projetos que seriam de difícil acesso de outra forma. Elas também têm impacto em nosso crescimento pessoal. Por meio delas, encontramos mentores experientes e colegas que podem nos oferecer orientação valiosa.

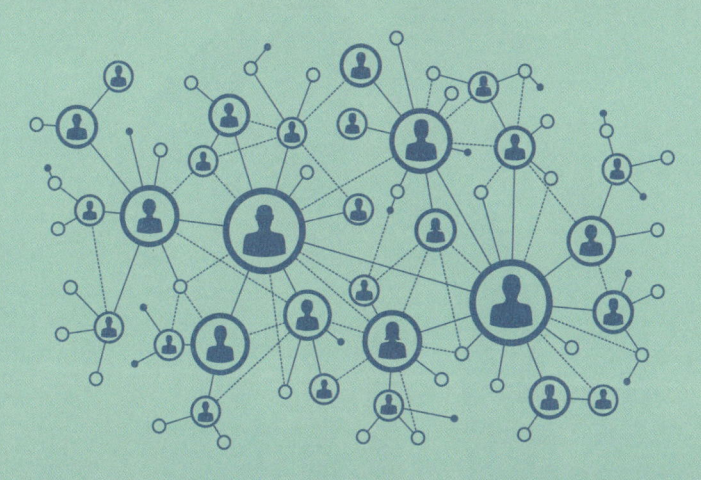

Em momentos desafiadores ou de crise, por exemplo, essa rede de contatos se transforma em apoio emocional e prático, auxiliando-nos a superar obstáculos com resiliência e a segurança de que contamos com um grupo confiável ao nosso lado. O sentimento de pertencer a uma comunidade, que é parte integrante das conexões de qualidade, cria uma sinergia em torno de objetivos comuns, reduzindo as chances de cometer erros e maximizando os benefícios para todos os envolvidos.

No mundo dos negócios, ter uma boa rede de contatos é como abrir portas para informações valiosas, recursos e conhecimentos que nos ajudam a tomar decisões acertadas e bem-sucedidas. Essas conexões podem atrair novos clientes, investidores e parceiros, além de nos ajudar a encontrar oportunidades para expandir nossos negócios e alcançar resultados mais positivos.

Contexto pessoal: no âmbito pessoal, essas conexões nos incentivam a sermos autênticos, empáticos e aprimorar nossas habilidades de comunicação. Além disso, elas nos tornam mais visíveis e confiáveis em nossa área de atuação, trazendo benefícios significativos tanto para nossa carreira quanto para nossos negócios.

Elas também podem levar a colaborações estratégicas, permitindo-nos realizar projetos mais desafiadores do que conseguiríamos sozinhos. Assim, podemos causar um impacto positivo mais amplo em nossa comunidade ou na sociedade, por meio de atividades voluntárias ou filantrópicas.

Consequências das desconexões: embora 79% dos profissionais reconheçam a importância dessas conexões para o crescimento na carreira, apenas 48% deles, de acordo com dados do LinkedIn, mantêm contato consistente com sua rede. Diante de todas as considerações aqui apresentadas, fica evidente que as consequências tendem a ser desfavoráveis para aqueles que carecem dessas conexões. Isso pode incluir atrasar o desenvolvimento profissional ao:

- Dificultar a busca de emprego, limitar a competitividade e prejudicar o crescimento na carreira.
- Resultar em menos oportunidades de aprendizado e desenvolvimento de novas habilidades.
- Levar ao isolamento social e à falta de apoio emocional.
- Dificultar a recuperação em tempos de crise.
- Limitar o acesso a informações importantes sobre oportunidades de mercado, tendências e desenvolvimentos relevantes.
- Levar a um sentimento de isolamento, de inferioridade e de falta de apoio no ambiente de trabalho.
- Limitar a expansão dos negócios e a obtenção de financiamento, impondo restrições às estratégias de crescimento.
- Reduzir as chances de causar um impacto significativo em sua área de atuação ou na comunidade.

Quantidade com qualidade – o melhor dos dois mundos: estabelecer conexões importantes não significa, entretanto, só quantidade, mas sim desenvolver relacionamentos autênticos e significativos que possam oferecer suporte, oportunidades e *insights*.

Ter um pequeno número de conexões influentes de alta qualidade é muito mais vantajoso do que possuir um grande número de conexões sem qualidade e sem relevância. Mas, sem dúvida, o melhor é ter um bom número de conexões poderosas que sejam altamente qualitativas.

"É um pouco como a sua mão esquerda e a sua mão direita", explica Ivan Misner, fundador e diretor do BNI, maior organização de *networking*[85] empresarial do mundo, ao falar sobre quantidade e qualidade:

> Ambas são realmente importantes. Mas uma é geralmente mais forte, mais poderosa e mais usada do que a outra. Você não pode realizar o que deseja tão facilmente sem ambas as mãos. No entanto, uma é a mais forte. Realmente não importa se eu tenho um banco de dados incrível de pessoas, com muitos números de telefone. O que realmente importa é se eu puder pegar o telefone e pedir um favor a algumas delas, e elas atenderem minha ligação, então estarão dispostas a fazer um favor.

Acompanhe alguns exemplos das vantagens de uma boa conexão:

A. Rede profissional: imagine um profissional que possui uma rede de contatos com quinhentas pessoas em uma plataforma de mídia social, no entanto a maioria dessas conexões é superficial

---

[85] Do inglês *net* (rede) e *working* (trabalho), refere-se à construção de conexões profissionais. Abordaremos o conceito de *networking* profundamente mais adiante.

– perfis aleatórios adicionados por educação, por exemplo – e não traz nenhum benefício real para sua carreira.

Agora, pense em outro profissional que tem apenas cinquenta conexões, mas todas elas são colegas da mesma área de atuação, mentores ou líderes de opinião no mercado. Apesar de mais limitadas, elas possuem um valor maior, uma vez que podem fornecer informações, referências e oportunidades genuínas para o crescimento profissional.

Um exemplo de conexão relevante é Ben Cohen e Jerry Greenfield, fundadores da famosa empresa de sorvetes Ben & Jerry's. Eles se conheceram na escola e decidiram abrir sua própria sorveteria em 1978, em Vermont, Estados Unidos. O negócio cresceu e atualmente está presente em 38 países, com mais de 570 pontos de venda em cinco continentes.

B. Rede pessoal: como no caso anterior, estabelecer um pequeno círculo de amigos verdadeiros e próximos é, geralmente, muito mais significativo do que ter uma extensa lista de "amigos" nas redes sociais.

Os verdadeiros amigos estão presentes nos momentos bons e ruins, oferecendo apoio emocional e construindo uma rede de suporte vital. Por outro lado, os "amigos" virtuais raramente se mostram um suporte efetivo em situações críticas.

C. Rede no empreendedorismo: considere um empreendedor que mantém um pequeno grupo de investidores confiáveis e experientes, bem como sólidas parcerias de negócios. Ao mesmo tempo, ele estabelece um vasto círculo de contatos em sua indústria, incluindo clientes, fornecedores e colegas em eventos do setor.

Tal combinação permite que ele obtenha apoio financeiro e conselhos fundamentais de seus investidores e parceiros, enquanto utiliza sua extensa rede para promover seus negócios. Esse é o melhor dos mundos: uma rede ampla repleta com conexões de alta qualidade.

Abaixo, apresentaremos exemplos para ilustrar ainda mais esse conceito:

Rede profissional	O *profissional* "A" tem quinhentas conexões em mídia social, mas a maioria é superficial. O *profissional* "B" tem cinquenta conexões, todas são colegas de trabalho ou mentores. "B" tem uma rede mais valiosa e relevante para sua carreira do que "A".
Círculo de amigos	O *indivíduo* "A" tem mil "amigos" em redes sociais, mas apenas alguns são amigos verdadeiros. O *indivíduo* "B" tem apenas cinquenta amigos nas redes sociais, mas todos são relacionamentos genuínos e próximos. "B" tem uma rede mais valiosa em termos de apoio e conexões emocionais do que a rede de "A".

Empreendedorismo	O *empreendedor "A"* tem uma ampla rede de contatos, mas não possui conexões sólidas para orientação e financiamento. O *empreendedor "B"* tem um círculo menor, mas inclui investidores confiáveis e parceiros de negócios sólidos. "B" tem uma rede mais eficaz do que "A", em termos de uso do dinheiro para crescer nos negócios.
Networking profissional	O *profissional "A"* frequenta muitos eventos de *networking*, mas raramente cria relacionamentos profundos. O *profissional "B"* participa de um número menor de eventos, mas investe tempo em construir conexões significativas. "B" tem uma rede mais valiosa para oportunidades de carreira e negócios do que "A".
Vida acadêmica	O *estudante "A"* é membro de várias organizações estudantis, mas tem conexões superficiais. O *estudante "B"* participa de menos grupos, mas desenvolve relacionamentos sólidos com colegas de classe e professores. "B" tem uma rede mais eficaz do que "A" para orientação acadêmica e oportunidades futuras.

A conhecida expressão "menos é mais" enfatiza a ideia de que, muitas vezes, a simplicidade e a parcimônia são mais eficazes, significativas e poderosas do que o excesso ou a complexidade, e têm aplicação em diversas áreas da vida – como na arquitetura, no estilo de vida, na comunicação e até mesmo na filosofia. Porém essa máxima não se aplica quando se trata de construir uma rede de conexões poderosas. Nesse contexto, "mais, com mais qualidade, é ainda melhor".

D. Mais com mais qualidade: a diversidade de conexões tende a enriquecer a vida de maneiras distintas, proporcionando perspectivas variadas, oportunidades diversas e um suporte consideravelmente mais amplo.

Concentre-se em cultivar conexões genuínas e significativas, mas nunca pare de fazer um bom *networking*. Mantenha sempre um equilíbrio entre a profundidade e a amplitude em suas redes de contatos. Na profundidade, selecione seus contatos pela qualidade; na amplitude, expanda seus horizontes para aumentar a quantidade de conexões de qualidade. Essas abordagens permitirão que, com o tempo, você construa uma rede diversificada e poderosa que enriquecerá todos os aspectos de sua vida.

Conexões poderosas são altamente valorizadas: diversos especialistas têm se dedicado a explorar a importância das conexões significativas em variados campos, como psicologia, desenvolvimento pessoal, *networking*, liderança e negócios. Suas obras oferecem *insights* sobre como construir boas conexões em inúmeras áreas da vida, incluindo o mundo dos negócios, desenvolvimento pessoal e relacionamentos interpessoais, impactando-as positivamente. Com o objetivo de proporcionar uma rica fonte de leituras para sua contínua imersão no assunto, apresentamos alguns desses autores e suas obras mais influentes.

Começamos com Dale Carnegie e seu best-seller *Como fazer amigos e influenciar pessoas*, uma obra clássica da autoajuda que explora princípios e estratégias fundamentais para a construção de relacionamentos interpessoais poderosos. Esse livro é um dos expoentes máximos da literatura sobre como construir relacionamentos significativos, com o objetivo de influenciar positivamente e conquistar a confiança das pessoas.

"Interessando-nos pelos outros, conseguimos fazer mais amigos em dois meses do que em dois anos, a tentar que eles se interessem por nós."

✿✿✿

Nunca almoce sozinho, de Keith Ferrazzi e Tahl Raz, é um livro que destaca a importância das conexões interpessoais em nossa vida pessoal e carreira. Os autores compartilham histórias e *insights* inspiradores para mostrar que o *networking* eficaz e a construção de relacionamentos significativos são cruciais no mundo interconectado de hoje, motivando-nos a investir no poder das conexões humanas para alcançar o sucesso.

"A verdadeira rede não é construída com cartões de visita, mas com gestos genuínos de generosidade."

✿✿✿

O ponto da virada, de Malcolm Gladwell, é um livro fascinante que explora o conceito de como pequenas mudanças podem levar a grandes transformações na sociedade. Gladwell apresenta uma série de exemplos e histórias intrigantes que ilustram como ideias e tendências podem atingir um ponto de inflexão, desencadeando efeitos significativos.

"Coragem não é algo que tenhamos e que nos torna corajosos em tempos difíceis. Coragem é uma coisa que ganhamos quando nos confrontamos com tempos difíceis e descobrimos que, afinal, não são assim tão difíceis."

※※※

Dar e receber, escrito por Adam Grant, é uma obra cativante que oferece uma perspectiva única sobre sucesso, realização pessoal e relacionamentos. Nesse livro, Grant desafia as ideias convencionais sobre como alcançar o sucesso e argumenta que a generosidade e a disposição para ajudar os outros podem ser os verdadeiros motores para uma vida plena e bem-sucedida. Ele apresenta uma série de estudos de caso, exemplos concretos e pesquisas convincentes que sustentam sua argumentação.

"Concentrar a atenção e a energia em fazer a diferença na vida dos outros, e o sucesso pode seguir como um subproduto."

※※※

O poder dos quietos, escrito por Susan Cain, é uma obra fascinante que explora o mundo dos introvertidos em uma sociedade que, muitas vezes, valoriza a extroversão. Cain apresenta uma análise profunda das características e vantagens dos indivíduos introvertidos, destacando como eles contribuem de maneira única para a criatividade, a inovação e o sucesso.

"Seu grau de extroversão parece influenciar quantos amigos você tem, mas não o quanto você é um bom amigo."

※※※

O talento de ser feliz, escrito pela palestrante e escritora na área do desenvolvimento pessoal e profissional Leila Navarro, é uma obra que mergulha no universo da felicidade e do bem-estar pessoal, oferecendo insights inspiradores e práticos para aqueles que desejam cultivar uma vida mais feliz e satisfatória.

"*Se as coisas não acontecem como você quer, é porque vão acontecer melhor do que você pensou.*"

✺✺✺

Qual é a tua obra? Inquietações propositivas sobre gestão, liderança e ética, do renomado filósofo, escritor e palestrante Mario Sergio Cortella, é uma obra que transcende os limites tradicionais sobre esses temas, propondo uma reflexão profunda e transformadora sobre o significado e o propósito de nossas ações no mundo.

"*A verdadeira liderança começa com a construção de pontes, não de barreiras.*"

✺✺✺

Augusto Cury, psiquiatra, escritor e palestrante brasileiro, em *O código da inteligência*, explora como construir relacionamentos interpessoais saudáveis e inteligentes, além de abordar questões de desenvolvimento pessoal e emocional.

"*A inteligência emocional é a base para relacionamentos sólidos e para a construção de uma vida mais rica.*"

✺✺✺

Ideais e valores genuínos potencializam as conexões: manter um relacionamento com pessoas que possuem diferentes experiências e perspectivas ajuda a expandir nossos horizontes e nos leva a aprender coisas novas. Quando pessoas com interesses convergentes e habilidades complementares se conectam de forma estratégica e coesa, têm a capacidade de formar equipes altamente eficazes, prontas para colaborar em projetos específicos e alcançar objetivos mais ambiciosos.

Relações significativas e de apoio mútuo estão intimamente ligadas também ao bem-estar emocional. Ter pessoas em quem confiar, compartilhar alegrias e desafios, sentir-se amado e apoiado, ajuda a reduzir o estresse e a ansiedade, além de proporcionar maior senso de pertencimento; o que pode promover o equilíbrio e a plenitude de todos os envolvidos.

Conexões com pessoas de diferentes origens nos permitem aprender sobre outras culturas, crenças e tradições, promovendo a tolerância e o respeito pela diversidade, além de ampliar nossa própria visão sobre a heterogeneidade do mundo e a necessidade da busca constante por harmonia e equilíbrio.

Na indústria de tecnologia, empresas como a Google são conhecidas por promover ambientes de trabalho inclusivos e diversificados. Isso permite que os funcionários construam conexões sólidas com colegas de diferentes origens culturais e profissionais, criando um ambiente propício à criatividade e à inovação.

Comunidades fortes e coesas têm como base vínculos valorosos. Quando indivíduos se conectam, eles são mais propensos a trabalhar juntos em prol de objetivos comuns. O resultado desse encontro pode transcender gerações, criando um impacto duradouro na vida de muitas pessoas e até mesmo na sociedade como um todo.

Essas são, portanto, algumas das principais razões pelas quais as conexões poderosas são altamente valorizadas, em especial quando organizadas e enraizadas em torno de ideais e valores genuínos, condição em que são ainda mais significativas e desejadas.

Por valor genuíno podemos entender, por exemplo, um grupo em que os membros compartilham um profundo respeito pela sustentabilidade ambiental e estão comprometidos em promover práticas de negócios ecologicamente responsáveis. Eles se reúnem não apenas para obter vantagens pessoais, mas também para trabalhar juntos em projetos e iniciativas que tenham um impacto positivo no meio ambiente.

Sim, as conexões sólidas tornam-se ainda mais significativas e valiosas quando são fundamentadas em ideais e valores autênticos, benevolentes e colaborativos. Veja a seguir algumas razões pelas quais isso é de extrema importância:

CONSTRUINDO CONEXÕES BASEADAS EM PRINCÍPIOS GENUÍNOS

Valores	Benefícios
Autenticidade	Permite que sejamos autênticos e fiéis a nós mesmos em nossas interações. Isso cria relacionamentos autênticos e de confiança.
Objetivos alinhados	Facilita que trabalhemos juntos na realização desses objetivos de forma mais eficaz.
Respeito mútuo	Possibilita que tratemos os outros com consideração, valorizando suas opiniões, sentimentos e dignidade.
Resiliência	Torna as conexões mais propensas a superar desafios e obstáculos que possam surgir.
Impacto positivo	Viabiliza que impactemos de forma positiva no mundo, gerando mudanças significativas.
Compartilhamento de recursos	Permite que fiquemos mais abertos a apoiar uns aos outros, compartilhando, por exemplo, recursos financeiros, conhecimento ou conexões pessoais.
Foco no longo prazo	Assegura que contemos com essas conexões por mais tempo, já que esses valores não mudam facilmente.

Podemos ilustrar esses conceitos com exemplos concretos de pessoas e organizações que estabeleceram conexões poderosas fundamentadas em ideais de alta qualidade. Vamos examinar alguns casos notáveis a seguir.

Elon Musk, o fundador da SpaceX, é um exemplo de alguém que construiu uma rede influente de colaboradores, engenheiros e parceiros. Eles compartilham a convicção profunda de que a humanidade pode tornar-se uma espécie multiplanetária. O objetivo subjacente é garantir o futuro da humanidade, tornando a exploração espacial mais acessível e sustentável.

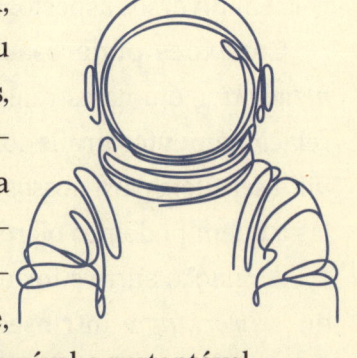

A Fundação Bill e Melinda Gates, enraizada em valores colaborativos, estabeleceu parcerias poderosas com governos, organizações sem fins lucrativos e líderes mundiais para abordar questões globais, como saúde, educação e erradicação da pobreza. O propósito é criar um mundo mais justo e equitativo.

Mahatma Gandhi, conhecido por suas conexões profundamente enraizadas em valores de justiça e liberdade, construiu uma rede poderosa de seguidores e apoiadores. Eles compartilhavam sua visão de não violência, autodeterminação e igualdade.

Conexões poderosas foram fundamentais para o sucesso duradouro da Apple. Steve Jobs construiu uma empresa e uma comunidade de clientes apaixonados, enraizadas em valores de inovação, design elegante e simplicidade.

Malala Yousafzai, uma ativista paquistanesa pelos direitos das meninas à educação, construiu uma rede global de apoiadores que compartilham sua paixão por garantir que todas as meninas tenham acesso à educação. Essas conexões são baseadas em ideais benevolentes de igualdade de gênero e direitos humanos.

Em todos esses casos, as conexões desempenharam um papel vital na conquista de metas significativas e na criação de um impacto benéfico e duradouro no mundo. A combinação desses vínculos fortes e valores autênticos têm gerado resultados notáveis em diversos aspectos da vida e da sociedade.

Conexões poderosas e *networking*. Como vimos até aqui, *networking* é uma estratégia intencional de estabelecer e cultivar relacionamentos profissionais ou sociais com pessoas que possam vir a ser úteis para nossos objetivos e metas, bem como com aquelas a quem podemos oferecer apoio de alguma forma.

A relação entre a formação de conexões poderosas e a prática do *networking* é intrínseca. Para uma compreensão mais aprofundada dessa interligação, vamos examinar detalhadamente esses dois conceitos:

	CONEXÕES PODEROSAS	*NETWORKING*
Definição	Relações sólidas e autênticas, baseadas na confiança e no apoio mútuo.	Ação de estabelecer e manter contatos profissionais com o objetivo de criar oportunidades.
Foco	Ênfase na qualidade e na profundidade dos relacionamentos.	Ênfase na quantidade de contatos e na expansão das oportunidades.
Natureza dos relacionamentos	Relações duradouras e significativas.	Pode incluir conexões superficiais e transacionais.

Objetivo principal	Apoio mútuo, desenvolvimento pessoal e profissional, construção de parcerias sólidas.	Acesso a oportunidades de emprego, negócios ou informações.
Abordagem ética	Integridade é fundamental; enfatiza a reciprocidade em longo prazo.	Varia de acordo com os indivíduos; pode ser mais transacional.
Resultados	Relacionamentos duradouros e significativos, benefícios em longo prazo.	Oportunidades imediatas, ampliação de rede, crescimento profissional.
Tempo	Construção gradual e contínua de relacionamentos.	Atividade contínua e em constante evolução.
Compartilhamento de recursos	Enfatiza a ajuda mútua e o compartilhamento de conhecimento e de recursos.	Pode envolver compartilhamento, mas nem sempre é o foco.
Benefícios pessoais	Desenvolvimento pessoal, apoio emocional, crescimento profissional.	Oportunidades de carreira, acesso a informações e crescimento nos negócios.
Exemplos	Construir amizades sólidas, fornecer mentoria profunda, estabelecer parcerias de longo prazo.	Participar de eventos de *networking*, trocar cartões de visita, buscar oportunidades imediatas.

Como visto, enquanto as conexões poderosas enfatizam relacionamentos profundos e autênticos, o *networking* geralmente se concentra em construir uma ampla rede de contatos para criar oportunidades imediatas. Ambos têm seu valor intrínseco, dependendo dos objetivos e das circunstâncias individuais. No entanto a construção de conexões poderosas frequentemente leva a relacionamentos mais profundos e benefícios de longo prazo.

Como um dos conselhos de Dale Carnegie sugere, devemos dedicar tempo para nos relacionarmos de forma próxima com nossos amigos, colegas e clientes. É essencial interagir com eles e descobrir como podemos ajudá-los a resolver seus problemas ou alcançar seus objetivos. Carnegie afirma: "Somos todos movidos pela dor e pelo prazer. Quando você é sincero na intenção de formar laços, aumenta suas chances de criar uma conexão significativa, e daí pode nascer uma colaboração progressiva e benéfica para todos."

12. *Networking*: estabelecendo e nutrindo relações profissionais

Na maioria das vezes, os empregos mais atrativos não são divulgados publicamente, mas preenchidos por meio de referências e recomendações de pessoas com quem mantemos contato. Portanto, um *networking* sólido, que pode levar à formação de conexões poderosas, abre portas para empregos que frequentemente desconhecemos.

Segundo um relatório do Departamento de Estatística do Trabalho dos Estados Unidos e da Universidade de Yale, 70% de todos os empregos são obtidos por meio de contatos e *networking*. Uma pesquisa da Career X Roads revelou que apenas 15% das posições foram preenchidas por plataformas de emprego. Essa pesquisa demonstrou que a grande maioria dos empregos nunca é divulgada publicamente.

Outro estudo realizado por pesquisadores da Universidade Queen Mary (Londres), com 41 mil *startups*, analisou empresas em seus estágios iniciais e identificou uma relação notável: aquelas que estabelecem sólidas conexões profissionais na fase inicial, isto é, no momento em que investidores avaliam seu potencial de crescimento, tendem a desfrutar de um sucesso econômico mais duradouro.

Parcerias estratégicas têm um imenso potencial para abrir portas, conectando-nos a pessoas que podem colaborar em projetos conjuntos e oferecer oportunidades de crescimento para novos negócios. O *networking* é também uma forma altamente eficaz de encontrar esses parceiros, apoiadores e colaboradores.

12.1. Diz-me com quem andas

Quando somos conhecidos e respeitados por nossos pares, as chances de sermos considerados para oportunidades relevantes aumentam, assim como nossa presença em eventos pessoais.

Nesse contexto, podemos fazer referência ao conhecido ditado popular "diz-me com quem andas e direi quem tu és" para enfatizar a importância de escolhermos cuidadosamente nossos contatos e a vital necessidade de construir conexões poderosas e significativas.

Embora a origem exata desse ditado popular não seja clara, é notável sua presença em diversas culturas ao redor do mundo, com versões semelhantes. Sua essência está relacionada à ideia de que somos influenciados pelas pessoas com quem passamos mais tempo. Nós, seres humanos, tendemos a "modelar" aqueles que admiramos. O livro *O poder da modelagem*, que escrevi em parceria com José Roberto Marquez e Edgar Ueda, explora de maneira mais profunda esse conceito.

A título de ilustração, vale mencionar a frase frequentemente atribuída ao empreendedor e autor norte-americano Jim Rohn: "Você é a média das pessoas com quem mais convive." Essa afirmação nos lembra de que nossas escolhas de companhia exercem um impacto significativo em nossas vidas. Portanto é fundamental sermos seletivos em nossos relacionamentos e conscientes da influência que exercemos sobre os outros e vice-versa, compreendendo que nosso círculo social e o ambiente que frequentamos fazem toda a diferença.

12.2. O *networking* e o *lifelong learning*

Uma vantagem notável de desenvolver um *networking* de qualidade é a oportunidade de manter um processo contínuo de aprendizado. Com a orientação adequada, podemos investir de maneira mais assertiva em um processo de *lifelong learning* (em tradução livre, "aprendizado contínuo"), fundamental para nosso desenvolvimento profissional e pessoal contínuo.

O *lifelong learning* é um princípio que destaca a importância de adquirir conhecimento e habilidades de forma constante, independentemente da idade ou do estágio da carreira. Em um mundo em constante transformação, caracterizado por avanços tecnológicos e sociais acelerados, essa prática é fundamental.

APRENDIZAGEM AO LONGO DA VIDA

Nos Estados Unidos, a cultura do aprendizado contínuo já está profundamente enraizada na mentalidade das pessoas. De acordo com uma pesquisa realizada pelo Pew Research Center, 73% dos entrevistados se consideram adeptos do *lifelong learning*, ou seja, são verdadeiros entusiastas do aprendizado ao longo da vida.

A seguir, descrevemos alguns aspectos especialmente relevantes relacionados à aprendizagem contínua. Ser um *lifelong learner* é fundamental para:

- Adaptar-se às mudanças, permanecer relevante em seu campo e estar preparado para novos desafios.
- Desenvolver-se profissionalmente, melhorando as habilidades existentes, a aquisição de novas competências e a busca de qualificações que possam aprimorar as perspectivas de carreira.
- Ter senso de empoderamento e controle sobre seu próprio desenvolvimento e crescimento, o que, por sua vez, aumenta a autoestima e a confiança.
- Descobrir soluções criativas para os desafios enfrentados, tanto pessoais quanto profissionais.
- Aprimorar a capacidade de resolver problemas de forma eficaz, um atributo valioso em todas as esferas da existência.

É notável que o *lifelong learning* atinja seu potencial máximo quando combinado com um *networking* intenso e bem direcionado.

Em síntese, a busca por conhecimento transcendeu as paredes das salas de aula e as páginas dos livros. Hoje em dia, a internet oferece uma ampla gama de oportunidades para quem deseja aprofundar seus conhecimentos ou explorar novos horizontes em áreas específicas. Cursos online, palestras, *podcasts* e vídeos democratizam o acesso ao saber, permitindo que pessoas comuns tenham contato com especialistas de diversos campos.

12.3. Relações profissionais

Relações profissionais são diferentes das relações comerciais comuns. Elas são especiais porque envolvem um alto grau de influência, colaboração e abertura à vulnerabilidade. Quando construímos relações profissionais, estamos dispostos a ouvir diferentes pontos de vista, aprender com os outros e até mesmo mudar nossas próprias opiniões. Estabelecer, nutrir e capacitar essas relações envolve investimentos estratégicos nas áreas destacadas a seguir.

A. **Adaptar-se ao que for necessário**: esteja disposto a se ajustar a diferentes situações e formas de pensar e agir, pois a flexibilidade contribui para relações mais harmoniosas e amplia a perspectiva sobre diversos cenários.

B. **Agir com honestidade**: seja sincero e transparente em todas as suas interações, pois a honestidade estabelece a confiança e evita mal-entendidos. As relações sólidas se fundamentam na integridade e na retidão.

C. **Buscar sempre a compreensão mútua**: entender as necessidades, os desafios e os objetivos das pessoas com quem você interage, como colegas, parceiros, clientes e colaboradores, facilita a colaboração eficaz, permitindo adaptar a comunicação e encontrar soluções benéficas para todos.

D. **Considerar a colaboração com todos**: parcerias bem-sucedidas tendem a resultar em relacionamentos profissionais duradouros, sendo fundamental estar disposto e motivado a colaborar e trabalhar em equipe para alcançar objetivos compartilhados com maior eficácia.

E. **Construir relações de confiança**: a confiança é o alicerce de qualquer relacionamento profissional sólido. Para construí-la, seja honesto, mantenha suas promessas e seja consistente em suas ações.

F. **Cultivar relações já existentes**: além de buscar novas conexões, dedique atenção e carinho às pessoas com quem já trabalha e aos clientes que fazem parte de sua empresa. Mantenha contato regularmente, ofereça ajuda e demonstre apreço.

G. **Honrar compromissos**: a confiabilidade é uma qualidade altamente apreciada nos relacionamentos, tanto pessoais quanto profissionais. Cumprir o que se promete gera confiança. Se você não puder cumprir, não prometa. Seja sincero e realista, tanto para os outros quanto para si mesmo. Honestidade, responsabilidade e integridade são elementos essenciais em todas as interações humanas.

H. **Praticar *networking* de qualidade**: esteja disposto a expandir sua rede de contatos de maneira ativa. Buscar conhecer pessoas e estabelecer conexões é uma parte importante para construir relacionamentos profissionais de peso.

I. **Gerenciar conflitos de maneira construtiva**: em qualquer contexto no qual duas ou mais pessoas interagem, é natural que surjam conflitos, e isso também se aplica aos relacionamentos profissionais. Cada conflito é único e requer abordagens diferenciadas. A chave para evitar que eles prejudiquem a atmosfera positiva da equipe está em aprender a gerenciá-los de maneira construtiva. Isso envolve manter a calma, direcionar o foco para soluções e preservar um ambiente pautado pelo respeito e pela compreensão.

J. **Habituar-se ao aprendizado contínuo:** quanto mais você se desenvolve, mais valioso se torna em suas relações profissionais. Invista em um aprendizado contínuo, tanto no que diz respeito às habilidades técnicas quanto às habilidades interpessoais.

K. **Estar aberto para aprender:** absorva conhecimento, perspectivas e oportunidades valiosas de cada pessoa que cruzar o seu caminho.

L. **Praticar empatia:** desenvolver a empatia fortalece conexões interpessoais e reduz mal-entendidos. Ao compreender as perspectivas e os sentimentos dos outros, promovemos relações autênticas e sólidas.

M. **Praticar o reconhecimento e a gratidão:** pesquisas indicam que dedicar quinze minutos por dia, cinco vezes por semana, à prática da gratidão, ao longo de um período mínimo de seis semanas, pode aprimorar o bem-estar mental e, potencialmente, desencadear uma transformação de perspectiva duradoura. Além disso, os benefícios chegam também à saúde física, contribuem para o seu sucesso, criam um ambiente positivo e incentivam a colaboração contínua. Um ditado popular diz: "Sempre obtenho mais daquilo pelo qual sou grato." Ser consciente das bênçãos recebidas e expressar apreço pelo que temos nos ajuda a enriquecer de várias maneiras.

N. **Praticar uma comunicação eficaz:** ouça com atenção, formule perguntas claras e demonstre interesse genuíno pelo que os outros compartilham. Esteja receptivo ao *feedback* e promova uma comunicação bidirecional, em que todos tenham a oportunidade de falar. A comunicação eficaz desempenha um papel fundamental em fortalecer relacionamentos, tornando-os mais agradáveis e produtivos, ao mesmo tempo em que evidencia seu respeito pelas opiniões e perspectivas dos outros.

O. **Ser respeitoso**: trate todas as pessoas com respeito, independentemente de seu cargo, posição social ou opiniões pessoais. O respeito é fundamental para construir relações saudáveis e duradouras. Assim, o ditado "trate os outros como você gostaria de ser tratado" ganha uma releitura: cada pessoa é única, com suas próprias experiências e necessidades. Devemos considerar como cada um quer ser tratado, sem impor o que é importante para nós.

P. **Ser proativo**: tome iniciativas que fortaleçam seus relacionamentos. Ofereça ajuda quando necessário e esteja disponível para apoiar os outros em suas metas, projetos e desafios.

Essas atitudes promovem um ambiente propício para o crescimento e o sucesso tanto individual quanto coletivo. Além disso, contribuem também para um clima positivo em todas as esferas da vida.

12.4. As melhores práticas de *networking*

Para estabelecer um *networking* eficaz, é necessário adotar práticas e pré-requisitos que auxiliem na construção de uma rede de contatos consistente, com pessoas de alta qualidade. A seguir, destacamos elementos-chave para você desenvolver relacionamentos sólidos e benéficos para sua carreira e seu crescimento pessoal:

A. **Defina objetivos:** antes de iniciar qualquer esforço de *networking*, é crucial estabelecer metas específicas, como encontrar um mentor, explorar oportunidades de carreira ou adquirir conhecimento em sua área. Pergunte a si mesmo o que você deseja alcançar por meio dessas conexões.

B. **Identifique seu nicho:** concentre-se em encontrar pessoas e grupos alinhados com seus interesses e setor de atuação, facilitando a construção de conexões significativas.

C. **Inicie conversas:** não espere que os outros o procurem para conversar. Seja proativo ao se aproximar amigavelmente de outras pessoas e fale, preferencialmente, sobre tópicos que pareçam interessantes para elas. Observe a pessoa, aproxime-se e cumprimente com um aperto de mão, o que é uma ótima maneira de começar uma conversa positiva.

D. **Mantenha contato:** após o evento em que conheceu pessoas, mantenha contato com elas. Envie um e-mail, convide para se conectar em redes profissionais ou sugira um café. Manter o relacionamento é tão importante quanto iniciá-lo. Aprenda a fazer o acompanhamento. Não espere que as pessoas venham até você; vá até elas. Esteja presente, demonstrando interesse contínuo em seus progressos e realizações.

E. **Ofereça ajuda:** esteja atento aos interesses dos outros e ofereça assistência generosa, mesmo que a pessoa não peça; compartilhe conhecimento, experiência e recursos, independentemente de esperar algo em troca.

F. **Ouça atentamente:** a capacidade de ouvir desempenha um papel essencial no *networking*. Pratique a escuta ativa, fazendo perguntas e demonstrando interesse genuíno em suas histórias e a visão de mundo, buscando entender verdadeiramente suas necessidades e interesses. Essa é uma maneira poderosa de criar conexões, pois também pode abrir oportunidades de colaboração e aprendizado recíproco.

G. **Participe de eventos relevantes:** compareça a eventos, conferências e grupos ligados à sua área de atuação para expandir suas chances de conhecer pessoas relevantes, entre eles: feiras, *workshops*, discussões profissionais e seminários. Atue em grupos de *networking* relacionados ao seu setor de negócios. Isso o coloca em contato direto com profissionais relevantes que podem contribuir para seu desenvolvimento profissional e o crescimento de sua empresa. Esses eventos oferecem excelentes oportunidades para conhecer indivíduos com interesses em comum e estabelecer conexões valiosas.

H. **Respeite o tempo dos outros:** todos têm agendas ocupadas. Ao marcar reuniões ou interações, seja pontual, eficiente e objetivo, valorizando o tempo alheio.

I. **Seja autêntico:** seja você mesmo, demonstrando interesse real pelas pessoas, evitando a tentativa de impressionar ou promover a si mesmo.

J. **Compartilhe conhecimento:** contribua, generosamente, com seu conhecimento e sua experiência para fortalecer conexões e ser reconhecido como autoridade em sua área. Atue em comunidades online, participe de fóruns e redes sociais relacionados ao seu campo, mantendo seu perfil atualizado e compartilhando conteúdo relevante.

K. **Seja persistente e paciente:** tenha consciência de que os resultados podem não ser imediatos. A paciência é crucial no mundo do *networking*, pois frequentemente envolve superar desafios em longo prazo.

L. **Tenha um *elevator pitch* em mãos:** *elevator pitch* é uma apresentação concisa, pensada para capturar rapidamente a atenção do interlocutor. Ele resume de forma envolvente quem você é ou o que seu projeto/ideia representa. Veja dicas de como fazer isso:

PRINCIPAIS CARACTERÍSTICAS DE UM BOM *ELEVATOR PITCH*	
Apresentação concisa	Inicie com uma breve apresentação de si mesmo, de sua ideia, projeto ou produto.
Problema e solução	Descreva o problema que seu projeto ou ideia resolve e como ele o faz de maneira única.
Benefícios	Destaque as principais vantagens e benefícios de sua proposta.
Público-alvo	Identifique para quem seu projeto ou ideia é direcionado.
Chamada para ação	Encerre com uma ação específica que você gostaria que seu interlocutor tomasse, como marcar uma reunião, conhecer mais sobre o projeto, ou qualquer outra ação relevante.
Entusiasmo	Transmita entusiasmo e paixão pelo que você está apresentando, pois isso é contagiante.
Clareza e simplicidade	Evite jargões técnicos ou detalhes excessivos. Mantenha o discurso claro e fácil de entender.
Prática	Pratique seu *elevator pitch* para que ele soe natural e confiante.

Aqui estão três exemplos de *elevator pitch* em diferentes contextos que demonstram a simplicidade e a praticidade dessa ferramenta para uso no dia a dia:

> **EXEMPLO 1: NOVO PRODUTO**
>
> "Olá, sou [seu nome]. Desenvolvemos um aplicativo de gerenciamento financeiro pessoal intuitivo, que ajuda a economizar tempo e dinheiro. Queremos ajudar as pessoas a alcançar seus objetivos financeiros. Vamos conversar?"

> **EXEMPLO 2: PERFIL PROFISSIONAL**
>
> "Olá, sou [seu nome]. Tenho mais de 10 anos de experiência em marketing digital, com especialização em análise de dados e estratégias de mercado. Estou aberto a novas oportunidades. Vamos discutir?"

> **EXEMPLO 3-I: PROJETO DE INOVAÇÃO**
>
> "Olá, sou [seu nome]. Estou trabalhando em um projeto de educação online para comunidades carentes. Queremos tornar a educação mais acessível. Como sua organização pode se envolver ou apoiar nossa missão?"

Como mencionado anteriormente, optamos por uma abordagem concisa para esses exemplos, a fim de demonstrar sua praticidade. No entanto é possível elevar ainda mais o nível de sofisticação dessas mensagens, sem comprometer a objetividade do nosso *elevator pitch*, que pode ser personalizado de acordo com cada situação.

A título de ilustração, apresentamos uma versão aprimorada do exemplo 3:

> **EXEMPLO 3-II: PARA UM PROJETO DE INOVAÇÃO**
>
> "Olá, meu nome é [seu nome] e sou um empreendedor social apaixonado por educação. Atualmente, estou dedicado a um projeto chamado [Nome do Projeto], com o propósito de aprimorar o acesso à educação de qualidade em comunidades carentes. Nossa iniciativa envolve o desenvolvimento de uma plataforma online que oferece aulas interativas e recursos educacionais gratuitos. Já estabelecemos colaborações com diversas escolas locais e organizações não governamentais para implementar com sucesso nossa visão. Ficaria muito interessado em dialogar sobre como sua organização poderia se engajar ou apoiar nossa missão de democratizar a educação, tornando-a acessível a todos."

No Exemplo 3-II, ficam mais evidentes todas as principais características de um bom *elevator pitch*, conforme apresentado anteriormente. Compare o exemplo 3-II com a tabela apresentada e você poderá perceber essa compatibilidade.

12.5. A arte de cultivar relacionamentos

Toda a arte e os ganhos de fazer *networking* podem se perder caso falhemos em um ponto simples: deixar de trocar informações de contato com as pessoas que acabamos de conhecer. Em qualquer situação, ao estabelecer uma conexão significativa, troque informações, como cartões de visita ou detalhes de contato nas redes sociais e em outros meios eletrônicos.

Vou reforçar a importância desse ato: em um primeiro contato ou encontro, troque cartões de visita, sejam eles impressos em papel ou eletrônicos. Anote uma forma de entrar em contato com a pessoa.

Trocar cartões de visita é uma prática antiga e fundamental em *networking*, pois ajuda a estabelecer uma base sólida para futuras interações. Embora a troca de cartões físicos, de papel, propriamente dita, esteja perdendo força para os cartões ou aplicativos eletrônicos, o conceito em si está cada vez mais forte no dia a dia e precisa ser levado em conta.

No entanto simplesmente trocar cartões não é suficiente. É fundamental fazer anotações que o auxiliem a recordar informações sobre a pessoa e estabelecer uma conversa significativa no futuro.

A seguir, listei algumas considerações e benefícios inerentes a essa prática.

A. *Trocar cartões de visita e fazer anotações relevantes possibilita* estabelecer uma conexão memorável e sólida, demonstrando seu interesse genuíno na pessoa, o que torna a interação memorável para ambos.

B. *Essa abordagem facilita* que você lembre detalhes importantes sobre ela e seus interesses, fundamental para um acompanhamento eficaz após o evento.

C. *A prática de fazer anotações específicas permite* personalizar seus contatos, tornando suas mensagens de acompanhamento mais pessoais e específicas, o que demonstra seu valor pela conexão e seu cuidado em lembrar detalhes relevantes.

D. *Trocar cartões de visita* é um gesto de profissionalismo que projeta uma imagem positiva e preparada. Fazer anotações adiciona um toque de cuidado e consideração pela pessoa com quem você está interagindo.
E. *Anotar informações sobre a pessoa incentiva* conversas mais significativas, criando um ponto de partida para discussões mais direcionadas na próxima vez que se encontrarem.
F. *Priorizar relacionamentos de qualidade* é mais eficaz do que simplesmente acumular contatos. Fazer anotações ajuda a focar relacionamentos significativos em vez de buscar quantidade.
G. *Registrar detalhes pessoais demonstra* que você valoriza a pessoa como indivíduo, anotando características importantes como interesses, hobbies ou histórias compartilhadas durante a conversa.
H. *Em eventos de networking* é fácil se sentir sobrecarregado com informações e contatos. Anotar detalhes ajuda a manter o foco nas conexões mais relevantes, o que leva a melhores resultados.

Aqui cabe um importante aviso: fazer *networking* é uma arte que precisa ser praticada com consciência, responsabilidade e método. De nada adianta você conseguir uma grande quantidade de cartões de novos contatos e não dedicar tempo para fazer as anotações pertinentes e importantes relativas a cada uma das pessoas.

12.6. *Meishi:* o modo japonês de trocar cartões de visita

Para destacar a relevância que o empreendedor japonês atribui ao início de novos contatos, é interessante explorar o modo como eles trocam cartões de visita, conhecido como *meishi*. Essa prática é formal e ritualística, desempenhando um papel vital nos negócios e na cultura japonesa.

No Japão, os cartões de visita transcendem sua natureza como simples pedaços de papel com informações de contato. Eles representam a identidade e a reputação das pessoas, sendo uma manifestação de respeito mútuo e outra oportunidade para iniciar relações comerciais. A etiqueta associada a essa troca inclui:

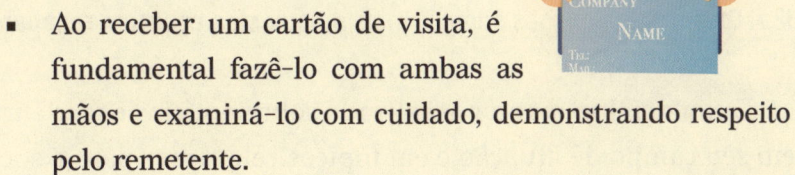

- Ao receber um cartão de visita, é fundamental fazê-lo com ambas as mãos e examiná-lo com cuidado, demonstrando respeito pelo remetente.
- Os cartões de visita devem ser apresentados com o lado impresso voltado para cima e na direção do destinatário.
- Após receber um cartão, é apropriado tratá-lo com delicadeza, evitando dobrar ou amassar, o que é considerado um gesto rude.

- A troca de cartões de visita normalmente é acompanhada por uma breve saudação ou cumprimento, podendo incluir uma pequena reverência como gesto de respeito.

- Costuma-se guardar os cartões em porta-cartões ou em uma carteira especialmente reservada para eles.
- Nas reuniões de negócios, é comum a troca de cartões de visita tanto no início quanto no final, o que contribui para manter o foco na pessoa com quem se está interagindo.
- Essa troca de cartões de visita não é uma ação única, mas ocorre em diversas etapas de um relacionamento comercial em desenvolvimento.

12.7. Ofereça às pessoas sempre mais do que elas esperam receber

É essencial se manter atualizado sobre notícias e tendências em seu campo de atuação e em tópicos relevantes para a sociedade. Isso proporciona assuntos para conversas e demonstra seu engajamento.

Além disso, a atenção e a prestatividade são fundamentais. Quando encontrar artigos, notícias, links ou informações relacionadas ao interesse do seu contato ou que possam ser úteis a ele, compartilhe essas informações. Essa prática, realizada com moderação, nutre relacionamentos pessoais e profissionais, indicando interesse genuíno e adicionando valor às suas conexões, mas evite exageros para não se tornar incômodo.

Algumas considerações importantes sobre essa prática:

A. Demonstre interesse autêntico ao compartilhar informações relacionadas aos interesses de seus contatos, fortalecendo laços de confiança.
B. Seja seletivo ao escolher as informações, certificando-se de que sejam pertinentes aos interesses ou necessidades do seu contato.
C. Ao enviar informações, adicione uma nota pessoal explicando por que achou relevante compartilhá-las, contextualizando a informação.
D. Esteja aberto ao *feedback* e ajuste sua abordagem com base nas reações de seus contatos.
E. Utilize os canais de comunicação preferidos por seus contatos.
F. Ofereça valor agregado, como análise das informações compartilhadas ou assistência em desafios relacionados à informação.
G. Mantenha-se atualizado sobre as tendências em sua área de interesse para ser uma fonte confiável de informações relevantes.
H. Mostre gratidão quando receber informações valiosas em troca.

Nasrudin[86] e o coletor de impostos

Certa vez, Nasrudin e seu amigo estavam à beira de um rio quando notaram um homem lutando contra a correnteza, segurando desesperadamente algumas pedras para evitar ser arrastado.

O amigo de Nasrudin, movido pela compaixão, agiu imediatamente. Com delicadeza, ele se inclinou, estendeu a mão e disse: "Por favor, dê-me a sua mão, permita-me ajudá-lo..."

Surpreendentemente, o homem na água não demonstrou cooperação, deixando o amigo perplexo, sem saber como prosseguir em seu ato de auxílio.

Nesse momento, Nasrudin se dirigiu ao homem na água: "Qual é a sua ocupação? O que faz para viver?"

O homem respondeu: "Eu sou um cobrador de impostos..."

Então Nasrudin se inclinou e ofereceu-lhe a mão, declarando: "Nesse caso, pegue a minha mão..."

Desta vez, o homem prontamente aceitou a ajuda e foi retirado da correnteza.

Assim que o homem se afastou, o amigo de Nasrudin, ainda perplexo com a situação, questionou: "Por que ele não aceitou a minha ajuda, mas cooperou quando você interveio?".

Nasrudin sorriu e explicou: "Ele é um cobrador de impostos, e os cobradores de impostos entendem a linguagem do 'pegar', não a do 'dar'."

Moral da história: cada um de nós interpreta a realidade a partir de nossa própria perspectiva. Assim, é fundamental adaptar nossa abordagem para que a ajuda possa ser aceita e eficazmente fornecida.

---

[86] Sábio do folclore Sufi que teria vivido no XIII. Suas histórias são, geralmente, anedotas que trazem uma "moral da história" ou ensinamentos profundos.

Resumindo, compartilhar informações relevantes com sensibilidade e prestatividade é uma maneira poderosa de construir relacionamentos importantes, desde que seja feito com equilíbrio e atenção à receptividade dos contatos. Isso ajuda a enriquecer sua rede de relacionamentos e a alcançar objetivos pessoais e profissionais.

✿✿✿

12.8. A magia da diversidade

O conceito de diversidade não está restrito a questões de gênero e raça; ao contrário, abrange todos os aspectos da vida. Na natureza, a ampla variedade de vegetais e animais desempenha um papel fundamental na sobrevivência das espécies.

A saúde humana também se beneficia da diversidade. Uma dieta equilibrada deve incorporar uma ampla variedade de alimentos, pois cada um deles tem nutrientes únicos cuja combinação é essencial para o funcionamento saudável do corpo.

Essa ideia se aplica também nas relações de trabalho. Um estudo realizado pela Harvard Business Review, em 2013, mostrou o impacto da diversidade nos resultados das organizações: 45% mais chances de crescimento na participação de mercado de ano para ano e impressionantes 70% mais chances de conquistar um novo mercado.

A seguir, apresentamos algumas razões pelas quais a diversificação da sua rede é essencial.

1. Acesso a novas perspectivas	Conectar-se com pessoas de diferentes setores e campos traz novas perspectivas e *insights*. Experiências e conhecimentos variados enriquecem a sua visão de mundo e a sua abordagem para resolver problemas.
2. Oportunidades inesperadas	Com frequência, as oportunidades mais valiosas surgem de fontes inesperadas. Conhecer pessoas fora do seu campo de atuação pode levar a oportunidades de carreira, parcerias ou projetos que você talvez nunca tenha imaginado.
3. Aprendizado contínuo	Estar em contato com pessoas de campos diversos permite que você continue aprendendo sempre, das mais variadas fontes. Você adquirirá habilidades e conhecimentos que complementam a sua área de atuação.
4. Resolução criativa de problemas	Quando você enfrenta desafios, ter uma rede diversificada significa que pode buscar soluções criativas em uma variedade de fontes.
5. Fortalecimento da resiliência	Ter uma rede diversificada pode aumentar sua resiliência em tempos de incerteza. Se um setor específico enfrentar dificuldades, você pode ter conexões em outros setores que permanecem fortes.

6. Ampliação de oportunidades de negócios	Se você é empreendedor ou empresário, uma rede diversificada pode abrir portas para novos mercados e parcerias estratégicas.
7. Desenvolvimento de habilidades interpessoais	Interagir com pessoas de diferentes origens culturais e profissionais pode aprimorar suas habilidades interpessoais, como a empatia e a comunicação.
8. Expansão da criatividade e da inovação	A diversidade de perspectivas em sua rede costuma impulsionar a criatividade e a inovação em seus projetos e iniciativas.
9. Enriquecimento pessoal	Além dos benefícios profissionais, a diversificação de sua rede enriquece sua vida pessoal, permitindo que você conheça pessoas interessantes e compartilhe experiências únicas.
10. Contribuição para a comunidade	Uma rede diversificada também pode ser uma força para o bem na sua comunidade. Você pode se envolver em projetos de responsabilidade social corporativa ou voluntariado.

12.9. Tudo o que vale a pena ter leva tempo para construir

Uma das regras mais importantes do *networking* é "seja paciente e consistente". O *networking* eficaz leva tempo. Portanto não espere resultados imediatos. Construir relacionamentos é um processo gradual e contínuo, especialmente quando consideramos que o resultado final desse processo é a construção de conexões poderosas.

Usando uma metáfora, o *networking* pode ser visto como uma semente:

A. **O plantio inicial:** quando você encontra alguém pela primeira vez é como plantar uma semente. Nesse estágio, a relação é incipiente e ainda não é visível o quanto ela pode crescer e se desenvolver.

B. **O cuidado constante:** assim como uma planta precisa de água, luz e nutrientes regulares para crescer, os relacionamentos exigem atenção constante. Isso significa manter contato regularmente, compartilhar informações úteis e estar disposto a oferecer ajuda quando necessário.

C. **A paciência e a perseverança:** as sementes não germinam imediatamente; e os relacionamentos também não.

A paciência é fundamental, pois leva tempo para que a confiança e a conexão se fortaleçam.

D. **O desenvolvimento gradual:** à medida que você mantém o relacionamento, ele tende a se aprofundar com o tempo. Você começa a conhecer melhor a pessoa, suas necessidades, seus objetivos e seus valores.

E. **A colheita dos frutos:** após um período de cuidado e nutrição, você poderá colher os frutos do relacionamento. Isso pode se manifestar de várias maneiras, como oportunidades de negócios, conselhos valiosos, parcerias colaborativas ou amizades duradouras.

F. **A manutenção da planta:** relacionamentos construídos com paciência e dedicação tendem a ser mais duradouros e resistentes a desafios. O adubo que permite esse processo são a confiança e o respeito mútuos.

G. **A expansão do plantio:** à medida que você constrói relacionamentos sólidos com as pessoas, sua rede se expande e se fortalece. Você pode vir a ser introduzido a outros contatos valiosos por meio das conexões existentes. Novas sementes são adicionadas, enriquecendo o plantio.

H. **O aprimoramento das técnicas:** o *networking* eficaz é uma troca mútua de valores. À medida que planta sementes e cuida delas ao longo do tempo, você e seus contatos se beneficiam mutuamente, inclusive aprimorando a maneira como se relacionam.

I. **O aprendizado contínuo:** cada relacionamento oferece a oportunidade de aprender e crescer. À medida que interage com pessoas de diferentes origens e experiências, você adquire conhecimentos e *insights* valiosos.

J. **A expansão do plantio e as novas sementes:** enquanto você está colhendo os frutos de relacionamentos estabelecidos, continue semeando novas conexões. O *networking* eficaz é um processo contínuo de expansão e aprofundamento.

Lembre-se de que, assim como nas plantas, nem todas as sementes se transformam em árvores frondosas. Alguns relacionamentos podem não se desenvolver como você esperava, e isso é natural. A chave é continuar a nutrir os relacionamentos que demonstram potencial e valor e estar sempre aberto a novas conexões.

12.10. Uma via de mão dupla

Um dos pontos cruciais que devem ser considerados é que o *networking* é uma via de mão dupla, com tráfego em ambos os sentidos: é necessário ter contatos que tenham algo a oferecer, assim como também é importante que tenhamos algo a contribuir para essas pessoas. Somente assim o relacionamento se estabelece de maneira equilibrada, justa e duradoura. Essa ideia enfatiza alguns princípios essenciais do *networking*, conforme resumidos no quadro a seguir.

PRINCÍPIOS ESSENCIAIS DO *NETWORKING*

Reciprocidade	Relações humanas saudáveis são construídas na base do equilíbrio entre dar e receber. Reciprocidade nada mais é do que retribuir o que recebemos, seja qual for o tipo de relacionamento.
Valor compartilhado	Para que o *networking* seja verdadeiramente proveitoso, é importante que ambas as partes vejam valor na relação. Isso significa que, além de buscar pessoas que possam nos ajudar, também devemos considerar como podemos oferecer algo de valor aos outros — seja conhecimento, experiência, suporte ou oportunidades de colaboração.
Construção de credibilidade	Ao oferecer valor aos outros, construímos nossa credibilidade e reputação. As pessoas tendem a se lembrar daqueles que as ajudaram ou contribuíram positivamente para suas vidas. Isso leva a relacionamentos mais fortes e a oportunidades futuras.
Equilíbrio de poder	Um *networking* equilibrado evita desequilíbrios de poder, nos quais uma pessoa está sempre em posição de pedir favores, enquanto a outra está sempre em posição de fornecer. Relações desequilibradas se desgastam ao longo do tempo.
Durabilidade dos relacionamentos	Quando contribuímos e recebemos de maneira equilibrada, é mais provável que os relacionamentos perdurem por muito mais tempo. Relações justas e equilibradas tendem a ser mais duradouras porque ambas as partes se beneficiam consistentemente.

Múltiplas formas de contribuição	Lembre-se de que você pode contribuir de várias maneiras, não apenas com oportunidades de trabalho. Oferecer suporte emocional, aconselhamento, compartilhamento de conhecimento ou simplesmente ouvir alguém pode ser inestimável.
Diversificação da rede	Procurar conexões que possam contribuir e estar disposto a oferecer algo em troca é uma maneira eficaz de enriquecer e diversificar sua rede. Esse intercâmbio mútuo abre portas para uma ampla variedade de oportunidades e perspectivas enriquecedoras.
Exemplos práticos	Alguns exemplos práticos de como seguir essa ideia incluem fornecer mentoria a alguém em sua área de atuação, compartilhar recursos valiosos, apresentar pessoas que podem se beneficiar umas das outras ou até mesmo ser voluntário em eventos ou organizações profissionais.

Ao adotar essas práticas e manter uma mentalidade de dar e receber, você estará capacitado a construir uma rede profissional sólida, beneficiando não apenas a si mesmo, mas também seus parceiros ao longo do tempo. Lembre-se de que o *networking* não deve ser apenas sobre o que você pode obter, mas igualmente sobre o que pode contribuir para os outros.

O grande diferencial de um *networking* eficaz reside na compreensão de que ele só se torna completo quando ambas as partes envolvidas têm algo a oferecer e estão dispostas a contribuir de maneira justa. Assim, as conexões resultantes tendem a ser mais significativas e gratificantes para todos os envolvidos.

12.11. Uma estratégia prática e objetiva

Mesmo que você tenha uma agenda apertada e não possa dedicar um tempo extenso ao *networking*, há ações essenciais ao seu alcance, que podem ser realizadas para criar uma sólida rede de apoio e desempenhar um papel crucial em sua trajetória rumo ao sucesso. Dividimos essas ações em cinco passos bem definidos, como segue:

PASSO 1: CONSTRUA UMA BASE DE CONFIANÇA

Explicação: a confiança é a base fundamental de qualquer relacionamento sólido. Sem confiança, é difícil estabelecer ou manter relações bem-sucedidas em longo prazo.

Ação: para construir essa base de confiança, seja honesto e transparente em suas interações. Cumpra suas promessas e seus compromissos. Demonstre confiabilidade e consistência em suas ações.

PASSO 2: DESENVOLVA HABILIDADES DE COMUNICAÇÃO

Explicação: a comunicação eficaz desempenha um papel vital na compreensão mútua e na construção de conexões mais profundas. Habilidades sólidas de comunicação ajudam a evitar mal-entendidos.

Ação: para desenvolver essas habilidades, ouça atentamente, faça perguntas para esclarecer dúvidas e seja claro e direto em suas próprias comunicações. Esteja aberto ao *feedback* e trate todas as interações com respeito.

PASSO 3: DEMONSTRE EMPATIA E RESPEITO

Explicação: empatia e respeito são elementos essenciais em relacionamentos saudáveis, indicando que você valoriza as perspectivas e os sentimentos dos outros.

Ação: demonstre empatia procurando entender as emoções e os pontos de vista das pessoas. Trate todas as pessoas com respeito, independentemente de suas diferenças.

PASSO 4: SEJA PROATIVO E MOSTRE INTERESSE

Explicação: a manutenção proativa de relacionamentos é fundamental para sua durabilidade. Mostrar interesse genuíno nas vidas e necessidades das pessoas fortalece essas conexões.

Ação: seja proativo, mantendo contato regularmente por meio de mensagens, telefonemas ou encontros presenciais. Esteja disposto a oferecer ajuda e apoio quando necessário.

PASSO 5: CULTIVE RELAÇÕES EXISTENTES E MOSTRE GRATIDÃO

Explicação: além de construir novas conexões, é importante cuidar das relações já conquistadas. Mostrar gratidão e apreço pelas pessoas que contribuem para sua vida é fundamental e valoriza os relacionamentos.

Ação: cultive relações existentes mantendo contato, oferecendo assistência e demonstrando que você valoriza essas conexões. Reconheça e agradeça às pessoas por suas contribuições.

Lembre-se: o desenvolvimento de relacionamentos é um processo contínuo que demanda esforço e atenção consistentes, contudo os benefícios de relacionamentos saudáveis são inestimáveis em todas as áreas da vida. Reforçamos a importância do seguinte princípio: o *networking* eficaz não se resume à quantidade, mas, sobretudo, à qualidade. O valor que você agrega a essas conexões é o que diferencia um networking bem-sucedido.

12.12. Fazendo um *networking* perfeito

Costuma-se dizer que exemplos práticos ilustram melhor do que uma grande dose de teoria. Por essa razão, a seguir, apresentamos dois cenários hipotéticos, embora inspirados em eventos reais, nos quais as pessoas executaram um excelente trabalho de *networking*. Eles mostram que construir um *networking* de qualidade não se limita a apenas reunir cartões de visita, mas sim a estabelecer conexões genuínas com indivíduos que compartilham interesses e valores.

CASO 1

Ana é uma jovem profissional em ascensão em sua carreira no mundo da tecnologia. Ela sempre busca oportunidades para expandir sua rede de contatos e aprender com pessoas de diferentes áreas. Ao participar de uma conferência de tecnologia, na qual soube que haveria uma ampla variedade de profissionais de diferentes campos, buscou estabelecer contato com os mais diversos participantes.

PASSO 1 – **explorando o primeiro encontro**: durante uma das palestras do evento, Ana conheceu Carlos, um designer de interiores. Começaram a conversar e perceberam que tinham interesses profissionais em comum.

PASSO 2 – **aprofundando o relacionamento**: ao longo dos dias da conferência, Ana e Carlos passaram mais tempo juntos e não apenas falaram sobre suas carreiras, mas também compartilharam histórias pessoais. Descobriram que tinham valores e objetivos semelhantes na vida, o que criou um vínculo mais forte entre os dois profissionais.

PASSO 3 – **trocando informações essenciais**: no último dia da conferência, Ana e Carlos decidiram trocar informações de contato. Eles não apenas compartilharam seus endereços de e-mail, mas também se conectaram nas redes sociais e trocaram números de telefone.

PASSO 4 – **mantendo o contato**: Ana sabia que a construção de um *networking* eficaz não se resumia apenas a trocar cartões de visita. Logo, ela se empenhou em manter o contato com Carlos, enviando-lhe artigos interessantes sobre design de interiores e compartilhando informações sobre eventos relacionados ao setor de tecnologia que ela achava que poderiam interessá-lo.

PASSO 5 – **colaboração e ajuda mútua**: com o tempo, Ana e Carlos começaram a colaborar em projetos. Carlos ajudou Ana a criar um ambiente de trabalho mais agradável, enquanto ela apresentou contatos em seu setor que poderiam fornecer oportunidades de design de interiores em projetos de tecnologia.

PASSO 6 – **a construção de uma amizade duradoura**: à medida que o tempo passou, Ana e Carlos multiplicaram suas parcerias e não apenas se beneficiaram profissionalmente, mas também se tornaram amigos próximos. Eles compartilhavam experiências e conselhos, e comemoravam os sucessos um do outro.

Esse é um exemplo de que, mesmo vindo de áreas diferentes, profissionais podem ter afinidades e disposição para ajudar uns aos outros, levando à construção de relacionamentos duradouros e vantajosos para todas as partes.

CASO 2

Em uma grande conferência profissional, Robson, um engenheiro de software talentoso, estava determinado a expandir sua rede de contatos e explorar oportunidades em sua carreira. Em um dos dias durante o evento, ele conheceu Celeste, uma empreendedora que trabalhava no setor de tecnologia médica.

PASSO 1 – **abordagem inicial:** quando Robson conheceu Celeste, iniciou a conversa com um sorriso caloroso e um aperto de mão firme. Ele expressou interesse genuíno pelo trabalho dela, fazendo perguntas específicas sobre sua empresa e seus projetos recentes. Ele sabia que a primeira impressão era essencial.

PASSO 2 – **envolvimento e empatia:** conforme a conversa avançou, Robson compartilhou suas próprias experiências e desafios no campo da tecnologia. Ele fez questão de ouvir atentamente as histórias de Celeste e mostrou empatia em relação às suas lutas e triunfos. Assim, descobriram que tinham afinidades em relação à busca de inovação em suas respectivas áreas.

PASSO 3 - **troca de informações**: durante a conversa, Robson e Celeste trocaram cartões de visita e números de telefone. Robson fez uma anotação pessoal no cartão de Celeste para lembrar os detalhes importantes da conversa, como os projetos em que ela estava trabalhando e seus interesses pessoais.

PASSO 4 – **acompanhamento pós-evento**: após a conferência, Robson enviou um e-mail agradecendo a Celeste pelo interessante bate-papo e mencionou alguns pontos da conversa que o marcaram. Ele também a convidou para um café, para continuarem a discussão sobre possíveis colaborações futuras.

PASSO 5 – **construção do relacionamento**: ao longo do tempo, Robson e Celeste mantiveram contato regularmente. Eles compartilhavam informações relevantes sobre suas indústrias e frequentemente se encontravam para trocar ideias. Robson não via Celeste apenas como uma conexão profissional, mas como uma amiga com interesses em comum.

PASSO 6 – **expansão da rede de contatos**: conforme os anos passaram, a relação entre Robson e Celeste se fortaleceu. Eles começaram a colaborar em projetos conjuntos, aproveitando suas habilidades complementares. Por meio desse relacionamento, Robson expandiu sua rede de contatos no setor médico, e Celeste obteve insights valiosos sobre tecnologia.

Robson e Celeste não se limitaram a simplesmente trocar cartões de visita ou seguir uma estratégia de carreira; eles construíram um relacionamento genuíno e de longa duração. Ambos prosperaram em suas trajetórias profissionais, apoiando um ao outro, fortalecendo sua amizade, compartilhando conhecimento e aproveitando oportunidades inesperadas.

Portanto, da próxima vez que você estiver em um evento profissional, lembre-se de Robson e Celeste e imagine o quanto o *networking* pode transformar sua própria trajetória profissional.

12.13. *Netweaving*: a evolução do *networking*

> *"Coisas boas acontecem com as pessoas que FAZEM coisas boas acontecerem."*
> (Bob Littell)

O termo *netweaving* foi popularizado por Bob Littell, palestrante, consultor e fundador da *Netweaving* International, uma empresa que promove essa abordagem no mundo dos negócios.

Em seu livro *The Heart and Art of Netweaving: Building Meaningful Relationships One Connection at a Time* (em tradução livre, "O coração e a arte do *netweaving*: construindo relacionamentos significativos uma conexão por vez"), ele argumenta que, em vez de se concentrar apenas no *networking* tradicional, que pode ser percebido como uma atividade egoísta, as pessoas devem adotar o *netweaving*, que cria valor para os outros antes de buscar benefícios pessoais, envolvendo a ajuda ativa para que os outros alcancem seus objetivos. Ao fazê-lo, sua própria rede é fortalecida e se cria um ambiente propício para o crescimento pessoal e para receber apoio quando necessário.

Algumas frases que resumem os princípios gerais do *netweaving*:

- Dar antes de receber, construir relacionamentos significativos e criar uma rede de apoio mútuo.
- Criar valor para os outros, sem expectativas imediatas de retorno.
- Ter autenticidade. Relacionamentos genuínos são mais valiosos do que conexões superficiais.
- Construir relacionamentos duradouros e alcançar o sucesso profissional sustentável.

12.13.1. Princípios e características do *netweaving*

O *netweaving* é frequentemente visto como uma forma mais eficaz de construir relacionamentos significativos e colaborativos em comparação com o *networking* tradicional, e isso se deve a várias razões:

A. **Dar antes de receber**: oferecer ajuda, recursos e apoio aos outros em sua rede, sem esperar algo em troca imediatamente. Essa abordagem cria um ambiente de confiança com forte ênfase na reciprocidade em longo prazo, ajudando os outros a atingirem seus objetivos, construindo relacionamentos mais sólidos e valiosos.

B. **Identificar necessidades**: um *netweaver* procura entender as necessidades, os objetivos e os desafios de seus contatos, e busca maneiras de atender a essas necessidades, seja por meio de conexões, recursos, conhecimento ou ações específicas.

C. **Construir conexões mais autênticas**: valorizar relacionamentos autênticos e genuínos, que não se baseiam apenas em interesses pessoais ou benefícios imediatos, mas na construção de relacionamentos sólidos e duradouros.

D. **Focar as necessidades dos outros**: buscar entender as necessidades e os desafios das pessoas de sua rede e procurar maneiras de ajudar, criando conexões mais fortes e significativas.

E. **Dedicar-se à comunidade**: enfatizar a importância da colaboração e da construção de uma comunidade de apoio. Quando os membros da rede ajudam uns aos outros, todos se beneficiam, contribuindo para o surgimento de oportunidades de colaboração e crescimento conjunto.

F. **Ter ética e integridade**: guiar-se por princípios éticos e de integridade nas interações, com ações transparentes baseadas em princípios éticos e valores morais sólidos.

G. **Criar valor mútuo**: gerar valor para todas as partes envolvidas, incluindo novas oportunidades de negócios, crescimento profissional, desenvolvimento de habilidades e conexões mais fortes, além da resolução eficaz de problemas e do desenvolvimento de relacionamentos profissionais significativos.

A tabela a seguir destaca algumas das diferenças mais marcantes entre *networking* e *netweaving*. Ambas as abordagens têm seu lugar nas interações diárias, dependendo dos objetivos individuais e das circunstâncias. No entanto, frequentemente, o *netweaving* é reconhecido como uma maneira mais eficaz de cultivar relacionamentos significativos e colaborativos.

CRITÉRIO	NETWORKING	NETWEAVING
Foco principal	Conectar-se com as pessoas para benefício próprio ou da empresa.	Criar valor para os outros antes de buscar benefícios pessoais.
Dar e receber	Tendência a se concentrar mais em receber do que em dar.	Prioriza dar antes de receber, promovendo a reciprocidade em longo prazo.
Objetivo principal	Busca oportunidades de negócios ou ganhos pessoais.	Visa construir relacionamentos sólidos e duradouros com foco na criação de valor mútuo.
Abordagem ética	Enfatiza os princípios morais para guiar o comportamento e as decisões humanas.	Enfatiza princípios éticos, integridade e relações autênticas.
Identificação de necessidades	Pode não se concentrar fortemente nas necessidades dos outros.	Busca entender as necessidades e os desafios dos contatos e procura maneiras de ajudar.
Relacionamentos superficiais	Pode levar a conexões de curto prazo.	Tende a resultar em relacionamentos mais profundos e duradouros.
Reciprocidade imediata	Muitas vezes, espera retorno rápido pelo que é oferecido.	Valoriza a reciprocidade em longo prazo, sem expectativas imediatas de retorno.

Foco em interesses pessoais	Pode estar direcionado para interesses pessoais e metas de curto prazo.	Prioriza a criação de comunidades e a colaboração em detrimento de interesses pessoais.
Curto prazo vs. longo prazo	Pode ter uma abordagem de curto prazo, buscando benefícios imediatos.	Tende a ser uma abordagem de construção de relacionamentos em longo prazo.
Competição vs. colaboração	Pode estar mais associado à competição entre profissionais.	Promove a colaboração entre os membros da rede.

12.13.2. Exemplos de benefícios profissionais do *netweaving*

Histórias de sucesso podem variar consideravelmente, dependendo das circunstâncias individuais e do esforço de cada pessoa. Para ilustrar a eficácia do *netweaving* em diversas situações profissionais, apresentamos alguns exemplos hipotéticos:

EXEMPLO 1: um empreendedor que abraçou a filosofia do *netweaving* estabeleceu conexões sólidas com outros empresários e líderes de negócios em sua comunidade. Ele estava sempre disposto a colaborar com seus colegas. Quando precisou de investidores para sua *startup*, esses contatos o conectaram com investidores interessados em seu setor.

EXEMPLO 2: um profissional em transição de carreira utilizou sua rede de *netweaving* para obter indicações, orientação sobre oportunidades de emprego, recomendações e até mesmo entrevistas em empresas de seu interesse. Devido à sua natureza prestativa e colaborativa, ele recebeu ajuda de várias pessoas em sua rede durante a transição.

EXEMPLO 3: um estudante universitário conheceu profissionais experientes em sua área de estudos. Isso o levou a um estágio valioso em uma empresa de prestígio, proporcionando uma experiência prática excepcional. Como já estava habituado a ser prestativo com os outros devido à sua experiência com o *netweaving*, ele se saiu muito bem no estágio e acabou sendo contratado pela empresa.

EXEMPLO 4: um profissional de vendas que adotou o *netweaving* construiu relacionamentos sólidos com outros profissionais em setores relacionados. Entre suas atividades no grupo, ele forneceu diversas indicações de pessoas e negócios para os demais contatos de sua rede. Em contrapartida, esses mesmos contatos o indicaram para possíveis clientes, permitindo-lhe expandir seus negócios.

EXEMPLO 5: um consultor autônomo praticante do *netweaving* sempre colaborou como um dos apoios estratégicos para os membros de sua rede. Da mesma forma, recebeu recomendações de outros profissionais para projetos de consultoria. Isso ajudou a ampliar sua base de clientes e aumentar seus negócios.

12.13.3. Algumas empresas que utilizam a estratégia de *netweaving*

Muitas empresas reconhecem a importância de estabelecer conexões sólidas com outras organizações, parceiros e colaboradores para impulsionar seu sucesso. Portanto não abrem mão da estratégia de *netweaving*. Citamos a seguir algumas delas:

- A Apple é conhecida por sua abordagem estratégica em construir relacionamentos sólidos com fornecedores, desenvolvedores de aplicativos e parceiros de negócios. Isso fica bastante evidente em sua rede de suprimentos altamente integrada e na colaboração com desenvolvedores para criar produtos de qualidade.

- A Alphabet, proprietária do Google, é conhecida por sua expertise em estabelecer parcerias estratégicas com outras empresas de tecnologia, universidades e organizações de pesquisa. Essas parcerias têm impulsionado o desenvolvimento de tecnologias inovadoras e soluções avançadas, mantendo a organização na vanguarda da concorrência e garantindo os melhores serviços para seus usuários.
- A Amazon, por sua vez, adota uma abordagem de parcerias e alianças estratégicas para expandir sua presença global e aprimorar constantemente seus serviços e produtos, colaborando com diversos parceiros, incluindo vendedores terceirizados, provedores de logística e desenvolvedores de software.
- A Microsoft estabeleceu relacionamentos sólidos com outras empresas de tecnologia e parceiros estratégicos, que se refletem em suas colaborações em *cloud computing* (computação na nuvem), software empresarial e inovação tecnológica.
- A Tesla, liderada por Elon Musk, adota uma abordagem única para a estratégia de *netweaving*, colaborando com outras empresas dos setores automotivo e energético, além de trabalhar em parceria com governos e organizações para promover veículos elétricos e soluções sustentáveis.
- A IBM possui uma extensa história de parcerias estratégicas com empresas de tecnologia, instituições de pesquisa acadêmica e organizações governamentais, impulsionando inovações em áreas como inteligência artificial, computação quântica e *cloud computing*.
- O Facebook (Meta Platforms) estabelece parcerias com empresas de mídia, desenvolvedores de aplicativos e outros *players* da indústria de tecnologia para expandir sua presença e proporcionar experiências mais ricas aos usuários em suas plataformas.
- O Walmart investe em parcerias com fornecedores, empresas de tecnologia e organizações de logística com o intuito de apri-

morar sua cadeia de suprimentos e serviços online, visando oferecer maior comodidade aos clientes.

- A GE (General Electric) colabora com empresas nos setores de energia, aviação e saúde para impulsionar a inovação e desenvolver soluções tecnológicas avançadas em suas áreas de atuação.
- A Netflix mantém relacionamentos com estúdios de produção, criadores de conteúdo e parceiros de distribuição para garantir uma ampla variedade de conteúdo de *streaming* em sua plataforma.
- A Natura, empresa brasileira de cosméticos, valoriza parcerias com comunidades locais e organizações de sustentabilidade, promovendo colaborações com ingredientes naturais, impulsionando o desenvolvimento sustentável e apoiando iniciativas sociais.
- A Embraer, fabricante brasileira de aeronaves, estabelece parcerias estratégicas com outras empresas do setor aeroespacial, instituições de pesquisa e universidades para promover a inovação e o desenvolvimento de tecnologias avançadas.
- A Vale, uma das maiores empresas de mineração do mundo, inclui parcerias com fornecedores, organizações de pesquisa e comunidades locais para garantir práticas sustentáveis de mineração e estimular o desenvolvimento econômico nas áreas onde atua.

13. Construindo alianças: a chave para o sucesso sustentável

A ideia de que alianças poderosas são relacionamentos cooperativos no mundo dos negócios, beneficiando todas as partes envolvidas, reflete a natureza fundamental de alianças estratégicas e colaborativas. Nesse conceito existe a premissa de que, ao unir forças e recursos, as partes envolvidas podem alcançar objetivos que seriam difíceis ou impossíveis de atingir individualmente.

A seguir, apresentamos algumas das vantagens que podem ser obtidas por meio dessas parcerias, bem como exemplos de empresas que as utilizam de forma eficaz.

Empresas podem acessar recursos compartilhados que, de outra forma, seriam dispendiosos, difíceis de obter ou indisponíveis. Isso inclui recursos financeiros, tecnológicos, humanos e conhecimento.

A Airbus, por exemplo, uma das principais fabricantes de aeronaves do mundo, é conhecida por estabelecer parcerias estratégicas para acessar recursos compartilhados. Um exemplo notável é o programa de desenvolvimento do Airbus A380, um dos maiores aviões de passageiros do mundo. A empresa formou alianças com empresas de diferentes países para colaborar no desenvolvimento desse avião, compartilhando conhecimentos técnicos, recursos financeiros e tecnológicos.

A expansão de mercado permite que as empresas ampliem seu alcance, chegando a novas regiões geográficas ou segmentos, frequentemente com menores riscos e custos. Em 1992, o McDonald's estabeleceu uma parceria estratégica com empresas locais na China para abrir seus primeiros restaurantes no país, o que permitiu à empresa expandir para um mercado enorme com menos riscos e custos do que se tentasse entrar sozinha.

A inovação colaborativa frequentemente leva a inovações e avanços mais rápidos. Compartilhar conhecimento e expertise pode resultar em produtos e serviços melhores e mais competitivos. A Toyota investiu na Tesla e colaborou no desenvolvimento de veículos elétricos, compartilhando conhecimentos e recursos. Essa colaboração resultou no Toyota RAV4 EV e no compartilhamento de tecnologia.

O compartilhamento de riscos proporciona às empresas a capacidade de encarar desafios e incertezas com mais confiança, uma vez que não enfrentam obstáculos de forma isolada.

Em 2018, a Boeing e a Embraer anunciaram uma *joint venture* (em tradução livre, "união com risco") na área de aviação comercial com o objetivo de combinar recursos e experiência das duas empresas para enfrentar a crescente concorrência e desenvolver novas aeronaves. O compartilhamento de riscos financeiros e técnicos reduziu o ônus financeiro de ambas, tornando o desenvolvimento de novos produtos mais viável.

Crescimento acelerado das empresas, permitindo que elas aproveitem oportunidades de expansão mais rapidamente do que se tentassem fazê-lo de forma independente.

A Nestlé, por exemplo, adquiriu os direitos para comercializar produtos da parceira com a Starbucks fora das lojas, o que permitiu à rede de cafeterias acelerar sua expansão global e alcançar novos mercados e consumidores rapidamente.

Acesso a novos clientes e canais de distribuição, que podem abrir portas para conquistar novos públicos e alcançar diferentes meios de venda.

A aquisição da Whole Foods Market pela Amazon, em 2017, deu à Amazon acesso direto a uma base de clientes completamente nova e ampliou seus canais de distribuição.

Redução de custos, com atividades como compras conjuntas ou produção compartilhada, pode levar a economias significativas.

A Renault-Nissan-Mitsubishi Alliance é uma das maiores parcerias automobilísticas globais, envolvendo as três principais fabricantes de veículos. Elas uniram suas forças em diversas áreas, incluindo compras conjuntas e compartilhamento de tecnologia.

As três empresas podem otimizar recursos e instalações. Isso permite que elas produzam veículos em grande escala, aproveitando a eficiência associada à produção em massa.

Competitividade aprimorada graças ao acesso a recursos e conhecimentos que tornam as empresas mais eficientes.

Um ótimo exemplo é a parceria estratégica entre a Apple e a Intel Corporation, uma das maiores fabricantes de chips do mundo. Em 2005, a Apple anunciou uma mudança fundamental em seus computadores Macintosh, optando por utilizar os processadores Intel. Essa colaboração estratégica permitiu à Apple oferecer produtos com desempenho excepcional, impulsionando consideravelmente sua competitividade no mercado de computadores pessoais.

Reputação e credibilidade no mercado com a associação de parceiros de renome, impactando positivamente seus resultados financeiros. Alguns exemplos:

A. **Apple e Nike**: a Apple uniu sua reputação em inovação tecnológica à excelência da Nike na produção de artigos esportivos. O resultado foi o Apple Watch Nike+, que não apenas solidificou a credibilidade do Apple Watch como um dispositivo de *fitness*, mas também fortaleceu a presença da Nike no mercado de tecnologia.

B. **Starbucks e Spotify:** a Starbucks, conhecida por criar uma experiência única em suas lojas, que vai muito além do café, estabeleceu uma parceria com o Spotify, líder no setor de *streaming* de música. Isso resultou em *playlists* exclusivas nas lojas da Starbucks e permitiu que os clientes influenciassem a trilha sonora. Tal colaboração não apenas melhorou a experiência do cliente, mas também demonstrou que a Starbucks está associada a uma marca de música altamente respeitada, atraindo um público mais amplo.

C. **NASA e empresas privadas:** a NASA, a agência espacial dos Estados Unidos, formou parcerias com várias empresas privadas, como SpaceX, Boeing e Blue Origin, para desenvolver tecnologias espaciais e levar astronautas ao espaço. Essas colaborações ajudaram a melhorar a reputação das empresas privadas envolvidas, mostrando que são capazes de colaborar com uma agência tão respeitada quanto a NASA em empreendimentos críticos e inovadores.

D. **IBM e Universidade de Harvard:** nessa parceria de longa data, a IBM trabalha em estreita colaboração com Harvard, uma das universidades mais respeitadas do mundo, desde os primeiros dias da computação moderna, promovendo o desenvolvimento conjunto de tecnologias de processamento de dados e a pesquisa em computação avançada, conferindo à empresa uma sólida reputação como líder em inovação tecnológica.

E. **IBM e Linux Foundation:** outro exemplo relevante de parceria da IBM é o esforço conjunto para promover o desenvolvimento e a adoção de software de código aberto. Essa colaboração aumentou significativamente a credibilidade da IBM na comunidade desse setor e demonstrou seu compromisso com a inovação colaborativa.

Aproveitamento de oportunidades emergentes: em um mundo em constante mudança, as alianças podem ajudar as empresas a identificar e aproveitar oportunidades emergentes de forma mais eficaz e ágil.

Um caso especialmente interessante aconteceu quando a Netflix percebeu a ascensão da produção de conteúdo original e investiu nisso, estabelecendo parcerias com estúdios de produção e criadores de conteúdo em todo o mundo para desenvolver séries e filmes exclusivos. Essas alianças permitiram que a Netflix se destacasse competitivamente e atraísse uma base de assinantes cada vez maior.

13.1. Fundamentos das alianças estratégicas

Alguns aspectos são essenciais para construir alianças bem-sucedidas e fomentar o crescimento sustentável das empresas, entre eles estão:

A. **Mutualismo:** todas as partes envolvidas obtêm benefícios mútuos. Isso significa que cada parte contribui com algo valioso, como recursos, conhecimento, expertise ou oportunidades, e, em troca, recebe vantagens que não seriam alcançadas de forma independente.
B. **Complementaridade:** as partes frequentemente possuem habilidades, recursos ou ativos que se complemen-

tam. Isso permite que elas preencham lacunas e fortaleçam seus pontos fracos, tornando a colaboração vantajosa para todos os envolvidos.

C. **Criação de valor:** maneira eficaz de gerar valor adicional para todos os participantes. A colaboração leva a inovações, economia de custos, acesso a novos mercados, expansão de produtos ou serviços e outras oportunidades que, de outra forma, não estariam disponíveis.

D. **Confiança e transparência:** exige comunicação aberta, cumprimento de acordos e ações que demonstrem comprometimento com o sucesso mútuo.

E. **Resolução de conflitos:** pode ser benéfica ao gerar novas perspectivas para as discordâncias.

F. **Flexibilidade:** capacidade de evoluir ao longo do tempo, à medida que as necessidades e as circunstâncias das partes envolvidas mudam. A flexibilidade desempenha um papel crucial ao permitir adaptar a colaboração para atender às novas demandas e oportunidades.

13.2. Ganha-ganha-ganha

O *win-win-win* leva o conceito "ganha-ganha" — em que todas as partes envolvidas devem se beneficiar e nenhuma delas ser explorada ou prejudicada em benefício da outra — um passo adiante, introduzindo a noção de que um negócio pode beneficiar mais do que duas partes; além de incluir fornecedores e clientes, considera também o meio ambiente e a comunidade.

Um exemplo dessa mudança de paradigma é o caso da empresa Toms. Blake Mycoskie, fundador da marca, ciente da carência de calçados em comunidades pobres da América Latina, criou uma estratégia que ficou conhecida como *"one for one"*. Autor do best-seller *Comece algo que importe*, Mycoskie introduziu no mercado norte-americano as "alpargatas" e, para cada par de sapatos vendido, doava um par a alguém necessitado. Com isso, a Toms se tornou um fenômeno da noite para o dia, vendendo nove vezes mais do que seu estoque disponível online nos primeiros meses. Foram milhões de sapatos doados para crianças carentes em todo o mundo.[87]

Para sermos um empreendedor no estilo ganha-ganha-ganha, algumas reflexões são fundamentais:

A. Como posso beneficiar a mim, a meus clientes e a sociedade (ou meio ambiente) com meu negócio? Faça uma tabela de três colunas e deixe que as ideias fluam.

B. Antes de pensar qual negócio começar, pergunte-se: qual é a sua paixão? O que você mais gosta de fazer? Como aquilo que você faz bem e gosta poderia ajudar outras pessoas?

13.3. Evoluindo nos relacionamentos

Uma citação do escritor italiano Luciano de Crescenzo (1928-2019) sintetiza poeticamente a profunda importância dos relacionamentos em nossas vidas: "Somos todos anjos com apenas uma asa; só podemos alçar voo quando nos abraçamos uns aos outros."

A ciência, cada vez mais, concorda com isso. Segundo o psiquiatra Robert J. Waldinger, professor da Faculdade de Medicina de Harvard e diretor do mais longo estudo sobre felicidade já realizado

---

[87] Disponível em: Revista Forbes - www.forbes.com/sites/vinettaproject/2017/06/28-why-win-win-win-propositions-are-the-future-of-business/?sh=3d6968fa6c77. Acesso em: 3 jul. 2024.

(com mais de 75 anos de duração, que ele passou a dirigir em 2003): "As relações interpessoais atuam como reguladores emocionais e servem como um anteparo. O isolamento tem um custo terrível."

Para Waldinger, inteligência, riqueza, fama e sucesso profissional não são os principais fatores que trazem felicidade, mas sim nossas amizades e a satisfação em nossos relacionamentos, incluindo o casamento. O verdadeiro segredo, diz Waldinger, reside no esforço dedicado para manter conexões com outros seres humanos.

A pesquisa de Waldinger o incentivou a fazer mudanças em sua própria vida. Ele percebeu, por exemplo, que seu papel como mentor, a conexão entre professor e aluno, era o que lhe proporcionava mais satisfação; portanto passou a investir mais tempo nessa área, oferecendo apoio a amigos que estavam doentes ou enfrentando dificuldades.

"Relacionamentos são confusos e complicados, o trabalho árduo de cuidar da família e dos amigos não é sexy nem glamoroso. Além disso, é um compromisso para toda a vida. Nunca acaba", diz o pesquisador, mas é o que faz valer a pena.[88]

É sempre muito importante nos situarmos no universo dos relacionamentos produtivos. Assim, temos ideia de para onde estamos caminhando ou podemos caminhar. Tanto quanto se preocupar com os índices de colesterol, se quisermos viver mais e bem, precisaremos investir também em conexões de qualidade.

Para dar uma visão geral de como esse processo pode evoluir de modo a construir uma rede de suporte para o desenvolvimento sustentável dos negócios, estabelecemos, no quadro a seguir, uma comparação entre "fazer *networking*", "criar relacionamentos fortes", "construir conexões fortes" e "construir alianças".

---

88 Fonte: *The Washington Post*.

CRITÉRIO	FAZER NETWORKING	CRIAR RELACIONAMENTOS FORTES	CONSTRUIR CONEXÕES FORTES	CONSTRUIR ALIANÇAS
Foco principal	Expandir a rede de contatos.	Desenvolver conexões duradouras.	Cultivar laços significativos.	Estabelecer parcerias estratégicas.
Objetivo	Encontrar oportunidades.	Construir confiança e lealdade.	Fortalecer vínculos profissionais.	Alcançar metas compartilhadas.
Duração	Curto prazo.	Longo prazo.	De médio a longo prazo.	De médio a longo prazo.
Natureza dos relacionamentos	Variável, pode incluir conexões superficiais.	Profundos e significativos.	Sólidos e confiáveis.	Estratégicos e mutuamente benéficos.
Abordagem ética	Enfatiza os princípios morais para guiar o comportamento e as decisões humanas.	Orientada por princípios éticos e de integridade.	Enfatiza princípios éticos e respeito.	Baseada em valores éticos.
Reciprocidade	Pode ser imediata ou futura.	Sempre busca reciprocidade em longo prazo.	Espera reciprocidade equilibrada.	Mútua colaboração e suporte contínuo.
Compartilhamento de recursos	Pode ocorrer, mas nem sempre é a prioridade.	Compartilhamento de recursos comuns.	Disposto a compartilhar conhecimento e recursos.	Compartilhamento ativo de recursos.
Desenvolvimento de habilidades sociais	Enfatiza habilidades de comunicação e construção de contatos.	Requer habilidades de empatia, comunicação e construção de confiança.	Enfatiza a construção de conexões significativas	Envolve negociação e colaboração.
Benefícios pessoais	Inclui oportunidades de carreira, acesso a informações e crescimento profissional.	Inclui apoio, conselhos e oportunidades mais sólidas de carreira.	Resulta em um círculo de contatos mais úteis e confiáveis.	Leva a parcerias que beneficiam ambas as partes.

Exemplos	Participar de eventos de *networking*, como feiras de emprego.	Cultivar amizades profissionais e mentoria.	Construir relações duradouras com colegas de trabalho.	Formar parcerias estratégicas de negócios.

13.3. Posturas fundamentais para a construção de alianças poderosas

No cenário em constante evolução dos negócios e das relações pessoais, é preciso que embarquemos em uma jornada de resiliência e inovação, que nos rendamos às alianças, mantendo-as firmes, mesmo em meio às mudanças. A avaliação contínua é a bússola que nos mantém no caminho do crescimento.

Em relação às parcerias, a disposição para colaborar e compartilhar é um tesouro. Vitórias mútuas, nas quais todos têm oportunidade de brilhar, valem mais do que o sucesso solitário. Chegamos a elas com conexões profundas, aprimoradas por meio da aprendizagem contínua.

Já a compreensão mútua é o melhor idioma que podemos dominar no diálogo com os outros, em que cada voz é ouvida. Todos investem no sucesso de um objetivo em comum, cada qual contribuindo com seus talentos e recursos. Isso é o que chamamos de respeito à diversidade.

A comunicação é como uma dança: às vezes, fluímos; às vezes, erramos o passo; então, precisamos novamente harmonizar nosso ritmo ao do outro. A reciprocidade é o equilíbrio que mantém o ritmo, ela possibilita que todos se sintam valorizados. Como fazemos isso? Ouvindo com atenção o que os outros têm a dizer e expressando com clareza nossas necessidades.

Precisamos também de confiança. Ela é a fundação de uma coreografia de sucesso. Lembre-se: só prometa o que você pode cumprir. Use a luz da honestidade para clarear cada um de seus movimentos.

E seja autêntico. A autenticidade é um brilho que vem de dentro e se intensifica ainda mais se aliada a uma boa dose de empatia. Assim, sentimentos e perspectivas se entrelaçam.

14. Neurociência dos relacionamentos: como nossos cérebros moldam nossas conexões

A "neurociência dos relacionamentos" é um campo de estudo que investiga a ligação entre o funcionamento do cérebro humano e nossas conexões interpessoais, assim como o papel desempenhado pelo cérebro na formação, na manutenção e na compreensão de relacionamentos sociais ao longo de nossas vidas, como vimos de forma aprofundada nas partes I e II.

Pesquisas nessa área têm revelado que nossos cérebros são adaptados para a interação social. A evolução moldou nosso sistema nervoso para reconhecer rostos, interpretar expressões faciais, processar emoções e facilitar a empatia.

Entre os pesquisadores e autores que contribuíram para a compreensão da neurociência dos relacionamentos, destaca-se o trabalho de Matthew D. Lieberman, considerado um dos fundadores do campo da neurociência social. Suas pesquisas sobre as fundações neurais da cognição e da experiência sociais têm foco especial na regulação emocional, na persuasão, na rejeição social etc., e nos ajudaram a compreender como somos "programados para conectar".

Em seu livro *Social: Why Our Brains Are Wired to Connect* ("Social: por que nossos cérebros são programados para conectar"), Lieberman explora as complexidades da mente humana e como nossos cérebros estão intrinsecamente conectados à busca por interações sociais. Com base em pesquisas neurocientíficas, ele argumenta que a socialização é uma necessidade fundamental para os seres humanos e que nosso cérebro está programado para se envolver em relacionamentos e compreender o mundo através das lentes das interações sociais.

A maneira como o cérebro molda nossas conexões interpessoais é fascinante, pois desempenha um papel crucial na percepção, na formação e na manutenção de relacionamentos. A seguir, exploraremos os principais aspectos e fundamentos da neurociência por trás das relações humanas.

Como vimos nas partes I, II e III, o cérebro humano possui uma notável habilidade para reconhecer expressões faciais e emoções em outras pessoas. A região conhecida como "giro fusiforme" é especializada no processamento de rostos e expressões faciais, permitindo-nos identificar e interpretar as reações das pessoas, o que é fundamental para entender suas intenções e seus sentimentos.

Além disso, outras áreas do cérebro, como o córtex pré-frontal, desempenham um papel essencial na empatia, possibilitando-nos reconhecer, compreender e compartilhar as emoções dos outros, fortalecendo as conexões emocionais.

A capacidade de sentir empatia e compreender as emoções e pensamentos dos outros está intimamente ligada às áreas cerebrais responsáveis pela "Teoria da Mente". Essa capacidade cognitiva nos permite reconhecer que os outros têm crenças, desejos, intenções, emoções e estados mentais distintos dos nossos – habilidade crucial para as interações sociais, pois nos permite entender as motivações das pessoas, antecipar seu comportamento e responder adequadamente às suas necessidades e emoções.

A tomada de decisões sociais é influenciada por nossa empatia e compreensão das intenções dos outros, afetando escolhas como a confiança em alguém ou a cooperação em grupos.

Imagine uma reunião de equipe em que um colega apresenta uma ideia inovadora e demonstra entusiasmo. Seu cérebro reconhece a expressão entusiasmada no rosto dele e, à medida que a discussão avança, você decide apoiar a ideia. Isso ocorre porque você compreende as intenções do colega e confia em sua motivação, e seu cérebro utiliza essas informações sociais para tomar decisões profissionais e fortalecer relacionamentos de trabalho.

Outro aspecto importante são os neurotransmissores, como a ocitocina e a dopamina, que desempenham papéis significativos nos relacionamentos e na formação de laços sociais. A ocitocina, frequentemente chamada de "hormônio do amor," está envolvida na ligação emocional e na promoção de sentimentos de conexão durante interações sociais positivas, como abraços, contato visual prolongado e momentos íntimos. Essa substância é fundamental na formação e na manutenção de laços afetivos, fortalecendo a confiança e promovendo relações saudáveis.

Ocitocina

Já a dopamina é um neurotransmissor essencial que desempenha diversos papéis no organismo. Ela regula o humor, a motivação e a recompensa, controla o movimento e a coordenação motora, influencia funções cognitivas como a memória e a atenção, e regula atividades do sistema nervoso.

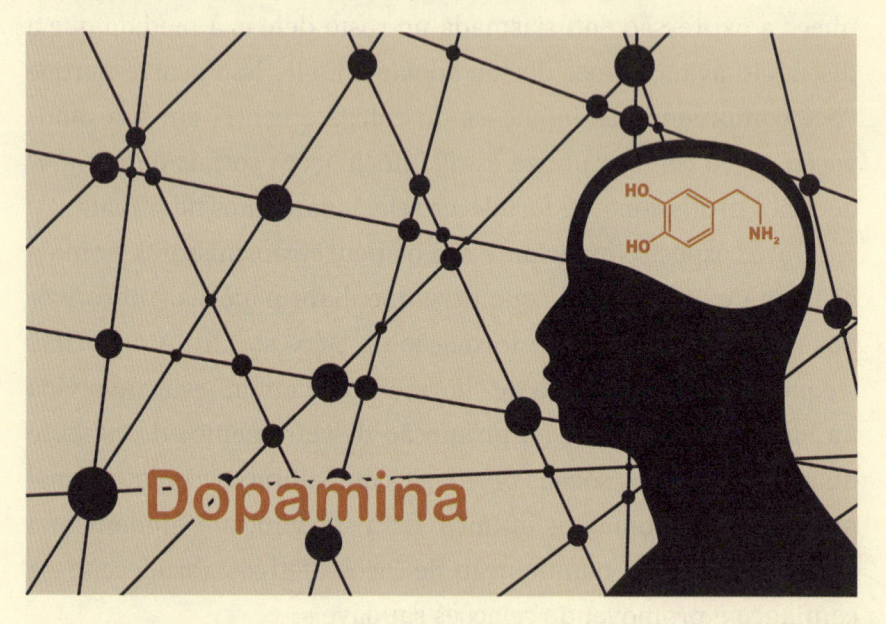

Por exemplo, em um ambiente de trabalho, quando uma equipe compartilha elogios e reconhecimento genuíno durante uma reunião, a ocitocina e a dopamina são liberadas, fortalecendo os laços entre os membros da equipe. Esse reforço dos relacionamentos sociais contribui para um ambiente de trabalho mais saudável e produtivo.

Estudos em neurociência também revelam que o isolamento social e a solidão têm impactos negativos na saúde mental e no funcionamento cerebral. Nosso cérebro anseia por interações sociais, e o isolamento pode ativar áreas cerebrais associadas à dor física, incentivando a busca por relacionamentos.

A plasticidade cerebral é outra característica fundamental, tratada na parte I como neuroplasticidade, permitindo que o cérebro se adapte e se reorganize em resposta a experiências sociais. A aprendizagem social, que envolve a observação e a interação com outras pessoas, é essencial para o desenvolvimento de habilidades sociais e a compreensão de comportamentos e normas sociais. Os relacionamentos, portanto, preparam o cérebro para a busca, administração e construção de outros relacionamentos, gerando novos aprendizados e desenvolvimento cerebral contínuo.

Por exemplo, em um ambiente de trabalho, um novo funcionário observa como os colegas colaboram efetivamente em reuniões, melhorando suas habilidades sociais e profissionais. Isso demonstra como nossos cérebros são moldados por experiências sociais.

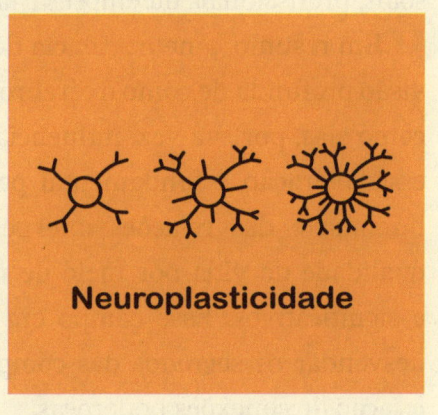

Neuroplasticidade

Pesquisas sugerem que conexões sociais saudáveis e fortes estão associadas a um maior bem-estar emocional e a uma vida mais longa. A neurociência revela que nosso cérebro experimenta recompensas sociais ao interagir positivamente com outras pessoas, o que inclui sensações de satisfação e prazer que reforçam nosso desejo de continuar interagindo socialmente. Isso significa que o cérebro valoriza relacionamentos positivos e saudáveis, priorizando-os sobre relacionamentos prejudiciais.

Essas descobertas da neurociência dos relacionamentos são aplicadas em diversas áreas, como terapia de casais, psicologia clínica, educação, liderança e negócios, melhorando as interações humanas e a saúde mental.

No campo profissional, empresários podem aplicar princípios da neurociência dos relacionamentos para fortalecer a coesão da equipe. Ao compreender as emoções e as necessidades dos funcionários, eles criam ambientes de trabalho mais saudáveis e produtivos.

A neurociência dos relacionamentos também explora como as relações sociais evoluíram ao longo da história humana e como nossos cérebros se adaptaram para lidar com as complexidades das conexões interpessoais. Isso fornece *insights* valiosos para melhorar a qualidade de nossos relacionamentos, sejam eles pessoais, profissionais ou empresariais.

Em resumo, a neurociência dos relacionamentos oferece uma visão profunda de como o cérebro molda nossas conexões sociais e como elas, por sua vez, influenciam nosso cérebro. Compreender essa interação é fundamental para a compreensão da natureza humana e das relações interpessoais, e para melhorar nossa qualidade de vida por meio de relacionamentos mais saudáveis e significativos. Esse campo em constante evolução continua a desvendar os segredos das complexas interações humanas e da criação de conexões poderosas.

14.1. Usando os conhecimentos da neurociência dos relacionamentos

De maneira prática e objetiva, apresentamos a seguir cinco passos que você pode incorporar em sua rotina diária para aplicar os princípios da neurociência dos relacionamentos e desenvolver conexões mais sólidas e profundas.

1. Pratique a empatia	Coloque-se no lugar do outro, buscando compreender suas emoções e perspectivas.
2. Melhore a comunicação	Desenvolva habilidades de escuta ativa e comunicação eficaz para expressar suas próprias emoções e necessidades.
3. Cultive a confiança	Seja confiável, transparente e cumpra promessas em seus relacionamentos.
4. Mantenha relações positivas	Priorize interações sociais positivas e construtivas para fortalecer os laços e relacionamentos.
5. Aprenda e cresça	Esteja aberto ao aprendizado constante sobre como funcionam as relações humanas e esteja disposto a evoluir em suas interações sociais.

"PRATIQUE A EMPATIA"

"MELHORE A COMUNICAÇÃO"

"CULTIVE A CONFIANÇA"

"MANTENHA RELAÇÕES POSITIVAS"

"APRENDA E CRESÇA"

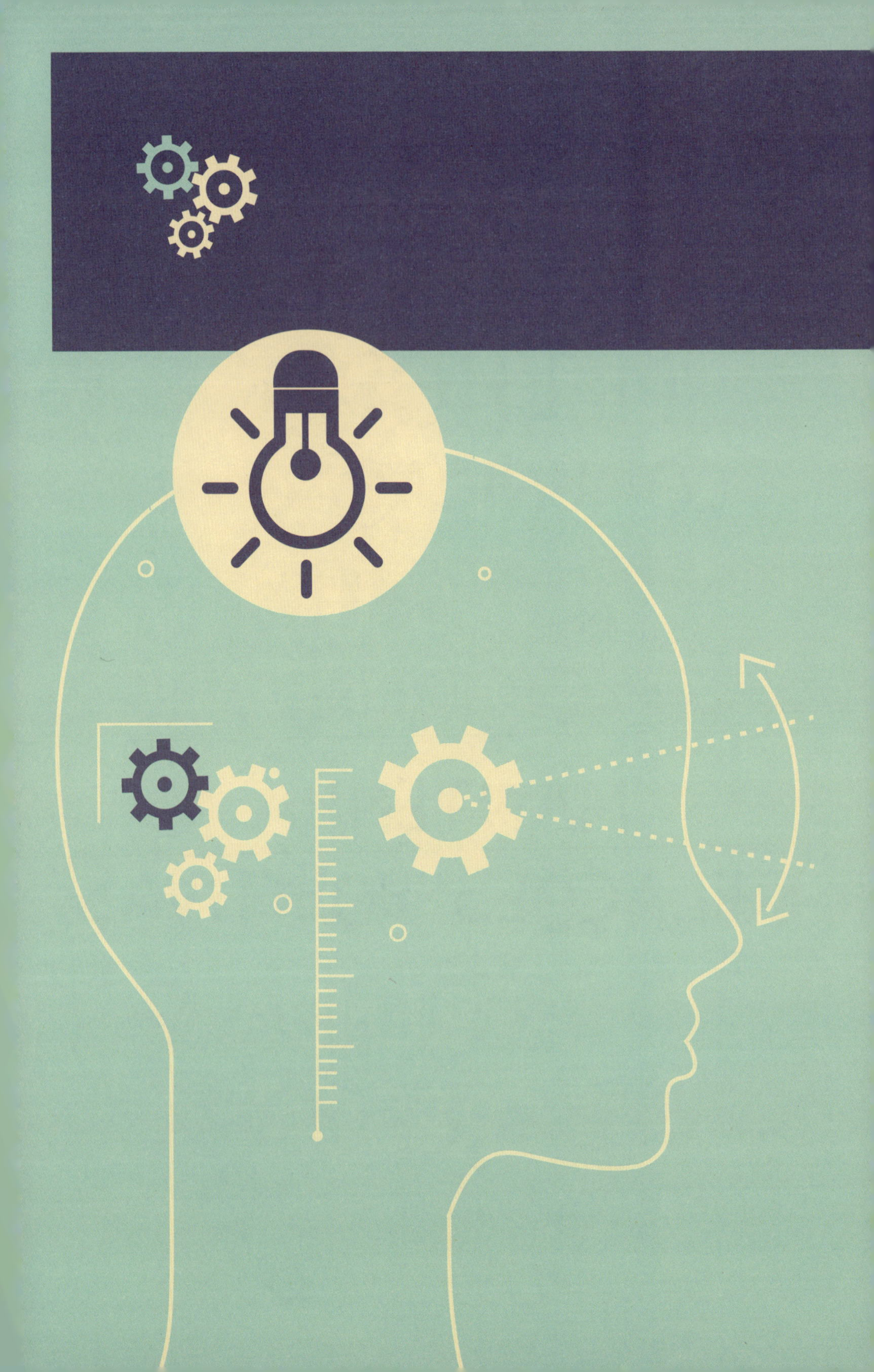

PARTE V
PROSPERIDADE E RIQUEZA POR MEIO DA INTELIGÊNCIA SOCIAL E EMOCIONAL

Prosperidade e riqueza são conceitos próximos, mas distintos, que, quando combinados, podem levar a uma vida mais completa. Eles abordam vários aspectos da abundância financeira e do bem-estar econômico, proporcionando uma compreensão mais ampla e enriquecedora.

A prosperidade vai além da simples acumulação de dinheiro, englobando também qualidade de vida, saúde, felicidade e satisfação pessoal. Refere-se ao grau em que uma pessoa desfruta de um padrão de vida elevado, incluindo acesso a serviços de saúde, educação de qualidade, moradia adequada e segurança. Está relacionada à capacidade de atingir metas pessoais e profissionais, manter relacionamentos gratificantes e alcançar equilíbrio emocional e mental.

Por outro lado, a riqueza é geralmente associada à posse e acumulação de ativos financeiros, como dinheiro, propriedades e investimentos. Ela proporciona maior poder de compra e um estilo de vida mais confortável.

Quando consideramos a prosperidade e a riqueza juntas, estamos explorando um estilo de vida que abrange diversos aspectos que contribuem para uma vida plena e significativa. Isso inclui boa saúde, relacionamentos interpessoais de qualidade, tempo para atividades gratificantes e flexibilidade na gestão do tempo.

Além disso, buscar prosperidade e riqueza envolve adquirir conhecimento, desenvolver habilidades, explorar interesses e conectar-se a um propósito ou missão de vida. Esses elementos enriquecem profundamente a existência.

Portanto alcançar prosperidade e riqueza significa encontrar um equilíbrio que combine experiências significativas, saúde, relacionamentos positivos e realizações pessoais. Essa riqueza é única para cada indivíduo, dependendo de suas prioridades e valores pessoais.

Inteligência social e emocional. Quando falamos em prosperidade e riqueza, é preciso também abordar a inteligência social e emocional, dois conjuntos de habilidades essenciais que permitem às pessoas compreenderem e gerenciarem eficazmente suas próprias emoções e as emoções dos outros, desempenhando um papel fundamental no sucesso pessoal e nas interações sociais.

Inteligência emocional. A inteligência emocional se refere à capacidade de reconhecer, compreender, gerenciar e aplicar efetivamente as emoções. Um dos nomes mais proeminentes nesse campo é o pesquisador Daniel Goleman, autor do livro *Inteligência emocional*, que desempenhou um papel vital em popularizar esse conceito. Ele afirma:

> *Uma visão da natureza humana que ignore o poder das emoções é lamentavelmente míope. A própria denominação Homo Sapiens, a espécie pensante, é enganosa à luz do que hoje a ciência diz acerca do lugar que as emoções ocupam em nossas vidas. Como sabemos por experiência própria, quando se trata de moldar nossas decisões e ações, a emoção pesa tanto – e às vezes muito mais – quanto a razão. Fomos longe demais quando enfatizamos o valor e a importância*

do puramente racional – do que mede o QI – na vida humana. Para o bem ou para o mal, quando são as emoções que dominam, o intelecto não pode nos conduzir a lugar nenhum.

Imagine uma reunião de negócios em que a líder percebe que a equipe está tensa devido a desafios recentes. Em vez de simplesmente focar os números e a lógica das apresentações, ela inicia a reunião reconhecendo as emoções abaladas da equipe e cria um espaço para discutir as preocupações dos membros. Ao dar voz às emoções, todos conseguem se concentrar de forma mais eficaz nos tópicos da reunião, resultando em um desfecho que supera as expectativas.

Esse exemplo ilustra como as emoções desempenham um papel crucial nas interações profissionais e como a compreensão e a gestão adequadas do que sentimos podem melhorar de forma notável a dinâmica de uma equipe, demonstrando que a inteligência emocional é um componente valioso no caminho para a prosperidade e a riqueza.

Inteligência social. A inteligência social, como uma extensão da inteligência emocional, se concentra na compreensão das interações dentro de grupos sociais e em diversos contextos culturais. Em essência, ela amplia os princípios da inteligência emocional para abranger habilidades cruciais para interagir com êxito em grupos diversos e ambientes culturais variados. Sua importância se manifesta na construção de relacionamentos, na colaboração eficaz e na obtenção de uma compreensão mais profunda das dinâmicas sociais e culturais em nossa vida cotidiana.

Autor de *Inteligência social*, Goleman destaca a ideia do "cérebro sociável" e a importância do mundo interpessoal. Ele enfatiza que a descoberta mais fundamental dessa nova disciplina é que "fomos programados para nos conectar":

> *A neurociência descobriu que o próprio desenho do cérebro o torna sociável, inexoravelmente atraído a uma íntima conexão cérebro a cérebro sempre que interagimos com alguém. Essa ponte neural nos permite afetar o cérebro – e, portanto, o corpo – de todas as pessoas com as quais interagimos, exatamente como elas fazem conosco.*

Essa influência das conexões cerebrais é evidente em cenários como negociações comerciais, em que o comportamento do cliente é impactado pelas ações do empresário. Por exemplo, durante uma negociação, um empresário percebe que a empatia e a compreensão são cruciais para alcançar um acordo satisfatório. Adotando uma abordagem amigável e atenciosa, ele demonstra genuíno interesse pelas preocupações e necessidades do cliente. Isso não só constrói um relacionamento positivo, mas também leva o cliente a considerar mais favoravelmente a proposta de negócio. A conexão estabelecida resulta em colaborações contínuas e bem-sucedidas.

Desenvolver essas habilidades pode melhorar significativamente a qualidade de vida, ajudando as pessoas a lidar com o estresse, construir relacionamentos mais sólidos e alcançar mais sucesso em suas interações sociais. Tais competências são altamente valorizadas no ambiente de trabalho e são essenciais para o sucesso em diversas profissões e carreiras.

Os exemplos a seguir ilustram esses conceitos no ambiente de trabalho:

- Um gerente de tecnologia, com alta inteligência social e emocional, percebe que um membro de sua equipe enfrenta dificuldades pessoais. Ele aborda o colaborador com empatia e oferece apoio, estabelecendo um vínculo amistoso que fortalece o ambiente de trabalho.
- Um líder de equipe de vendas identifica que um membro está com baixos resultados devido a problemas pessoais. Com sua formação em inteligência social e emocional, o líder não se limita a focar os resultados do colaborador, mas, em vez disso, aborda o colega com empatia, oferecendo apoio e servindo como um ouvinte atento para que ele possa desabafar. Esse tipo de abordagem cria um ambiente de trabalho solidário e acolhedor, o que, por sua vez, ajuda o funcionário a superar sua crise pessoal.

Como obter prosperidade e riqueza usando a inteligência social e a inteligência emocional. A busca pela prosperidade e pela riqueza é um objetivo amplamente compartilhado na vida das pessoas. Embora o sucesso financeiro, muitas vezes, seja associado principalmente a habilidades técnicas e conhecimentos em áreas como finanças, empreendedorismo e investimentos, não se pode subestimar o papel crítico desempenhado pela inteligência social e emocional nessa jornada.

Neste ponto, com todos os conceitos que exploramos até agora, podemos direcionar nossa atenção para a questão fundamental de como utilizar a inteligência social e emocional para conquistar a prosperidade e a riqueza.

Para tornar isso mais tangível e claro, apresentamos no quadro abaixo os principais pontos e ações para isso:

Desenvolva a empatia	Coloque-se no lugar de outras pessoas para entender suas necessidades e seus objetivos.	A inteligência social envolve a capacidade de se relacionar bem com os outros. Cultivar relacionamentos saudáveis e construtivos pode abrir portas para oportunidades financeiras.
Fortaleça relacionamentos profissionais	Cultive relacionamentos sólidos no ambiente de trabalho, sendo colaborativo e resolvendo conflitos construtivamente.	A construção de uma rede de contatos sólida, especialmente no ambiente de trabalho, é uma parte crucial da inteligência social. Manter bons relacionamentos profissionais abre portas para oportunidades de negócios, investimentos e colaborações que podem impulsionar sua prosperidade financeira.
Invista em educação financeira e planejamento	Utilize a inteligência emocional para tomar decisões financeiras conscientes e aprenda sobre investimentos e planejamento financeiro.	Refletir sobre seus objetivos financeiros, valores e motivações o ajudará a alinhar suas escolhas e ações com o que realmente importa para você.
Negocie com habilidades sociais	Aplique habilidades sociais – inteligência emocional e social – para negociar contratos, salários e parcerias de negócios de forma eficaz.	Uma boa comunicação é essencial para o sucesso em qualquer empreendimento. Aprender a comunicar suas ideias, persuadir os outros e construir relacionamentos de confiança é parte integrante da inteligência social.

Mantenha um círculo social positivo	Cerque-se de pessoas com objetivos de prosperidade e riqueza, que podem influenciar positivamente suas metas financeiras.	Permite trocar conhecimento, influências positivas e oportunidades, além de criar um ambiente de apoio e colaboração que estimula o sucesso e o bem-estar.

Essas ações utilizam a inteligência emocional e social para melhorar suas finanças pessoais, seu desempenho profissional e suas oportunidades de sucesso financeiro. Elas também servem como as bases para uma prosperidade plena, proporcionando uma abordagem mais equilibrada e consciente em relação aos relacionamentos e aos fatores que definem uma vida proativa e bem-direcionada, permitindo que você busque a prosperidade e a riqueza de maneira mais eficaz.

15. A prosperidade além da riqueza: o valor da conexão social

O conceito de "conexão social" se refere à qualidade e à amplitude dos relacionamentos interpessoais de uma pessoa, englobando amigos, familiares, colegas e membros da comunidade. Ela desempenha um papel fundamental em diversas esferas da vida, incluindo a saúde mental, o equilíbrio emocional, a sensação de felicidade, o sucesso profissional e até mesmo a longevidade, proporcionando uma série de benefícios.

Uma conexão social forte oferece um sistema de apoio emocional, permitindo que as pessoas compartilhem alegrias e preocupações, reduzindo o estresse e a solidão, e promovendo a resolução conjunta de desafios. A interação social também estimula a liberação de endorfinas, conhecidas como os "hormônios da felicidade", melhorando o estado de ânimo e a satisfação na vida, enquanto desenvolve habilidades de relacionamento, como comunicação eficaz, empatia e resolução de conflitos, essenciais tanto na esfera pessoal quanto na profissional.

Além disso, as conexões sociais desempenham um papel fundamental na abertura de oportunidades de carreira, sendo um requisito muitas vezes indispensável para o sucesso profissional. Isso é exemplificado pela trajetória de Elon Musk, fundador da Tesla e da SpaceX, que construiu uma extensa rede de conexões sociais ao longo de sua carreira, facilitando o acesso a recursos financeiros e colaborações estratégicas.

No âmbito pessoal, o apoio social é indispensável para enfrentar desafios como doenças, perdas ou crises pessoais, fornecendo resiliência emocional e um senso de pertencimento. Estudos mostram que pessoas com conexões sociais mais ricas tendem a ter uma vida mais longa e melhor saúde física.

16. Riqueza emocional: a importância da saúde mental na prosperidade

Por riqueza emocional entendemos a capacidade de reconhecer, compreender, expressar e gerenciar emoções pessoais, além de interagir de forma empática e saudável com as emoções dos outros. Por exemplo, uma pessoa emocionalmente rica demonstra serenidade e compreensão ao apoiar um colega diante de dificuldades no trabalho, o que aprimora o relacionamento e fomenta a harmonia no ambiente profissional. Do mesmo modo, ao oferecer empatia e apoio emocional a um amigo enfrentando desafios, essa pessoa evidencia sua riqueza, fortalecendo suas conexões sociais e sua vida pessoal.

Ela é um elemento fundamental da inteligência emocional, desempenhando um papel importante na qualidade de vida e nas relações interpessoais: começa com a habilidade de reconhecer e compreender as próprias emoções, incluindo a identificação de sentimentos específicos, suas causas e seu impacto no comportamento.

Além disso, a capacidade de regular as emoções de maneira saudável é crucial, permitindo lidar eficazmente com o estresse, a raiva, a tristeza e outras emoções, evitando reações impulsivas e prejudiciais. Engloba ainda empatia, que consiste em compreender e se conectar com as emoções dos outros. Isso envolve ouvir atentamente as pessoas, demonstrar compaixão e oferecer apoio em suas próprias jornadas emocionais.

Outro aspecto é a habilidade de comunicação eficaz, que possibilita à pessoa expressar suas emoções de forma clara e assertiva, minimizando mal-entendidos e conflitos. Ser emocionalmente rico é fundamental para estabelecer e manter relacionamentos saudáveis, permitindo criar laços sólidos com amigos, familiares, colegas e parceiros.

Em situações de conflito, ser emocionalmente rico ajuda a encontrar soluções construtivas, permitindo abordar as divergências com empatia, ouvir as preocupações das partes envolvidas e trabalhar em direção a um acordo mutuamente benéfico. Além disso, contribui para a tomada de decisões conscientes, considerando as emoções envolvidas e como podem influenciar as escolhas, resultando em decisões mais fundamentadas e alinhadas com valores pessoais.

Pessoas emocionalmente ricas tendem a ser mais resistentes diante de adversidades, lidando de forma mais eficaz com o estresse, a pressão e as dificuldades, e mantendo um equilíbrio emocional especial. Essa riqueza está intrinsecamente relacionada ao bem-estar geral, permitindo que uma pessoa emocionalmente rica experimente alegria, satisfação e um senso de significado em sua vida.

Desenvolver a riqueza emocional é uma jornada contínua de crescimento pessoal que nos ajuda a nos tornarmos versões mais autênticas e compassivas de nós mesmos. Cultivar a riqueza emocional representa uma parte fundamental do desenvolvimento pessoal e contribui para o bem-estar emocional e social.

16.1. Cuidar da saúde mental para alcançar riqueza e prosperidade

Uma pessoa com saúde mental goza de um estado geral de bem-estar emocional, psicológico e social, capacitando-a a enfrentar o estresse, superar desafios, manter relacionamentos saudáveis e tomar decisões coesas e eficazes. Esse estado inclui equilíbrio emocional, resiliência, autoestima positiva e habilidades para lidar com adversidades de forma flexível e natural.

Quando abordamos a relação entre saúde mental e prosperidade, estamos focalizando, mais precisamente, o equilíbrio psicológico e emocional que contribui para buscar e manter uma vida próspera e gratificante. Isso envolve a capacidade de gerenciar emoções e estresse, nutrir relacionamentos saudáveis e tomar decisões eficazes, fatores que, por sua vez, promovem o alcance de metas pessoais e profissionais.

Portanto fica evidente que a saúde mental desempenha um papel vital na prosperidade de uma pessoa, uma vez que está intrinsecamente ligada ao seu bem-estar geral e à qualidade de vida. Resumindo, o bem-estar mental sustenta e enriquece a prosperidade em todas as áreas.

É importante reconhecer que a relação entre saúde mental e prosperidade é bidirecional, influenciando mutuamente uma à outra. Por exemplo, alguém que mantém uma boa saúde mental, gerenciando o estresse e cultivando relacionamentos saudáveis, está mais propenso a alcançar o sucesso nas esferas profissional, financeira e pessoal.

Ao mesmo tempo, o sucesso e as prosperidades podem contribuir para uma saúde mental positiva, aliviando preocupações financeiras, fornecendo segurança emocional e fomentando um senso de realização.

É essencial enfatizar a importância de cuidar do bem-estar emocional para alcançar as verdadeiras riqueza e prosperidade. Ela desempenha um papel crucial na busca e na manutenção do verdadeiro propósito e da motivação para viver, bem como na satisfação completa em todas as áreas da vida.

De forma direta, podemos destacar os principais fatores que promovem a prosperidade por meio da saúde mental:

FATOR CONSIDERADO	BENEFÍCIOS DE CUIDAR DA SAÚDE MENTAL
1. Bem-estar	Promove o bem-estar emocional, sendo uma pedra angular da prosperidade.
2. Resiliência	Fortalece a capacidade de enfrentar desafios e adversidades, fundamentais na trajetória rumo à prosperidade.
3. Decisões	Facilita tomar decisões informadas, exercendo influência positiva nas escolhas financeiras e de carreira.
4. Relações	Aprimora a qualidade das relações interpessoais, desempenhando um papel crucial no acesso a oportunidades e no suporte durante a busca pela prosperidade.
5. Satisfação	Contribui para uma sensação mais profunda de realização pessoal, que transcende o mero sucesso material.

A pessoa que cultiva o hábito de cuidar atentamente de sua saúde mental valoriza mais suas relações familiares, encontra satisfação genuína na conexão com os outros e experimenta uma sensação mais profunda de realização pessoal, independentemente de sua situação financeira permanecer inalterada. Esse tipo de prosperidade, que transcende o mero sucesso financeiro, é amplamente desejado.

Por outro lado, negligenciar a saúde mental pode acarretar riscos significativos para nossa qualidade de vida e aspirações de prosperidade. Por exemplo, um profissional que persistentemente ignora o estresse crônico no ambiente de trabalho e os sinais de ansiedade inevitavelmente acaba sofrendo de esgotamento, afastando-se do sucesso profissional almejado.

Abaixo indicaremos os fatores que prejudicam a prosperidade a partir da negligência da saúde mental, bem como as consequências de cada um deles a curto e a longo prazos.

\multicolumn{2}{c}{FATORES QUE PREJUDICAM A PROSPERIDADE A PARTIR DA NEGLIGÊNCIA DA SAÚDE MENTAL}	
Fator de negligência	Consequências
1. Estresse crônico	Prejudica tanto a saúde física quanto a mental, minando a capacidade de prosperar.

2. Impulsividade	Decisões impulsivas frequentemente levam a escolhas prejudiciais, restringindo a prosperidade.
3. Isolamento social	Afastar-se das relações sociais prejudica conexões interpessoais e oportunidades.
4. Impacto na carreira	Problemas de saúde mental podem ter impacto negativo no desempenho profissional e no sucesso.
5. Qualidade de vida	A falta de atenção à saúde mental pode resultar em uma qualidade de vida inferior e em uma sensação de prosperidade reduzida.

Saúde mental é um investimento crucial que, sem dúvida, terá um impacto profundamente positivo na capacidade da pessoa de prosperar em todos os aspectos de sua trajetória. Portanto não subestime o valor da saúde mental na conquista de uma vida próspera e satisfatória.

16.2. Uma estratégia prática e objetiva

Para facilitar a tarefa de estabelecer riqueza emocional, de modo que a saúde mental trabalhe a favor da nossa prosperidade, tanto pessoal quanto profissional, é possível utilizar uma estratégia bastante prática e objetiva, conforme o passo a passo a seguir.

Passo 1: autoconhecimento emocional e avaliação da saúde mental

O ponto de partida rumo à riqueza emocional é uma avaliação franca da sua saúde mental. Reflita profundamente sobre suas emoções, os níveis de estresse e de ansiedade e a sua resiliência emocional.
Exercite a autoconsciência emocional, identificando suas emoções genuínas e analisando como elas influenciam seus pensamentos e suas ações.

Passo 2: defina metas claras de bem-estar emocional

Estabeleça metas concretas e específicas relacionadas ao seu bem-estar emocional e à sua saúde mental. Isso pode abranger objetivos como "gerir o estresse de maneira eficaz" ou "cultivar relacionamentos mais saudáveis".
Certifique-se de que essas metas sejam mensuráveis e alcançáveis, permitindo que você acompanhe seu progresso ao longo do tempo.

Passo 3: desenvolva habilidades de inteligência emocional

Investir na ampliação da sua inteligência emocional é imperativo. Aprenda a reconhecer, compreender e gerenciar suas emoções de maneira saudável.
Cultive habilidades de empatia para compreender as emoções dos outros e fortalecer relacionamentos tanto em seu âmbito pessoal quanto no profissional.

Passo 4: pratique o autocuidado e a resiliência

Estabeleça rotinas de autocuidado que abranjam atividades físicas, uma alimentação balanceada, um sono adequado e técnicas de relaxamento, como meditação e *mindfulness*.
Fortaleça sua resiliência emocional ao dominar a arte de enfrentar o estresse e superar adversidades de forma construtiva. Isso inclui a importante etapa de buscar apoio sempre que necessário, como terapia ou aconselhamento especializado.

Passo 5: cultive relacionamentos significativos

Investir em relacionamentos significativos é fundamental para a riqueza emocional. Mantenha conexões pessoais saudáveis com amigos, familiares e colegas. Crie uma sólida rede de apoio emocional que o auxilie a enfrentar desafios e a celebrar conquistas, seja no âmbito pessoal ou no profissional.

16.3. Inteligência emocional e emoções

Atualmente, diversas correntes da psicologia classificam as emoções, cada uma trazendo nuances próprias. O psiquiatra canadense, por exemplo, dividiu as emoções humanas em duas categorias fundamentais: "emoções autênticas" e "disfarces". Ele identificou cinco emoções autênticas: medo, alegria, raiva, tristeza e amor (ou afeto), consideradas autênticas por sua naturalidade e reconhecimento fácil. As demais manifestações emocionais que não se enquadram diretamente nessas categorias são classificadas como "disfarces". Por exemplo, a frustração pode ser vista como um "disfarce", tendo como base emoções autênticas subjacentes, como tristeza e raiva.

Já Napoleon Hill, em seu livro *Pense e enriqueça*, identifica sete emoções positivas essenciais: desejo, fé, amor, sexo, entusiasmo, paixão e esperança, que, segundo ele, exercem influência significativa em nossas vidas.

Independentemente da classificação escolhida, fica evidente que as emoções desempenham um papel vital em nossos relacionamentos e têm um impacto direto nos resultados que alcançamos em nossas interações com o mundo e com outras pessoas.

Para uma compreensão mais aprofundada das principais emoções humanas e uma base sólida na busca pelo sucesso, recomenda-se a leitura do livro *Gerencie seu emocional: como administrar seu império de emoções*, de minha autoria, que pode ser uma parte valiosa de sua jornada em direção à riqueza e à prosperidade, fornecendo *insights* essenciais sobre o papel das emoções em sua busca por sucesso e bem-estar.

16.4. Inteligência emocional, saúde mental, riqueza e prosperidade

O conceito de inteligência emocional, popularizado por Daniel Goleman, compreende cinco componentes fundamentais:

A. **Autoconhecimento emocional:** é a habilidade de reconhecer e compreender nossas próprias emoções, identificando sentimentos específicos e compreendendo como eles afetam nosso comportamento.

B. **Controle emocional:** envolve a capacidade de regular nossas emoções, evitando reações impulsivas e tomando decisões conscientes, mesmo em situações altamente emocionais.

C. **Consciência social:** trata-se de perceber e compreender as emoções dos outros, desenvolvendo empatia e a capacidade de se relacionar de forma eficaz com as pessoas.

D. **Habilidades interpessoais:** engloba a capacidade de interagir e comunicar-se eficazmente com os outros, construindo relacionamentos saudáveis e produtivos.

E. **Gestão de relacionamentos:** consiste em usar a consciência emocional e as habilidades interpessoais para criar relacionamentos positivos e resolver conflitos.

Dentro da perspectiva de autoconsciência e autocontrole, uma boa citação, atribuída a Sócrates, é: "Conhecer a si mesmo é o início de toda sabedoria". Reconhecer e compreender nossas próprias emoções é o primeiro passo para desenvolver as habilidades emocionais, aprimorando nossa qualidade de vida e nossos relacionamentos.

A inteligência emocional, como ferramenta de autodesenvolvimento, nos conduz a:

A. **Tomar decisões mais ponderadas:** ela nos auxilia a tomar decisões considerando não apenas fatos racionais, mas também as emoções envolvidas.
B. **Gerenciar o estresse de forma eficaz:** aumenta nossa capacidade de lidar com o estresse e a pressão, essencial para o bem-estar mental e físico.
C. **Construir relacionamentos mais saudáveis:** contribui para relacionamentos mais empáticos e uma melhor comunicação e resolução de conflitos.
D. **Aprofundar o autoconhecimento:** permite entender melhor nossas emoções, necessidades e motivações, facilitando o crescimento pessoal.
E. **Alcançar sucesso profissional:** é valorizada no ambiente de trabalho, melhorando a liderança, a capacidade de trabalho em equipe e a resiliência.
F. **Promover uma melhor saúde mental:** está relacionada a níveis mais elevados de bem-estar emocional e menor risco de problemas de saúde mental, como ansiedade e depressão.
G. **Desenvolver empatia:** facilita a compreensão das emoções e perspectivas dos outros, promovendo relacionamentos mais autênticos.

Goleman, em *Inteligência emocional*, compartilha uma antiga história na qual um guerreiro samurai desafiou um mestre Zen a explicar os conceitos de céu e inferno. O mestre, demonstrando desprezo, respondeu que não iria desperdiçar seu tempo com ele.

✿✿✿

O samurai, tomado por um acesso de fúria, berrou:
— Eu poderia matá-lo agora, por sua impertinência.
Com calma e serenidade, o monge respondeu:
— Isso é o inferno.
Surpreendido ao reconhecer a verdade sobre sua própria raiva, o samurai se acalmou e fez uma reverência, agradecendo ao monge pela revelação.
O mestre concluiu:
— E isso é o céu.

✿✿✿

O autor acrescenta que a súbita consciência do samurai acerca de sua agitação ilustra a diferença fundamental entre ser dominado por um sentimento e tomar consciência de seu impacto. Isso está intrinsecamente ligado à inteligência emocional, que envolve a habilidade de reconhecer nossos sentimentos no momento em que surgem e trabalhar com eles para melhorar nossos relacionamentos.

A seguir, apresento uma breve comparação entre as duas, destacando cinco de seus aspectos-chave:

ASPECTO	INTELIGÊNCIA EMOCIONAL	INTELIGÊNCIA SOCIAL
Definição	Diz respeito à capacidade de reconhecer, compreender e gerir as próprias emoções, bem como as emoções dos outros.	Refere-se à habilidade de compreender as dinâmicas sociais, estabelecer relações eficazes com os outros e navegar com sucesso em diversos contextos sociais.
Foco principal	Concentra-se no autoconhecimento e na autorregulação emocional.	Gira em torno da compreensão das interações sociais, empatia e habilidades de comunicação.
Benefícios	Promove uma tomada de decisões mais acertada, relacionamentos mais saudáveis, melhor gerenciamento do estresse e uma eficaz resolução de conflitos.	Contribui para o desenvolvimento de relacionamentos interpessoais mais sólidos, colaboração efetiva, e uma influência positiva em grupos e equipes.
Aplicação profissional	É traduzida em um melhor desempenho no ambiente de trabalho, liderança eficaz e uma maior capacidade de adaptação às mudanças organizacionais.	Aprimora habilidades de liderança, trabalho em equipe, negociação e influência social.
Desenvolvimento	Pode ser aprimorada por meio de métodos como autorreflexão, prática de meditação, treinamento de habilidades emocionais e terapia.	Pode ser desenvolvida por meio da prática em situações sociais, observação atenta das interações humanas e treinamento em comunicação e empatia.

Além de Daniel Goleman, o autor e especialista em inteligência social, Karl Albrecht, também é amplamente reconhecido por seus estudos sobre o aprimoramento da inteligência social e da comunicação eficaz no ambiente de trabalho. Seu livro *Inteligência social: além do QI, além da inteligência emocional, aplicando a teoria da inteligência múltipla humana* é uma referência fundamental nessa área.

Esses autores, com outros pesquisadores, têm contribuído significativamente para nossa compreensão da inteligência social e de seu impacto no sucesso e nas interações humanas em diversos contextos, incluindo o ambiente corporativo. Suas obras são fontes essenciais para aqueles que buscam uma compreensão mais profunda nesse campo em constante evolução.

16.5. Pontos-chave da inteligência social

Para compreendermos melhor a inteligência social, é importante destacar seus principais componentes:

A. **Compreensão de grupos sociais:** a inteligência social envolve a habilidade de compreender as dinâmicas de grupos sociais, como famílias, equipes de trabalho, comunidades e sociedades em geral. Isso inclui a capacidade de reconhecer normas culturais, valores, hierarquias e dinâmicas de poder em diferentes contextos sociais.

B. **Consciência cultural:** ter consciência das diferenças culturais e do impacto que essas diferenças podem ter nas interações sociais é um aspecto importante da inteligência social. Isso ajuda a evitar mal-entendidos e conflitos decorrentes de choques culturais.

C. **Empatia cultural:** ser capaz de compreender e se relacionar com pessoas de diferentes origens e culturas, demonstrando respeito e sensibilidade às diferenças culturais.

D. **Habilidade de colaboração:** colaborar eficazmente em grupos diversos. Isso requer a capacidade de construir relacionamentos, resolver conflitos e liderar ou contribuir em equipes multidisciplinares.

E. **Habilidades de comunicação social:** ter capacidade de adaptar a linguagem, o comportamento e a comunicação não verbal para se adequar a diferentes públicos e situações sociais.

F. **Liderança social:** ter habilidade de influenciar positivamente grupos e comunidades, motivando e orientando as pessoas em direção a objetivos comuns, construindo equipes que priorizem bons relacionamentos e busquem a sinergia para alcançar resultados desejados.

6. **Negociação e resolução de conflitos sociais:** saber lidar com situações de conflito em grupos sociais, encontrar soluções e manter a harmonia é essencial, uma vez que reconhecemos a importância de manter relacionamentos bons e produtivos para alcançar o sucesso e a prosperidade.

17. Inteligência social: o segredo para aumentar a prosperidade pessoal e profissional

Na complexa sinfonia da vida, frequentemente nossas interações sociais se assemelham a uma partitura intrincada. O sucesso pessoal e profissional depende não apenas de nossas habilidades técnicas, mas também da capacidade de "ler" as habilidades do outro e interagir com elas.

Diferentemente de uma orquestra clássica, em que há um único regente, a inteligência social se assemelha mais a uma banda de jazz, na qual todos os integrantes são protagonistas e precisam se adaptar às nuances do momento, respondendo a elas de forma autêntica.

A inteligência social é especialmente útil nos conflitos, pois passamos a ver as diferenças não como ameaças, mas como possibilidades de expandir olhares e repertórios. Ignorando a singularidade das partes envolvidas não há boa negociação. Reconhecer e respeitar a diversidade são a base de uma interação inclusiva.

Para isso, é necessário empatia e respeito. Exercendo uma influência positiva, impactamos todos ao nosso redor, criando confiança e apoio. Só assim, melhoramos o ambiente de trabalho, o moral da equipe, a produtividade e mantemos o trabalho em sintonia.

Com o intuito de facilitar a aplicação eficaz desses princípios, recomendamos algumas práticas, que devem ser desenvolvidas diariamente, conforme detalhado a seguir:

DICAS PARA DESENVOLVER AUTOCONHECIMENTO E AUTOCONSCIÊNCIA

A autoconsciência é considerada um aspecto da inteligência emocional. Desenvolvendo-a podemos tomar decisões mais alinhadas com nossos valores, objetivos e habilidades, o que nos leva a escolhas mais acertadas e a resultados mais satisfatórios. Refletir sobre algumas perguntas pode ajudar nesse processo:

Quais são as três palavras que melhor me representam?
Quais são os três valores mais importantes para mim?
Qual é o meu propósito na vida?
O que mais me assusta neste momento?
O que é mais importante para mim neste momento?
Quem devo procurar quando preciso de conselhos?
Tenho ressentimentos em relação a algum membro da família? Se sim, qual a razão?
Qual é a memória mais querida que tenho da minha família?
Quais são as coisas pelas quais sinto gratidão em relação à minha família?
Quais são os aspectos positivos do meu trabalho?
O que causa estresse?
Cometi algum erro no trabalho ultimamente – e como aprendi com ele?
Quais são algumas habilidades que preciso melhorar?
Qual é a minha definição de sucesso?
Quais obstáculos estão impactando minha felicidade?
Quais são meus talentos mais destacados?
Como posso aumentar meu nível de felicidade?
Quais habilidades preciso aprimorar?

DICAS PARA DESENVOLVER EMPATIA

Empatia é fundamental nas relações sociais. A série "Como ser um ser humano melhor", do TED,[89] apresenta exercícios práticos para desenvolvê-la. Propomos alguns deles aqui:

1. Reflita sobre quais são suas dificuldades e como se sente em relação a elas. Agora, imagine como você apoiaria um amigo que estivesse passando pelo mesmo problema, caso ele lhe pedisse ajuda. Há diferença entre a gentileza que você oferece a ele e a que dispensa a si mesmo?

2. Dedique um pouco de tempo, energia ou recursos a alguém em sua vida, especialmente quando ele estiver com alguma dificuldade. Um gesto simples, como uma mensagem sincera de apoio, promove empatia.

3. Converse com alguém que possui opiniões divergentes, compartilhando como formou sua perspectiva e ouvindo a jornada dele, sem o interromper ou julgar.

---

[89] Disponível em: https://ideas.ted.com/5-exercises-to-help-you-build-more-empathy/. Acesso em: 3 jul. 2024.

DICAS PARA MELHORAR HABILIDADES DE COMUNICAÇÃO E RESOLUÇÃO DE CONFLITOS

Uma das ferramentas mais usadas para melhorar a comunicação nas empresas e nas relações interpessoais é a Comunicação Não Violenta (CNV), conceito desenvolvido pelo psicólogo Marshall Rosenberg na década de 1960. A CNV se baseia em competências linguísticas e de comunicação que fortalecem nossa capacidade de permanecermos humanos, mesmo em condições adversas. Os quatro elementos da CNV são:

1. **Observação:** envolve a capacidade de observar uma situação de maneira objetiva, sem fazer julgamentos. Por exemplo, em vez de dizer "Você está sempre atrasado para as reuniões", você pode observar: "Hoje, você chegou quinze minutos depois do horário marcado para a reunião".

2. **Sentimento:** expressar os sentimentos em relação à observação feita. Em vez de criticar, é importante compartilhar como a situação faz você se sentir. Por exemplo, em vez de dizer "Você está sempre atrasado para as reuniões", você pode expressar: "Quando você chegou atrasado para a reunião, me senti frustrado porque perdemos tempo esperando."

3. **Necessidade:** identificar as necessidades que estão por trás dos sentimentos. Por exemplo: "Minha necessidade é por eficiência e respeito pelo tempo de todos os participantes das reuniões."

4. **Desejo:** comunicar o que você gostaria que acontecesse para atender às suas necessidades. Por exemplo: "Eu gostaria que, no futuro, pudéssemos iniciar as reuniões pontualmente para garantir que todos usem seu tempo de forma eficaz."

DICAS PARA CONSTRUIR RELACIONAMENTOS AUTÊNTICOS

O que, afinal, constrói um vínculo genuíno entre as pessoas? Segundo estudos, quando nos deparamos com alguém, nosso cérebro inicia uma "varredura" meticulosa de todas as informações disponíveis, com o propósito de julgar se aquela pessoa merece nossa confiança. Fazemos isso há milênios, como instinto de sobrevivência. Para construir relacionamentos autênticos, temos de ter um desejo genuíno de ser valioso para a outra pessoa.

O primeiro passo, então, é perguntar a si mesmo: "Qual é a minha intenção nesse relacionamento? É relacional ou transacional?"

Caso seja a primeira opção, aprenda a criar emoções positivas na outra pessoa. Para isso, algumas perguntas podem ajudar, por exemplo: "O que você mais ama fazer?", "O que te dá mais alegria na profissão que você escolheu?".

DICAS PARA SER UMA INFLUÊNCIA POSITIVA

Uma influência positiva é algo ou alguém que exerce um impacto benéfico sobre outra pessoa, propiciando mudanças significativas em suas vidas e na nossa própria. Imagine a última vez em que você se encontrou com alguém que o fez sentir-se verdadeiramente positivo. Lembra-se de como isso o afetou? Você teve uma perspectiva mais positiva depois de interagir com essa pessoa? Você sentiu que tinha chances de ser feliz?

Uma influência positiva encoraja, fortalece e dá mais autoconfiança. Um exercício para isso é: em vez de procurar problemas, procure sucessos e virtudes nas pessoas.

DICAS PARA DESENVOLVER FLEXIBILIDADE SOCIAL

O PhD em neurociência, empreendedor e autor de *Golpe de vista: como a ciência pode nos ajudar a ver o mundo de outra forma*, Beau Lotto, ensina que a certeza pode nos levar apenas onde estivemos antes. Apenas a dúvida nos levará a lugares que nem sabíamos existir. Isso inclui o que pensamos sobre nós e o mundo.

Você está disposto a desafiar suas certezas e se abrir a novas perspectivas? Experimente fazer as dinâmicas abaixo:

- Faça exercícios mentais que desafiem seus padrões de pensamento (jogos, quebra-cabeças, hobbies novos).

- Acolha seus fracassos, eles são um trampolim para a sabedoria. Reflita: quais são as lições e os *insights* que você pode extrair deles?

- Aventure-se em experiências culturais desconhecidas para você.

- Reserve alguns minutos por dia para meditar.

DICAS PARA SER AUTÊNTICO

Autenticidade é a qualidade de agir em conformidade com nossos valores e caráter, de sermos fiéis a nós mesmos em vez de agir segundo aquilo que o outro quer ou que imaginamos que ele espera de nós (como tentativa de sermos amados e aceitos).

O psicoterapeuta suíço Carl Jung era categórico sobre essa necessidade: "Só aquilo que somos realmente tem o poder de nos curar". Quando nossos pensamentos, palavras e ações estão alinhados, temos mais força para investir em nossos objetivos. Daí a importância do autoconhecimento e da autoconsciência.

Outra prática que pode nos ajudar a sermos mais autênticos é ouvir nossa intuição. De acordo com diversas pesquisas, todos nós temos intuição e podemos fortalecê-la para tomar as melhores decisões no dia a dia.

A ex-professora e assistente de psiquiatria na Universidade de Washington, Dehra Harris, sugere que comecemos ouvindo o que sentimos. Fazemos isso ficando um momento em silêncio e observando as diferentes "vozes" em sua mente.

Geralmente, duas vozes podem ser identificadas. Uma delas, movida pelo medo, está ligada a pensamentos apressados e repetitivos. A outra, mais serena e alinhada com a nossa natureza, é descrita como nossa "voz interior". A pesquisadora explica que a melhor maneira de reconhecê-las é observando como elas afetam as emoções. A voz interior tende a proporcionar calma, mesmo diante de tarefas desafiadoras, enquanto a voz movida pelo medo tende a intensificar o estresse emocional.

18. Conclusão: unindo tudo – neurociência, inteligência social e emocional e prosperidade

Você já se questionou sobre o segredo para alcançar uma vida plena, rica e bem-sucedida? Dentro dessa reflexão, podemos traçar um caminho estimulante ao explorar a interconexão entre neurociência, inteligência social, inteligência emocional e prosperidade. Cada um desses elementos contribui de forma singular para o nosso sucesso e bem-estar. Quando combinados, eles formam um mapa poderoso que nos conduz à riqueza e à prosperidade que todos desejamos.

A neurociência nos revela que o cérebro humano é adaptável, como um habilidoso escultor que pode remodelar conexões neurais com base na experiência e no aprendizado. Isso significa que, independentemente da idade, podemos treinar nosso cérebro para alcançar níveis mais elevados de sucesso e prosperidade.

A inteligência emocional desempenha um papel fundamental nessa jornada. Começa com a capacidade de reconhecer, compreender e gerenciar nossas próprias emoções, proporcionando um valioso controle sobre nossas reações e decisões. Além disso, a inteligência emocional nos impulsiona à empatia, que nos torna comunicadores melhores, nos permitindo estabelecer conexões mais profundas e significativas com as pessoas ao nosso redor.

A neurociência introduz o conceito de plasticidade cerebral, que desempenha um papel crucial na inteligência emocional. À medida que treinamos nossos cérebros para reconhecer e lidar com emoções, desenvolvemos conexões neurais mais fortes, promovendo uma inteligência emocional mais refinada. Isso nos permite navegar pelas complexidades das relações humanas com mais assertividade e habilidade.

Já a inteligência social, outra peça importante dessa estrutura, nos capacita a compreender e interagir eficazmente com os outros em grupos e contextos sociais. A construção de relacionamentos sólidos torna-se uma habilidade ainda mais valiosa, pois essas conexões são uma fonte inestimável de apoio e oportunidades.

No mundo dos negócios, a inteligência social se torna uma vantagem competitiva essencial. A capacidade de construir e manter relacionamentos comerciais sólidos é fundamental para o crescimento das empresas e para a liderança eficaz.

Ter uma rede de apoio significativa ao nosso lado, pronta para oferecer ajuda nos momentos de maior necessidade, é um dos benefícios resultantes da aplicação adequada da inteligência social. Além disso, essa capacidade desempenha um papel crucial na condução de negociações eficazes e na resolução construtiva de conflitos. Essas habilidades não apenas promovem o nosso bem-estar emocional, mas também abrem portas para o sucesso profissional.

Para quem busca a prosperidade como resultado, é importante entender que ela surge quando todas essas peças se encaixam. Uma mente equilibrada, enriquecida com inteligência emocional e social, tem uma capacidade maior de tomar decisões bem-informadas, gerenciar o estresse e construir relacionamentos saudáveis e duradouros, gerando prosperidade muito além da riqueza financeira. A verdadeira riqueza na vida não é medida apenas em termos de bens materiais, mas especialmente pela qualidade dos relacionamentos e pela rede de apoio social que uma pessoa constrói e mantém.

Trilhar com assertividade a jornada rumo ao sucesso e à riqueza plena é entender e utilizar a colaboração entre a neurociência, a inteligência social, a inteligência emocional e a prosperidade, desvendando um mapa para uma vida mais rica e significativa. A exploração contínua desses campos nos oferece ferramentas valiosas para moldar nosso próprio destino, capacitando-nos a criar um futuro de sucesso, bem-estar e prosperidade em todas as áreas da vida.

18.1. Um olhar para o futuro

E quanto ao futuro? O que podemos esperar quanto à evolução da integração entre neurociência, inteligência emocional e social e a produção de riqueza e prosperidade?

É importante compreender que estamos apenas começando a explorar o potencial humano para a prosperidade, por meio da união entre neurociência, inteligência social e inteligência emocional. Isso significa que o futuro nos reserva a promessa de uma vida mais rica e significativa, onde as inteligências emocional e social se tornarão ferramentas indispensáveis para a conquista da prosperidade.

Ao investirmos em nosso próprio crescimento emocional e social, estaremos nos preparando para abraçar as melhores oportunidades que o futuro nos reserva e construindo um mundo mais próspero para todos.

A evolução na integração entre neurociência e as inteligências emocional e social se torna cada vez mais evidente e robusta, e a busca pela riqueza e pela prosperidade se tornará cada vez mais emocionante. À medida que continuarmos a desvendar os segredos do cérebro humano, teremos um entendimento cada vez mais profundo de como nossas emoções e conexões sociais desempenham um papel definitivo em nossa capacidade de prosperar. E nos tornaremos mais hábeis em lidar com elas.

As tecnologias avançadas, como a neuroimagem e a inteligência artificial, nos permitirão explorar as complexidades do cérebro de maneiras sem precedentes. Isso abrirá portas para abordagens personalizadas e altamente eficazes no desenvolvimento das inteligências emocional e social, capacitando as pessoas a atingirem seu potencial máximo.

Além disso, talvez um dos maiores ganhos recentes na evolução do ser humano seja o crescente reconhecimento da importância da saúde mental e emocional. Isso levará a um investimento maior em programas de educação e desenvolvimento social e emocional desde cedo, preparando as gerações futuras para uma vida mais próspera.

Nos negócios, a inteligência social continuará a ser um fator determinante de sucesso. Empresas que priorizam a construção de culturas de apoio e relacionamentos genuínos prosperarão, enquanto a liderança eficaz será, cada vez mais, caracterizada pela empatia, cooperação e compreensão.

18.2. Um chamado para a ação

Agora que possuímos esse conhecimento, a pergunta é: como você vai aplicar essas ideias em sua vida? Lembre-se de que o sucesso, a riqueza e a prosperidade plena não são destinos distantes, mas sim jornadas que você pode começar a trilhar hoje mesmo.

Comece investindo em sua inteligência emocional e social. Pratique o reconhecimento e o gerenciamento de suas emoções e trabalhe na construção de relacionamentos sólidos. Isso abrirá portas e criará oportunidades que você jamais imaginou.

Nunca subestime o poder de treinar seu cérebro para alcançar níveis mais elevados de sucesso. Mantenha sempre a curiosidade e o contato com o aprendizado. E, acima de tudo, lembre-se de que a verdadeira prosperidade reside na qualidade de suas conexões sociais e em sua capacidade de entender e gerenciar emoções. Seguindo esse caminho, você está no rumo certo para uma vida plena, rica e bem-sucedida.

"APROVEITE CADA DIA COMO UMA **OPORTUNIDADE** PARA ENRIQUECER SUA MENTE, CONSTRUIR RELACIONAMENTOS **SIGNIFICATIVOS** E TRILHAR O CAMINHO DA **PROSPERIDADE.** SUA JORNADA COMEÇA AGORA. **FIRME O PASSO! PEGUE O RITMO** E SEJA OBSTINADO QUE DÁ!"

APÊNDICES

APÊNDICE A
EXERCÍCIOS PARA AUMENTAR A INTELIGÊNCIA EMOCIONAL E SOCIAL

1. DIÁRIO DE AUTORREFLEXÃO

Aumentar a autoconsciência e identificar padrões emocionais.
Passo a passo para um diário emocional:

1. Escolha um momento do dia: reserve 10-15 minutos ao final do dia, de preferência em um momento tranquilo em que você não será interrompido.

2. Prepare seu diário: use um caderno físico ou um aplicativo digital, como Evernote ou Day One.

3. Descreva seu dia:

"Hoje, durante a reunião com o conselho, senti muita ansiedade quando me pediram para apresentar o relatório trimestral. Mais tarde, fiquei extremamente frustrado ao descobrir um erro crítico em uma das análises financeiras que preparei."

"Hoje, durante a apresentação para os investidores, senti muita pressão para demonstrar o crescimento da empresa. Mais tarde, fiquei desanimado ao perceber que alguns números projetados não estavam corretos."

4. Identifique gatilhos emocionais: pergunte-se o que desencadeou essas emoções.

"A ansiedade surgiu porque eu não estava preparado para a reunião. A frustração apareceu ao perceber que meu trabalho não estava perfeito."

"A preocupação emergiu ao perceber que os prazos para a conclusão do projeto estavam apertados e a equipe parecia desmotivada."

5. Reflexão semanal: no final da semana, revise suas anotações e busque por padrões ou emoções recorrentes.

"No final da semana, percebi que frequentemente me sinto ansioso antes das reuniões com clientes. Vou me concentrar em preparar materiais com antecedência para me sentir mais confiante."

"Ao revisar minhas anotações, notei que sinto frustração sempre que surgem tarefas inesperadas. Vou implementar uma melhor gestão do tempo para lidar com imprevistos de forma mais eficiente."

Leitura recomendada: para aqueles que buscam inspiração para começar a prática de manter um diário.

The Diary of a Young Girl por Anne Frank – uma leitura que inspira a prática de manter um diário. Nesta obra, somos lembrados da importância de expressar nossas experiências pessoais, independentemente das circunstâncias.

The Miracle Morning por Hal Elrod – recomendado para aqueles interessados na melhoria pessoal por meio de rotinas matinais eficazes, incluindo a autorreflexão.

PODCASTS:

The Tim Ferriss Show – episódios específicos sobre a discussão de hábitos que podem impulsionar a produtividade e o bem-estar pessoal.

Happier with Gretchen Rubin – compartilha *insights* baseados em pesquisas e experiências pessoais.

2. A PRÁTICA DA EMPATIA

Desenvolver a capacidade de entender e compartilhar os sentimentos dos outros.

Passo a passo para praticar empatia: esse processo pode fortalecer suas habilidades de empatia e melhorar significativamente suas interações interpessoais.

1. Escolha uma situação: reflita sobre uma interação recente envolvendo outra pessoa, como um colega de trabalho, amigo ou familiar.
Exemplo: "Meu colega parecia muito chateado quando seu projeto foi criticado. Como eu me sentiria se meu trabalho fosse criticado dessa maneira?"

2. Visualize a perspectiva da outra pessoa: feche os olhos e imagine-se na posição dela. Tente compreender suas emoções e como ela pode estar se sentindo física e emocionalmente.

3. Questione as motivações e emoções: explore as motivações, preocupações e sentimentos dessa pessoa.
Exemplo: "Ela provavelmente investiu muito esforço no projeto, e a crítica pode ter afetado sua autoestima."

4. Aplique na prática: utilize esse entendimento para interagir de maneira mais empática e compassiva com a pessoa.

Exemplo: "Vou oferecer meu apoio e perguntar se há alguma forma de ajudar."

LEITURAS RECOMENDADAS:

Empathy: Why It Matters, and How to Get It por Roman Krznaric — um guia essencial sobre a importância da empatia e como desenvolvê-la.

To Kill a Mockingbird por Harper Lee — um romance clássico que exemplifica poderosamente a empatia por meio de sua narrativa envolvente.

FILMES E VÍDEOS RECOMENDADOS:

A vida é bela — um filme emocionante que demonstra a empatia em situações extremas.

The Power of Empathy por Helen Riess — explora a ciência e a prática da empatia de forma envolvente e inspiradora.

3. ESCUTA ATIVA

Melhorar a comunicação e fortalecer relacionamentos.
Passo a passo para uma escuta ativa:
1. Prepare-se para ouvir: antes de uma conversa importante, elimine distrações e concentre-se na outra pessoa.

"Vou guardar meu telefone e evitar olhar para a tela do computador enquanto converso."

2. Demonstre atenção: utilize linguagem corporal que mostre que você está ouvindo, como contato visual e acenos de cabeça.

"Olhe nos olhos da pessoa, acene com a cabeça e incline-se ligeiramente para a frente."

3. Não interrompa: permita que a pessoa termine de falar antes de responder. Evite planejar sua resposta enquanto ela está falando.

"Vou focar em entender o que está sendo dito, em vez de pensar na minha resposta."

4. Refletir e parafrasear: repita ou resuma o que foi dito para assegurar que você compreendeu corretamente.

"Então, você está dizendo que está frustrado com a falta de *feedback* no trabalho, certo?"

5. Faça perguntas: explore para obter mais detalhes e mostrar seu interesse genuíno.

"Pode me dar um exemplo de uma situação em que você se sentiu assim?"

LEITURAS RECOMENDADAS:

Crucial Conversations: Tools for Talking When Stakes Are High por Kerry Patterson — um guia essencial para aprimorar a comunicação em situações difíceis, oferecendo ferramentas práticas para lidar com conversas críticas.

Just Listen: Discover the Secret to Getting Through to Absolutely Anyone por Mark Goulston — explora técnicas poderosas de escuta ativa e comunicação eficaz, fundamentais para construir conexões significativas.

PODCASTS:

The Art of Charm – episódios focados em habilidades de comunicação e escuta ativa, proporcionando *insights* valiosos para melhorar suas interações pessoais e profissionais.

WorkLife with Adam Grant – discussões envolventes sobre a importância da comunicação no ambiente de trabalho, apresentando estratégias práticas para promover um ambiente colaborativo e produtivo.

APÊNDICE B
RECURSOS PARA APROFUNDAR SEU CONHECIMENTO EM NEUROCIÊNCIA

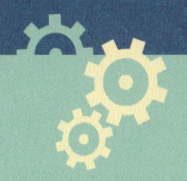

LEITURAS RECOMENDADAS:

The Emotional Brain por Joseph LeDoux — explora como o cérebro processa emoções e a relação entre emoção e comportamento.

Thinking, Fast and Slow por Daniel Kahneman — discute os dois sistemas de pensamento: rápido e intuitivo, e lento e deliberado.

Emotional Intelligence por Daniel Goleman — um guia completo sobre inteligência emocional e suas aplicações práticas na vida e no trabalho.

PODCASTS:

The Brain Science Podcast" — episódios focados em neurociência e psicologia.

The Neuroscientist's Diaries — conversas com especialistas em neurociência sobre pesquisas recentes.

WEBSITES:

Neuroscience News e *The Human Brain Project*

APÊNDICE C

DIRETRIZES PARA APLICAR O NEUROMARKETING E O NEUROCOMÉRCIO EM SUA EMPRESA

1. TESTE A/B NEUROMARKETING

Objetivo: identificar quais estratégias de marketing ressoam mais com o público.

Passos para Teste A/B:

1. Selecione o elemento a testar: escolha um aspecto específico do seu anúncio ou página web para modificar, como imagem, texto ou cor de botão.

"Vou testar duas imagens diferentes no meu anúncio."

2. Crie duas versões: desenvolva duas versões da campanha (A e B) com uma única diferença entre elas.

"A versão A terá uma imagem do produto, enquanto a versão B terá uma imagem mostrando uma pessoa utilizando o produto."

3. Divida seu público: utilize uma ferramenta de marketing digital para dividir seu público em dois grupos semelhantes.

Exemplo: "Usarei o Google Analytics para direcionar 50% dos visitantes para a versão A e 50% para a versão B."

4. Monitore as respostas: acompanhe métricas como cliques, tempo de permanência e conversões para cada versão.

"Vou monitorar os cliques e as conversões ao longo de duas semanas."

5. Analise os resultados: compare as métricas coletadas para determinar qual versão teve melhor desempenho.

"A versão B apresentou um aumento de 20% nos cliques e 15% nas conversões, indicando que a imagem da pessoa foi mais eficaz."

LEITURAS RECOMENDADAS:

Neuromarketing: Exploring the Brain of the Consumer por Leon Zurawicki – um guia sobre como o neuromarketing pode ser aplicado.
Buyology: Truth and Lies About Why We Buy por Martin Lindstrom – *insights* sobre como as decisões de compra são influenciadas.

FILMES E VÍDEOS:

The Persuaders – documentário sobre as técnicas de marketing e publicidade.
TED Talk: *How to Use Data to Make a Hit TV Show* por Sebastian Wernicke – sobre a aplicação de dados e testes A/B.

2. ANÁLISE DE PADRÕES DE COMPRA

Identificar tendências e comportamentos dos clientes para personalizar estratégias de marketing.

Passo a passo para análise de dados de compras:

1. Colete dados de compras: utilize seu sistema de gestão de vendas para reunir dados detalhados sobre compras anteriores.

"Vou extrair informações dos últimos seis meses sobre produtos vendidos, datas de compra e perfis dos clientes."

2. Organize os dados: utilize uma planilha ou software de análise de dados para categorizar e estruturar as informações coletadas.

"Vou categorizar os dados por tipo de produto, frequência de compra e demografia dos clientes."

3. Identifique padrões: procure por tendências e comportamentos recorrentes, como produtos mais populares, sazonalidade nas compras e padrões de compra.

"Observo que os produtos de cuidados pessoais têm picos de vendas no final do ano, e que clientes entre 25-34 anos compram com maior frequência."

4. Desenvolva estratégias personalizadas: utilize esses *insights* para criar campanhas de marketing direcionadas e promoções sazonais.

"Vou planejar uma campanha de marketing focada em produtos de cuidados pessoais para o final do ano e criar promoções especiais para clientes jovens."

LEITURAS RECOMENDADAS:

Predictive Analytics: The Power to Predict Who Will Click, Buy, Lie, or Die por Eric Siegel – sobre como usar dados para prever comportamentos.

Big Data: A Revolution That Will Transform How We Live, Work, and Think por Viktor Mayer-Schönberger – sobre o impacto dos dados na tomada de decisões.

PODCASTS:

Data Skeptic – episódios sobre análise de dados e ciência de dados.

Marketing Over Coffee – discussões sobre estratégias de marketing baseadas em dados.

APÊNDICE D

DICAS PRÁTICAS PARA MELHORAR SUAS HABILIDADES DE *NETWORKING* E CONSTRUÇÃO DE ALIANÇAS

1. ELEVATOR PITCH

Comunicar de forma rápida e eficaz quem você é e o que faz.
Passo a passo para criar um *pitch* eficaz:
1. Identifique seus pontos-chave: liste suas habilidades, experiências e objetivos mais relevantes.

"Tenho dez anos de experiência como consultor de marketing digital, focado em aumentar a visibilidade online de pequenas empresas."

2. Estruture seu *pitch*: organize as informações em uma narrativa concisa e envolvente.

"Olá, sou consultor de marketing digital com uma década de experiência especializada em ajudar pequenas empresas a melhorar sua presença online e atrair mais clientes."

3. Pratique: ensaiar seu *pitch* até que ele soe natural e confiante.

"Vou praticar meu *pitch* diante do espelho e com amigos para receber *feedback* construtivo."

4. Adapte conforme necessário: esteja preparado para ajustar seu *pitch* com base no público e no contexto específico.

"Se estiver em um evento de tecnologia, posso destacar minha experiência com ferramentas digitais específicas que ajudam a otimizar resultados."

LEITURAS RECOMENDADAS:

Pitch Anything: An Innovative Method for Presenting, Persuading, and Winning the Deal por Oren Klaff – técnicas para criar *pitches* eficazes.

Made to Stick: Why Some Ideas Survive and Others Die por Chip Heath e Dan Heath – sobre como tornar suas ideias mais impactantes.

FILMES E VÍDEOS:

The Wolf of Wall Street – mostra a importância de um bom *pitch* na venda.

TED Talk: The Secret Structure of Great Talks por Nancy Duarte – sobre como estruturar apresentações impactantes.

2. REDES SOCIAIS E *NETWORKING*

Expandir sua rede de contatos profissionais e aumentar sua visibilidade.

Passo a passo para participar de eventos de *networking*:

1. Identifique eventos relevantes: pesquise eventos de *networking*, conferências e seminários relacionados à sua área de interesse.

"Vou buscar por eventos de marketing digital e conferências de tecnologia na minha região."

2. Prepare-se para os eventos: tenha seu *elevator pitch* pronto, leve cartões de visita atualizados e esteja preparado para fazer novas conexões.

"Vou revisar meu *pitch*, imprimir novos cartões de visita e preparar perguntas para fazer aos outros participantes."

3. Participe ativamente: engaje-se com os participantes, participe das discussões e conecte-se com novos contatos nas redes sociais.

"Me apresentarei a pelo menos cinco novas pessoas em cada evento e farei o *follow-up* no LinkedIn no mesmo dia."

4. Mantenha o contato: após o evento, envie mensagens de agradecimento e mantenha contato regular com os novos contatos.

"Planejarei enviar um e-mail de agradecimento para cada novo contato e propor um café para discutir possíveis colaborações."

LEITURAS RECOMENDADAS:

Never Eat Alone: And Other Secrets to Success, One Relationship at a Time por Keith Ferrazzi — sobre a importância de construir uma rede sólida.

Networking Like a Pro: Turning Contacts into Connections por Ivan Misner — técnicas para se tornar um *networker* eficaz.

PODCASTS:

The Jordan Harbinger Show – episódios sobre *networking* e construção de relacionamentos.

Build Your Network – discussões e entrevistas sobre estratégias de *networking*.

3. ESTABELECENDO ALIANÇAS

Construir e fortalecer parcerias estratégicas que beneficiem ambas as partes.

Passo a passo para desenvolver parcerias estratégicas:

1. Mapeie sua rede: identifique contatos que possam ser potenciais parceiros estratégicos, considerando habilidades ou recursos complementares aos seus.

"Vou criar uma lista de contatos atuais que possuem habilidades ou recursos que complementam os meus."

2. Inicie o contato: entre em contato com os potenciais parceiros e proponha uma reunião para discutir oportunidades de colaboração.

"Vou enviar e-mails personalizados para os contatos identificados, sugerindo uma reunião para explorar possíveis parcerias."

3. Desenvolva um plano de colaboração: durante a reunião, discuta como ambas as partes podem se beneficiar da parceria e desenvolvam um plano de ação conjunto.

"Vamos identificar projetos específicos nos quais podemos colaborar e definir responsabilidades claras para cada parte."

4. Mantenha o relacionamento: cultive a parceria com comunicação regular, acompanhamento do progresso conjunto e celebração das conquistas alcançadas.

"Agendarei reuniões mensais para revisar o progresso, ajustar o plano conforme necessário e celebrar nossos sucessos."

LEITURAS RECOMENDADAS:

The Alliance: Managing Talent in the Networked Age por Reid Hoffman, Ben Casnocha e Chris Yeh — um guia essencial sobre como construir parcerias estratégicas e eficazes no ambiente corporativo moderno.

Give and Take: Why Helping Others Drives Our Success por Adam Grant — explora a importância da reciprocidade nas alianças e como o ato de ajudar os outros pode impulsionar o nosso próprio sucesso pessoal e profissional.

PODCASTS:

The Partnering Leadership Podcast — oferece discussões envolventes sobre liderança e estratégias de parceria, explorando como líderes podem cultivar colaborações eficazes para impulsionar o sucesso organizacional.

The Alliance Podcast – foca *insights* valiosos sobre a construção de alianças estratégicas, destacando práticas e estratégias para estabelecer relações de cooperação que beneficiem todas as partes envolvidas.

> Esses exercícios oferecem uma maneira interativa de os leitores aplicarem os conceitos e estratégias apresentados no livro em suas próprias vidas e carreiras.

LEITURAS RECOMENDADAS

1. *Inteligência emocional* por Daniel Goleman: esse é um dos livros mais influentes sobre inteligência emocional e fornece uma visão aprofundada de como a emoção afeta nossa capacidade de tomar decisões e ter sucesso na vida.
2. *O cérebro social* por Matthew D. Lieberman: esse livro fornece uma visão completa do cérebro humano, com foco em como os seres humanos são criaturas sociais por natureza.
3. *A ciência do bem-estar* por Laurie Santos: embora não seja um livro, esse é um curso online gratuito oferecido pela Yale University que aborda a psicologia e a neurociência do bem-estar e da felicidade.
4. *Neuromarketing: Understanding the Buy Buttons in Your Customer's Brain* por Patrick Renvoise e Christophe Morin: esse livro oferece uma visão abrangente de como as empresas podem usar a neurociência para melhorar suas estratégias de marketing.
5. *Networking Like a Pro* por Ivan Misner e Brian Hilliard: esse livro é um recurso excelente para quem procura melhorar suas habilidades de *networking*.
6. *Neuroeconomics, Judgment, and Decision Making* por Evan A. Wilhelms e Valerie F. Reyna: esse livro é uma compilação de ensaios sobre neuroeconomia, um campo que combina neurociência, economia e psicologia para entender como tomamos decisões.
7. *O cérebro no trabalho* por David Rock: esse livro examina o funcionamento do cérebro no local de trabalho e oferece conselhos práticos sobre como tornar o trabalho menos cansativo e mais produtivo.
8. *Empatia: por que ela importa, e como obtê-la* por Roman Krznaric: esse livro explora a empatia, sua importância e como podemos aprender a ser mais empáticos em nossas vidas diárias.

9. *Como fazer amigos e influenciar pessoas* por Dale Carnegie: um clássico sobre as habilidades sociais que continua relevante até hoje.

10. *A linguagem secreta do cérebro: como a neurociência muda nossa vida* por David Eagleman: uma exploração do cérebro humano que é tanto informativa quanto acessível.

11. *O poder da empatia: a arte de se colocar no lugar do outro para transformar o mundo* por Roman Krznaric: uma investigação aprofundada da empatia e seu papel na promoção de mudanças sociais.

12. *Buyology: verdades e mentiras sobre por que compramos* por Martin Lindstrom: uma exploração intrigante do neuromarketing e da psicologia do consumidor.

13. *A arte da persuasão: as habilidades necessárias para vender ideias, liderar equipes, definir estratégias e atingir metas* por Jay Heinrichs: um guia prático para aperfeiçoar suas habilidades de persuasão.

14. *O cérebro empreendedor* por Michael A. Freeman: esse livro explora a relação entre empreendedorismo e saúde mental, com foco em como os desafios mentais podem ser transformados em pontos fortes.

15. *O cérebro e a inteligência emocional: novas perspectivas* por Daniel Goleman: esse livro oferece uma visão mais recente das descobertas na neurociência da inteligência emocional.

16. *O cérebro que muda a si mesmo* por Norman Doidge: uma exploração fascinante da neuroplasticidade e do potencial do cérebro humano para se transformar.

17. *O código da vida: 7 estratégias de neurocoaching para maximizar o seu cérebro no trabalho* por Carlos Devis: esse livro combina neurociência e coaching para ajudar os leitores a otimizar seu desempenho no ambiente de trabalho.

18. *Felicidade: a prática do bem-estar* por Matthieu Ricard: uma exploração do conceito de felicidade e bem-estar, conduzida por um monge budista que também é um geneticista treinado.

19. *Mentes conectadas: emoções, tecnologia e o futuro das relações humanas* por Sherry Turkle: uma reflexão sobre como a tecnologia está transformando nossas conexões humanas e como podemos usar essa tecnologia para melhorar nossas relações sociais.

Espero que esses recursos ajudem os leitores a se aprofundarem em cada um desses temas e aprimorarem ainda mais suas habilidades e sua compreensão.

REFERÊNCIAS BIBLIOGRÁFICAS

ALBRECHT, Karl. *Inteligência social*: além do QI, além da inteligência emocional, aplicando a teoria da inteligência múltipla na interação humana. 1. ed. São Paulo: M.Books, 2006.

BERNE, Eric. *Análise transacional em psicoterapia*. 2. ed. São Paulo: Summus, 1985.

CAIN, Susan. *O poder dos quietos*: como os tímidos e introvertidos podem mudar um mundo que não para de falar. 1. ed. Rio de Janeiro: Sextante, 2019.

CARNEGIE, Dale. *Box Dale Carnegie*. Rio de Janeiro: Sextante, 2019.

CARNEGIE, Dale. *Como fazer amigos e influenciar pessoas*. 1. ed. Rio de Janeiro: Sextante, 2019.

CORTELLA, Mario Sergio. *Qual é a tua obra?* Inquietações propositivas sobre gestão, liderança e ética. 24. ed. Petrópolis: Vozes Nobilis, 2015.

CURY, Augusto. *O código da inteligência*: inteligência socioemocional aplicada. 1. ed. Rio de Janeiro: Sextante, 2015.

DINIZ, Janguiê. *Gerencie seu emocional*: como administrar o seu império de emoções. 1. ed. Alphaville: Novo Século, 2023.

DINIZ, Janguiê; MARQUES, José Roberto; UEDA, Edgar. *O poder da modelagem*. 1. ed. São Paulo: Buzz Editora, 2021.

FERRAZZI, Keith; RAZ, Tahl. *Nunca almoce sozinho*. 1. ed. Rio de Janeiro: Actual, 2015.

GLADWELL, Malcolm. *O ponto da virada*: como pequenas coisas podem fazer uma grande diferença. 1. ed. Rio de Janeiro: Sextante, 2009.

GOLEMAN, Daniel. *Inteligência emocional*. São Paulo: Objetiva, 2011.

GOLEMAN, Daniel. *Inteligência social*. São Paulo: Objetiva, 2019.

GRANT, Adam. *Dar e receber*: uma abordagem revolucionária sobre sucesso, generosidade e influência. 1. ed. Rio de Janeiro: Sextante, 2014.

HILL, Napoleon. *Pense e enriqueça*: a versão original, restaurada e revisada. Com comentários e notas explicativas. 1. ed. Rio de Janeiro: Sextante, 2020.

LIEBERMAN, Matthew D. *Social*: Why Our Brains Are Wired to Connect. Broadway Books, 2013.

LITTELL, Robert S. *The Heart and Art of NetWeaving*: Building Meaningful Relationships One Connection at a Time. NetWeaving International Press, 2003.

LOTTO, Beau. *Golpe de vista*: como a ciência pode nos ajudar na ver o mundo de outra forma. 1. ed. Rio de Janeiro: Rocco, 2019.

NAVARRO, Leila. *Talento para ser feliz*. 1. ed. São Paulo: Gente, 2005.

grupo novo século

Compartilhando propósitos e conectando pessoas
Visite nosso site e fique por dentro dos nossos lançamentos:
www.novoseculo.com.br

<ns

- facebook/novoseculoeditora
- @novoseculoeditora
- @NovoSeculo
- novo século editora

gruponovoseculo.com.br

1ª edição
Fonte: Redaction